개정판

사회복지현장의 이해

개정판

사회복지현장의 이해

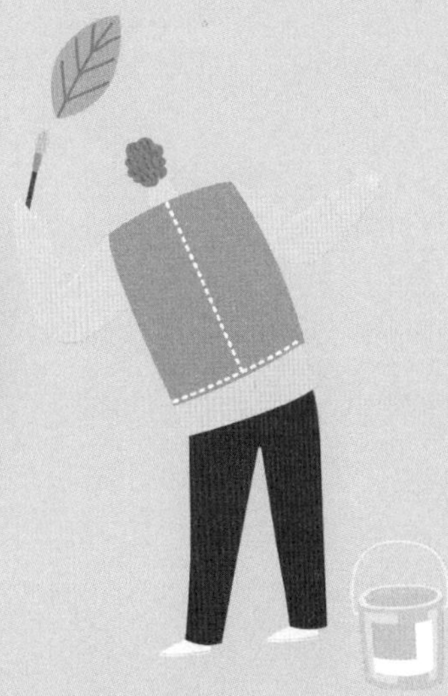

정종화 · 노기남 · 장순욱 · 장영미 · 홍영미 공저

dm 동문사

PREFACE

머리말

사회복지의 실천 현장에서 일하는 사회복지사는 사회복지 실천 과정에서 중요한 역할을 하고 있으며, 전문 사회복지사로서 활동하기 위해서는 사회복지 실천 현장의 특성을 이해하고, 각 현장에 적합한 역할과 기능을 수행하는 것이 필요하다. 여기서 사회복지 실천 현장은 물리적 '장소'의 개념을 넘어 사회복지 실천이 이루어지고 있는 전문분야를 말한다.

이에 본 교재는 사회복지 실천 현장에서 흔히 겪을 수 있는 사례들을 쉽고 재미있게 설명하기 위하여 심혈을 기울였고, 평소 현장실태 및 제도 적용 등을 어렵게 느끼는 독자들에게 보다 친근감을 느끼게 하는 내용으로 구성하고자 노력하였으며, 국민을 위한 사회복지서비스의 긍정적인 역할을 강조하고자 노력하였다.

한국 사회복지 실천 현장에서 필요한 사회복지와 관련된 제도 및 사례를 공부함으로써 한국의 사회복지 실천 현장에 대한 실태와 관계성을 이해하고, 사회복지 실천 현장에서 실시되고 있는 제도의 사례적용과 그 과정에서 나타나는 실천과제와 개선방안 등을 모색하고자 하였다.

본 교재는 사회복지학의 응용과학적 측면을 반영하고 있는 교과목이다. 사회복지 실천 현장인 사회복지기관과 시설에서 서비스를 기획·전달·평가하는 과정을 파악하고, 이 과정에서 독자들은 첫째, 학교에서 습득한 사회복지 지식과 기술의 실천적 적용, 둘째, 사회복지현장에서의 새로운 지식과 기술 습득, 셋째, 사회복지시설·기관의 기능과 운영에 대한 경험적 이해 증진, 넷째, 사회복지실천에 대한 본인의 적성을 테스트해 보는 기회 제공 등을 충분히 검토하여 독자가 사회복지사로서 자질과 능력을 향상할 수 있도록 집필하였다.

독자 여러분은 『사회복지현장의 이해』를 통해서 많은 것을 얻게 될 것이며, 사회복지 실천 현장에서 업무수행에 큰 도움을 받게 될 것이다.

이러한 인식에 따라 본 교재는 다음과 같은 특징을 가지고 구성하였다.

전체 15주 강의 분량에 맞추어 제1부와 제2부로 나누었으며, 전체 15장으로 구성하였다.

제1부는 사회복지 이론 구축의 총론 부문으로서 제1장부터 제3장으로 구성하였다. 사회복지현장의 정의 등 사회복지현장의 이해, 사회복지 교육과정의 이해, 사회복지 윤리와 철학에 대한 일반적 이론을 체계적으로 학습하도록 하였다.

제2부에서는 사회복지 실천 분야 이해의 각론 부문으로서 제4장부터 제15장까지 구성하였다. 사회복지현장 관련 영역별로 체계적으로 수록하여 사회복지 실천 현장 과정에서 사회복지제도의 적용과 실천과의 연계를 모색하고 있다. 즉, 장애인복지 실천 분야의 이해, 노인복지 실천 분야의 이해, 아동복지 실천 현장의 이해, 정신건강 사회복지 실천 분야의 이해, 여성복지 실천 분야의 이해, 의료사회복지 실천 분야의 이해, 교정복지 실천 현장의 이해, 청소년복지 실천 현장의 이해, 공공부조 실천 분야의 이해, 사회복지행정 및 정책 실천 분야의 이해, 다문화 사회복지현장의 이해, 사회복지 실천 현장 학습향상을 위한 향후 과제 등을 그 내용으로 구성하고 있다.

처음 이론 부분인 1장에서 3장까지는 대학 수업에서 강의와 토론으로 진행하고 4장부터 14장까지는 10주간 매주 1곳씩 분야별 실천 현장 10곳을 직접 방문하면서 현장 수업으로 진행하고 마지막 15주째는 최종 평가학습으로 진행하도록 구성하였다. 교수자가 효율적인 학습방법을 활용하여 진행할 수 있도록 구성하였으며 사회복지개론서의 학습과 함께 부교재로 사용하여도 좋을 것이다.

앞으로 이 교재를 통하여 인연을 맺게 될 독자인 사회복지학도들에게는 길잡이가 되고, 전체적으로는 체계적·통일적인 사회복지 실천 현장의 이해를 만들기 위하여 아직도 해야 할 일이 많고 추가로 정리해야 하는 내용이 많다고 본다. 독자들의 질책과 비판을 겸허하게 받아들여 "네 시작은 미약하였으나, 나중은 심히 창대하리라"라는 성경 말씀에 용기를 얻어 본 교재의 개정과 추가 집필을 통하여 수정·보완해 나갈 것을 약속한다.

아무쪼록 이 교재가 출간되기까지 많은 분들의 관심과 배려의 도움을 많이 받았다.

교재에 대해 많은 조언을 해주신 선배·동료 교수들과 함께 교재의 피드백을 제공해 준 독자들에게도 감사를 표한다.

끝으로 출판시장의 어려운 여건 속에서도 본 교재의 출간을 흔쾌히 맡아준 동문사 이중수 사장님과 바쁜 일정 속에서도 노고를 아끼지 않은 임직원 여러분께 깊이 감사의 마음을 전한다.

2024년 8월
삼육동 교정에서
불암산을 바라보면서
공동 저자 드림

PART II 사회복지 실천 분야 이해의 각론

PART I

사회복지 이론의 구축

CHAPTER 01

사회복지현장의 이해

1 사회복지현장의 정의

사회복지현장(field of practice)은 단지 장소의 개념을 넘어서 사회복지실천이 행해지는 '현장(practice)', '문제(problem)', '대상집단(client)'을 모두 포괄하는 개념이다(NASW, 1998 : National Association of Social Workers). 사회복지는 개인, 가족, 집단 또는 지역사회의 사회적 기능을 향상 또는 회복시키도록 돕고, 이러한 목적에 부합되게 사회적 조건을 창출하는 전문적인 활동이다.

사회복지현장이란 이를 위해 사회복지의 가치, 원리, 기법을 전문적으로 응용하여 실행하는 실질적 현장이다. 이러한 사회복지현장은 장애인, 노인, 아동, 청소년, 다문화가족 등과 같은 사회복지의 대상별로 구분할 수도 있고, 정신보건, 의료사회복지, 교정복지, 여성복지, 학교사회복지 등 사회복지실천이 이루어지는 장소에 따라 구분될 수도 있다. 또한 빈곤, 중독, 가정폭력, 아동학대, 노인학대 등 사회복지 전문적 개입이 요구되는 문제영역에 따라 구분될 수도 있다(순덕기, 2020).

2 사회복지의 개념과 방법

개념

- 사회복지는 그 개념이 대단히 광범위해서 많은 사람들에게 혼동을 초래한다. 더욱이 각 국가 또는 시대에 따라 나름의 의미나 내용을 주기 때문에 객관성을 지닌 명확한 개념을 규정짓기란 그리 용이하지 않다. 사회복지의 개념을 이해하기 위하여 많은 학자가 이를 과학적으로 정의하도록 고심해 왔는데 그 중 사회복지에 대한 대표적인 몇몇 정의를 살펴보기로 한다.
- 사회복지는 일반적으로 널리 인정되고 있는 사회문제의 예방, 완화 또는 해결에 기여하거나 개인, 집단 및 지역사회의 복지를 촉진하기 위한 여러 민간 및 정부기관의 광범위한 조직적 활동을 말한다. 이러한 활동들을 위해서는 의사, 간호사, 교육자, 기사, 교사, 사회복지사와 같은 다양한 전문직의 인사들과 이들의 보조요원들이 필요하다.
- 사회복지는 시민이 신체적, 물질적 안녕 면에서 기본적인 수준을 유지하도록 하기 위한 조직적 노력을 말하며..... 사회복지는 생활유지에 필요한 것을 보장해 주는 정도 이상의 것이어야 하며.... 사회복지는 적어도 사회의 주요한 흐름에서 시민이 접할 수 있도록 마련된, 상호 연관된 예방적 및 보호적인 법률 및 조직의 복합적이며.... 사회복지는 개인이나 집단이 존중받을 수 있는 생활형태를 확보 및 유지하도록 도와주기 위한 상시 존재하는 적극적인 부조이다.
- 사회복지는 개인과 사회 전체의 복지 촉진에 기본적이고 직접적으로 관계되는 모든 형태의 사회적 개입을 의미한다. 사회복지는 여러 사회문제의 방지, 인간 자원의 개발, 생활의 질적 향상 등과 직접 관련되는 법규와 처리 과정의 문제 등을 포함한다. 또한 사회복지는 개인과 가족에 대한 사회서비스뿐만 아니라 이를 위한 여러 사회제도의 보강과 수정을 위한 노력을 포함한다.
- 사회복지는 한 나라 인구의 안녕과 사회질서의 적절한 기능 수행을 위해 기본적으로 필요하다고 인정되는 여러 가지의 사회적 욕구의 충족을 강화하고 보장하는 법률, 프로그램, 혜택 및 서비스의 체계이다.

1) 한정적(협의적) 개념으로서 사회복지

사회복지를 소극적이고 한정된 협의의 개념으로 받아들이는 견해로서 개인과 그 가족의 삶에 대한 일차적 책임은 먼저 그 개인에게 있다는 자유주의적 사상과 삶을 위한 모든 재화는 시장에서 얻어야 한다는 시장경제의 원칙을 바탕으로 하며, 국가와 사회의 공동체적 책임과 노력은 그다음의 문제로 인식한다. 이 한정적 의미의 사회복지는 최소한의 복지를 지향하여 지금 당장 현저하게 삶의 질이 떨어져서 개인이나 그 가족의 노력으로는 정상적인 사회생활을 영위할 수도, 회복할 수도 없는 상태에 이르러 삶 자체가 파괴될 정도에 이른 경우에만 한정하여 국가가 개입해야 한다는 입장이다.

사회복지를 자신이나 그 부양자에게 스스로의 노력으로써는 도저히 물질적 자원이나 건강 유지가 곤란하거나 불가능한 개인 또는 가족들에게 일정한 서비스를 실시·제공하는 일로서 정의하는 이 한정적 개념은 사회복지를 소극적·일시적·대체적·보충적인 것으로 이해하고, 비상대책적인 기능으로 인식함으로써 요보호자가 사회적 기능을 회복하여 시장으로부터 삶을 위한 재화와 용역을 공급받을 수 있게 되면 그 개입을 중단하게 된다.

이 개념에 의하면 사회복지의 혜택을 받는 사람은 비정상적이며 병리적인 사람으로 간주하여 사회적 낙인(stigma)을 찍히게 할 위험이 따르게 된다.

2) 제도적(광의적) 개념으로서 사회복지

사회복지를 넓은 의미로 받아들이는 광의적 개념은 국민 또는 사회 성원 일반을 대상으로 하여 그 생활의 각 측면에 나타나는 비복지까지 다루거나 해결하고자 하는 것이다. 사회복지는 특수한 처지에 놓인 요보호자만을 대상으로 하는 일시적·선별적·보충적 개념이 아니라 모든 사회 구성원을 대상으로 하는 적극적·항구적·보편적·제도적 개념으로서 모든 인류가 생애의 전 과정을 통해서 언제, 어디서나 제공받게 되는 개념이 되는 것이다.

사회복지를 적극적인 면에서 위에서와 같은 광의의 개념으로 이해할 수 있겠지만, 소극적인 면에서도 광의의 개념을 도출할 수 있다. 즉, 사회의 성원들이 비복지에 떨어지지 않게 하기 위한 최저의 기초적인 요건을 확보·충족해야 한다는 생각이다. 여기에서 의미하는 사회복지는 최저수준의 확보(minimum standard)로서 예방적이며 사전적 조치를 의미하게 된다.

3) 통합적 개념으로서 사회복지

로마니신(Romanyshyn)의 정의에 의하면 사회복지란 용어는 적극적인 의미와 한정적인 의미를 공히 내포하고 있다. 사회복지는 사회문제에 대한 조치와 예방, 인적 자원의 개발, 생활의 질적 향상 등에 직접적으로 관심을 두는 서비스나 과정을 포함하며, 사회제도의 강화 및 수정에 대한 노력과 개인이나 가족에 대한 서비스까지 포괄한다고 보는 것이다.

프리드랜더(Friedlander)의 사회복지 개념

사회복지는 법령, 프로그램, 급여 및 서비스의 제도이고, 그것은 인간의 복지와 사회질서의 기능을 위하여 기본적인 것으로 인정된 사회적 욕구를 해결하기 위해 강화시키거나 보증하는 것이다.

4) 사회복지의 목적

(1) 인간다운 생활보장

사회복지의 목적은 무엇보다도 모든 국민의 인간다운 생활을 보장하는 것이다. 이는 곧 생존권적 기본권을 의미하며 이 생존권은 1919년 바이마르 헌법을 통해서 처음으로 등장하였다. 즉, 종래 자유권에만 머물러 있던 기본적인 인권을 확대하여 인간이 인간답게 살아갈 권리이자, 국가에 대하여 생존을 유지할 수 있는 최소한의 요구를 할 수 있는 권리를 법적으로 확립한 것이다.

우리나라는 국민의 생존권을 보장하기 위해 헌법 제34조 제1항에 '모든 국민은 인간다운 생활을 할 권리를 갖는다'라고 규정하고 있다. 사회복지는 바로 이러한 인간의 생존권에 대해 규정한 헌법 제34조를 구체적으로 구현해 가는 제도인 것이다.

(2) 자립적 생활 추구

사회복지의 주요한 목적은 개인이 의존에서 벗어나 자기 스스로 삶을 영위하도록 하는 데 있다. 사회복지제도나 정책 차원에서의 사회복지의 궁극적인 목표는 공공부조제도나 사회보험제도를 통한 각 개인의 경제적 자립이라고 할 수 있다.

동시에 사회복지는 각종 제도적 보장과 함께 요보호자가 스스로 판단하고 결정하며 스스로 책임지는 능력을 기를 수 있도록 요보호자에게 내재되어 있는 잠재적 능력을 최대한 발휘되도록 도와주는 것을 포함한다.

프리드랜더(W. A. Friedlander)가 말하는 사회복지의 기본적 가치관은 바로 이러한 점을 잘 말해 준다고 하겠다.

① 개인 존중의 원리　② 자발성 존중의 원리(자기결정의 원리)
③ 기회균등의 원리　④ 사회연대의 원리(상부상조의 원리)

결국 사회복지의 가치는 개인이 지니고 있는 성장의 가능성을 최대한으로 실현하는 것을 강조하고 있다. 따라서 사회복지는 사회의 복지이기 이전에 개인의 복지라고 할 수 있는 것이다.

(3) 사회통합

사회통합이란 사회 성원 간 또는 인간사회 내의 여러 집단, 단체, 기관들 간에 서로 결속력을 갖도록 해주는 것을 말한다. 현대사회에서의 사회복지는 요보호자를 사회에서 제거하려는 것이 아니라 그들을 경제적으로 자립시키거나 신체적으로 재활시켜 생산적인 인간으로 만들어 사회통합을 이루려는 데 목적을 두고 있다.

5) 사회복지의 방법

사회복지의 목적을 달성하기 위한 기술적인 방법으로 사회문제에 대한 개입은 정책적, 기술적, 통합적 접근방법으로 구분할 수 있다.

(1) 정책적 접근방법

사회의 제도로 인하여 발생한 문제를 해결하기 위한 사회정책으로 보는 관점이다. 사회문제를 개인의 책임으로 보기보다는 국가와 사회의 책임으로 보며, 인간다운 생활을 보장하는 생존권, 생활권적인 기본권에 기초하는 사회정책이다.

접근대상은 주로 노동문제, 계층 구조문제, 빈곤문제, 사회문제 등에 관심을 두고 정책론적 접근은 사회복지정책을 다루고, 일반적으로는 사회보험제도, 공공부조제도, 사회서비스제도 등을 포함하고 있다.

(2) 기술적 접근방법

문제를 개인의 성격결함에 의한 성격구조로 보고 정신분석이론에 근거한 인간행동 이해를 통해 인간관계의 조정기술로 접근하는 방법이다. 인간의 욕구를 위기나 문제가 있는 상황으로 규정하여 부적응이나 부조정의 문제에 대한 심리요법이나 환경조정을 통해 해결하는 방법이다.

미국의 실용주의 사상을 기반으로 하여 심리정신의학적 개별사회복지, 집단사회복지, 지역사회조직사업 등의 전문기술로 발전·확립되어 왔다.

(3) 통합적 접근방법

사회복지정책론적 접근방법과 기술론적 접근은 상호 대립적이지만 실천 면에서는 보완적인 측면이 있다. 법이나 제도는 생활 전반의 일정한 인간의 수준, 범위를 다루게 되고, 복지서비스를 필요로 하는 기술적인 면은 개별화된 원조활동을 통해 제공돼야 하는 것이다.

따라서 접근방법들 나름대로 특정 상황에 맞는 문제해결을 위한 것이지만 현실적인 방법으로 한 가지 방법만으로는 문제해결에 한계가 있다. 그러므로 두 가지의 방법을 잘 조화하고 통합시켜서 개별화된 서비스를 제공할 수 있는 통합적 발전을 이룰 때 복지시책의 목표를 달성할 수 있다.

3 사회복지현장의 분류

사회복지 실천 현장은 사회복지 대상자에게 직접서비스를 제공하는 것을 목적으로 하는 지역사회복지관과 같은 직접 사회복지 실천 현장과 사회복지서비스를 간접적으로 지원하는 사회복지협의회와 같은 간접 사회복지 실천 현장으로 구분하고 있다. 기관의 일차적 기능으로 사회복지서비스를 제공하는 사회복지 이용시설과 거주시설 등은 1차 사회복지 실천 현장으로, 그리고 기관의 일차적인 주기능을 수행하고, 부가적 기능으로 사회복지서비스를 제공하는 지방정부, 병원, 학교 등은 2차 사회복지현장으로 구분할 수 있다.

1) 사회복지 실천 현장의 구분

	1차	2차
직접	지역사회복지관, 지역아동센터, 장애인거주시설 등	학교, 병원, 동주민센터
간접	사회복지협의회, 사회복지공동모금회, 사회복지사협회	중앙정부와 지방정부

2) 사회복지 실천 현장의 분류

출처: 우국희 외(2015). 사회복지실천론. 신정. p.101.

4 사회복지의 대상과 영역

오늘날 사회복지사업의 다양한 접근은 대상자들의 성별, 연령, 문제의 내용 등에 따라 분류하고 체계화시켜 활동하는 영역이 사회복지 분야이다.

사회문제의 발생은 사회복지 분야의 변화를 요구하게 하는데 이러한 변화는 사회제도의 발전과 사회복지의 새로운 분야를 개발하거나 기능을 변화시키게 한다.

사회복지의 체계는 사회복지를 수행하는 방법과 영역의 체계로 구분할 수 있다.

사회복지의 방법체계로는 ① 사회복지실천 ② 사회복지행정 ③ 사회복지정책의 3가지 방법으로 구분할 수 있으며, 사회복지의 영역으로는 ① 노인복지 ② 가족복지 ③ 여성복지 ④ 청소년복지 ⑤ 장애인복지 ⑥ 아동복지 ⑦ 자원봉사 ⑧ 학교사회복지 ⑨ 의료사회복지 ⑩ 군사회복지 ⑪ 산업복지 ⑫ 교정복지 등으로 구분한다.

이 밖에도 사회복지의 영역체계로는 역사적 · 기능적인 양면적 특성을 고려하여 기준으로 하는 것으로 분야의 기준에 따라 분류하면 다음과 같다.

① 수행 주체에 따른 분류: 공공부문 사회복지, 민간부문 사회복지
② 지역에 따른 분류: 국제사회복지, 도시사회복지, 농촌사회복지
③ 실천방법에 따른 분류: 개별, 사회복지, 집단사회복지
④ 사회복지 관련법에 따른 분류: 아동복지, 한부모가족복지, 장애인복지, 노인복지, 생활보호사업
⑤ 대상에 따른 분류: 국민기초생활보장수급자, 차상위자 및 가족, 아동, 청소년, 여성, 노인, 모부자, 장애인, 군인, 재소자 등 기준에 따라 분류하는 방법도 다양하지만 사회복지 분야를 논할 때 대상과 내용, 기능에 따른 분류를 많이 사용하고 있다.

5 사회복지 실천방법

우리는 일상생활 속에서 사회복지라는 용어를 자주 사용하고 있지만 그 의미에 대해서는 분명하게 인식하지 못하고 있는 것 같다. 사회복지라는 용어 속에는 크게 두 가지 차원의 의미가 내포되어 있다. 하나는 사회 구성원 모두가 복지를 누리는 상태, 즉 사회적 안녕상태의 의미이며 다른 하나는 그런 안녕상태를 만들기 위한 사회의 총체적 제도 및 노력의 의미이다. 첫 번째 차원인 사회 구성원 모두의 복지상태 또는 안녕상태라고 하는 것은 사회 구성원 모두가 기초적인 생활욕구들을 큰 문제 없이 충족하면서 최소한의 인간다운 생활을 해 나아가는 데 필요한 신체, 심리, 정서, 사회, 경제적 자원들을 기본적으로 누리는 상태다. 두 번째 차원인 사회적 노력은 일반사회 구성원 모두가 안녕상태를 누릴 수 있도록 하기 위해 사회가 취하는 가능한 모든 조치를 말한다. 위의 두 가지 차원 모두의 의미에서 강조되어야 할 단어는 '사회 구성원 모두'라는 것이다. 사회 구성원 모두가 기초적인 생활보장은 물론 인간다운 생활을 영위하는 데 필요한 기본적인 수단들을 적절히 활용하도록 하기 위해서는 사회적 부와 각종

기회 및 권리가 편중 또는 차별 없이 사회 구성원 모두에게 적절히 배분되어야 한다. 따라서 사회복지의 의미에는 사회·경제적 강자의 부가 복지국가라는 체계의 작동에 의해 약자에게로 이전되는 사회 차원의 적절한 배분이라는 요소와 함께 사회 구성원 모두가 부당한 차별과 억압 없이 생활한다는 사회적 형평성의 요소도 포함되어 있는 것이다(순덕기, 2020).

사회복지의 개념을 나누어 살펴볼 때 사용한 사회적 안녕상태라는 개념과 그 상태를 이루기 위한 사회나 국가의 노력이라는 개념은 얼핏 보아 분리되어 있는 것 같지만 사실은 동전의 양면처럼 동일 현상의 한쪽 면과 다른 한쪽 면을 나타내는 것이다. 우리가 흔히 사회복지가 잘 되어 있는 나라라고 하는 나라들을 살펴보면 사회복지의 상태도 좋은 나라이고, 그런 상태를 만들기 위한 제도나 노력 또한 잘 되어 있는 나라들이다. 다시 말해 사회복지 상태를 이룩하기 위한 사회제도 마련과 그의 실천을 위한 사회의 체계적이고 지속적인 노력이 있었기 때문에 소위 사회복지가 잘 되어 있는 나라들은 높은 사회복지 상태를 이룬 채 살아가고 있는 것이라고 볼 수 있다(우국희 외, 2015).

그렇다면 동일한 현상의 한 쪽 면인 사회의 제도나 노력을 총칭하는 말인 사회복지실천 활동에 초점을 맞춰 살펴보도록 하자. 사회복지실천 활동이란 사회 구성원 모두의 안녕상태를 지향하는 사회의 집합적이고 조직적인 노력이다. 집합적이라는 것은 단편적, 개인적, 개별적인 것과 상반되는 개념으로 복지활동을 위한 인적, 물적 자원이 단체, 사회 또는 국가로 집합된 후에 사용됨을 의미한다. 조직적이라는 것은 임의적이고 즉흥적인 것과 상반되는 개념으로 국가나 사회가 복지활동의 영역, 대상, 복지 제공수준, 서비스 제공 인력 등을 미리 정하고, 정해진 사항과 절차에 따라 복지향상 활동을 전개함을 의미한다. 사회복지 상태를 이루기 위한 국가, 사회 또는 단체의 조직적, 집합적 노력 모두를 사회복지실천 활동이라고 정의할 때 사회복지실천의 의미는 매우 광범위해진다. 이 경우 사회복지의 행정 및 정책은 물론 사회 구성원의 일반적 복지 증진활동과 관련된 주택, 교통, 환경, 치안 등과 관련된 정책 활동까지도 사회복지실천 영역에 포함될 수 있다. 사회복지실천 활동을 이렇게 광범위하게 정의할 경우 일반 사회복지활동 영역에는 사회복지학뿐만 아니라 경제학, 행정학, 정치학 및 기타 관련 학문 분야 모두가 포함되게 된다. 따라서 사회복지 학문 영역에서는 사회복지실천 활동을 이렇게 광범위하게 정의하지 않는다.

사회복지학 범위 내에서 사회복지실천 활동을 포괄적으로 정의할 때 사회복지 활동 영역에는 일반적으로 사회보험, 공공부조, 사회서비스 등과 직, 간접적으로 관련된 내용들이 포함된다. 이들 중 사회보험과 관련된 내용의 대부분과 공공부조와 관련된 내용의 일부는 사회복지정책이라는 분야에서, 사회서비스 분야와 관련된 내용 중에서 사회복지시설의 운영 및 평가, 프로그램 개발 및 평가 등과 관련된 내용들은 사회복지행정이라는 분야에서 각각 별도로 다루어지고 있다.

사회복지실천은 사회복지사가 사회적 안녕상태를 이루기 위해 필요한 구체적 서비스들을 그 서비스가 요구되는 현장에서 실천에 옮기는 작업이다. 이 작업은 보통 사회복지사가 사회복지서비스 대상자를 직접 만나서 실천하는 일이기 때문에 직접실천이라고 불린다. 다시 말해 사회복지실천은 다양한 사회복지 실천 현장에서 사회복지사가 어떤 활동을 어떻게 해야 할 것인가에 대한 내용, 즉 사회복지 실천방법에 대해 상세히 살펴보는 분야이다. 이 사회복지 실천방법은 인간의 행동과 사회 환경, 사회복지행정 및 정책, 사회복지조사방법, 사회복지실습과 함께 사회복지 전공에서 핵심교과로 분류되어 왔다.

사회복지실천 방법은 지금까지 대상, 방법 및 범위에 따라 개별사회복지실천, 집단사회복지실천, 지역사회복지실천의 세 가지 방법으로 각각 발달, 교육되어 왔다. 1970년대 이후부터는 이 세 가지 실천방법을 하나로 통일된 실천가치, 실천지식, 실천목적 및 실천기술 체계로 묶는 통합 작업이 진행되면서 통합방법론이 대두되기 시작했다. 이와 함께 우리의 사회복지 교육은 기존의 세 가지 방법론에 통합방법론이 추가되어 네 가지 사회복지 실천방법론 모두가 교육되는 상황이었다. 하지만 통합방법론이 추구했던 의도는 사회복지실천방법의 종류를 추가하자는 것에 있었던 것이 아니라 세 가지로 분류되어 각각 발달되어 왔던 실천방법론들을 하나로 통일하여 사회복지활동의 정체성을 분명히 하자는 데 있었다. 실제로 사회복지 실천 현장에서 사회복지사의 활동은 개별, 집단, 지역사회 중 어느 한 방법에 따라 개별적으로 이루어지기보다는 세 가지 방법이 서로 보완, 중복, 복합되어 이루어지는 것이 현실이다. 따라서 통합방법론 속에 모든 사회복지실천방법들을 포함시켜 함께 학습하는 것이 현실적으로 바람직하다(순덕기, 2020).

사회복지실천을 다른 용어를 사용하여 정의해 보면 넓은 의미의 사회복지실천 내용들은 흔히 미시적 수준, 중간적 수준, 거시적 수준의 세 가지 실천수준으로 구분된다. 이러한 구분 방식은 개입대상인 클라이언트 체계의 크기 또는 규모에 따라 구분되는 방식이다. 미시적 수준의 실천은 개인의 가장 친밀한 상호작용 과정에 개입하는 사회복지사의 활동이다. 개인의 심리, 사회적 상태, 부모자녀관계, 부부관계, 동료와의 관계, 기타 가족구성원들 간의 관계 등에 문제가 있을 경우 클라이언트의 문제해결과정에서 사회복지사가 개입하여 클라이언트와 일대일로 만나 클라이언트의 문제해결을 지원하는 활동이 여기에 해당한다. 미시적 수준에서의 활동은 대개 클라이언트를 직접 만나서 이루어지기 때문에 직접실천이라고 불린다.

거시적 수준은 클라이언트의 삶에 영향을 미치는 전체 사회나 국가의 복지체계를 대상으로 한 사회복지사의 실천 활동이다. 거시적 수준에서 활동하는 사회복지사들은 국가나 사회의 복지정책개발, 정책분석, 정책대안의 발굴 및 제시, 제안된 법안에 대한 분석 및 증언 등의 활동을 주로 하며 기관이나 조직의 행정체계 및 프로그램과 관련된 대안의 제시, 지역사회 자원의 개발과 취약계층의 권익옹호 등에도 관여한다. 거시 수준에서의 활동은 클라이언트를 직접 만나기보다는 특정 대상의 클라이언트를 염두에 두고 클라이언트와 멀리 떨어진 상태에서 간접적인 사회서비스 지원형태로 이루어지기 때문에 흔히 간접실천으로 불리기도 한다.

중간 수준은 미시와 거시의 중간 수준에서의 활동을 의미한다. 이것은 친밀한 인간 상호관계에서 발생하는 일보다 약간 거리가 있으면서 국가정책문제나 조직 또는 기관의 문제, 이들 행정체계 및 기관들과의 상호작용에 관한 문제보다는 개인적으로 의미 있는 상호관계 양상에 관여한다. 지역사회 자원의 발굴 및 연계활동, 자조집단 및 치료집단의 조직 및 운영 등의 활동을 통한 사회복지실천이 여기 해당한다.

6 사회복지의 비전

1) 비판적 견해

사회복지의 발전을 역사적으로나 세계적으로 볼 때 사회복지는 획기적인 전환의 계기가 있을 때 누에가 고치로 되듯이 획기적으로 전환, 발전되는 사례가 많았다. 영국이 제1차, 2차 세계대전을 계기로 복지국가체제를 갖춘 것이 대표적 예이다. 1997년 외환위기는 우리나라 사회와 경제뿐만 아니라 가정에까지 큰 생채기를 남겨주었다. 그러나 다른 한편으로는 사회복지가 획기적으로 도약하는 전환점이 되어 복지국가의 토대를 전면적으로 만드는 계기가 되었다.

한국은 1997년 외환위기 이후 국민연금의 전 국민 확대, 국민건강보험 통합, 고용보험과 산재보험의 전 근로계층으로의 확대로 사회보험체제가 전면적으로 재구축되었다. 생활보호제도로부터 국민기초생활보장제도로 개편됨으로써 법상 최저생활을 보장하였다. 헌법 제10조와 제34조에서 인간다운 생활을 할 사회적 기본권을 가진다는 명문에 부합하는 보편적인 사회보험과 공공부조 제도의 복지체제를 한국 사회에서 오천년 역사상 처음 갖추게 된 것이다(복지연합신문, 문혜원, 2011.08.05).

그러나 최근의 한국의 복지현황은 제도외형에 불구하고 내용은 참담하다. OECD 국가들의 빈곤율은 중위소득의 50%로 이에 따르면 한국의 빈곤율은 2020년 기준으로 17.4%로 OECD 국가 중에 미국에 이어 빈곤율이 2위에 기록되었다. 복지의 사각지대는 아동, 청소년, 노인, 장애인, 여성 등 인구 계층에서 두드러진 것으로 분석되고 있다. 특히 노인빈곤율은 OECD 국가 중에서 제일 높은 수준으로 2017년 기준 43.8%에 노인들의 빈곤이 심각한 상태로 볼 수 있다. 그런데도 한국의 사회복지 총지출 규모는 2019년 기준으로 국내총생산(GDP) 대비 공적 사회복지지출 비율은 11.1%로 OECD 국가 중 최하위로 OECD 회원국 평균 20.1%의 절반 수준에 머물렀다.

최근 2년 동안 노인계층을 위하여 노령연금, 장기요양, 독거노인지원센터라는 매우 중요한 복지프로그램이 도입되었다. 2년 뒤에는 장애인을 위한 요양제도가 도입될 계획이라고 한다. 그간 사회적 일자리도 꾸준하게 확대되어 왔다. 아동을 위하여 보육지원예산은 조 단위로 확충되었다. 내용의 부실은 따져봐야 하지만 그래도 복지종류별로는 하나씩 전진하고 있는 점에서는 한국의 복지는 낙관적이다. 사실 외환위기 10년 만에 이룩한 복지발전은 세계적으로 볼 때 초고속으로서 한국의 유례가 없는 고도경제성장과 비견되는 역사적 쾌거이다(복지연합신문, 문혜원, 2011.08.05).

그러나 복지의 사각지대가 아직도 한국의 인구 10명당 2명에 이를 정도이다. 건강보험, 실업보험, 연금 등 사회보험에 들지 않고 있거나 탈락한 비중은 40%대에 이른다. 소득의 불평등도는 더욱 심각해진다고 각종 매체들은 지적하고 있다. 더욱이 복지혜택을 보는 사람들은 급여 수준이 최저생활에도 턱도 없다고 하소연하고 있다. GDP의 약 10%대에 이르는 복지지출규모는 한국 복지의 미래가 비관적이라는 점을 단적으로 웅변하고 있다.

잘 사는 사람들이 세금을 많이 내어 못 사는 사람들에게 공짜로 나누어 주는 것은 복지도 아니고 오래 가지도 못한다. 지속적으로 계속하여 다 같이 잘 살자는 것을 찾는 것이 복지이다. 스웨덴은 잘 살든 못 살든 다 같이 세금을 많이 내고 복지지출로 다 같이 많이 돌려받는 체제이기에 성장과 복지를 동시에 달성하면서 최고의 복지국가 체제를 오랫동안 지속하는 최고의 모델이 되어 왔다.

한국의 사회복지 미래는 낙관적인가, 비관적인가? 한국의 복지체제가 GDP 중 복지지출을 늘리는 방향이어서 낙관적이라면 이는 짧은 생각이다. 스웨덴과 같이 많은 세금을 계층에 불구하고 많이 거두어 많이 복지지출로 돌려줌으로써 성장을 높이면서 복지지출을 늘릴 수 있는 구조로 가지 않는다면 한국 사회복지는 결코 낙관적이라고만 할 수는 없다.

2) 일반적 견해

현대사회는 삶의 양적인 확장과 더불어 삶의 질의 고양에 대한 기대가 점점 커지고 있다. 이러한 시대적 흐름에 따라서 인간 삶의 질 향상이라고 하는 사회복지 본연의 가치는 앞으로의 사회복지에 관한 전망이 밝다고 하는 것을 나타내주는 것이라고 할 수 있다. 이제 우리는 단순히 오래 사는 것이 아닌 어떻게 살 것인가에 초점을 맞추고 있다는 말이다. 따라서 앞으로의 사회복지는 지금까지의 개인적, 치료적, 임상적 그리고 교정적인 접근에서 벗어나 사회복지 패러다임을 확충하여 보다 분명하고 사회개발을 지향해 나아가는 방향으로 전개될 것이다. 더불어 모든 사회 구성원의 공유와 협력의 증진, 민주적 참여의 확대, 경제적·정치적 정의의 실현 그리고 사회 구성원들의 다양성에 대한 포용과 같은 가치들이 더욱 대두될 것이다. 이러한 상황 속에서 사회는 사회복지 종사자들에게 중요한 사회정책을 수립하는 데 능동적으로 참여할 기회를 꾸준히 제공할 것이다. 따라서 앞으로 심리학이나 정신의학의 영역에 경제학, 정치학, 사회학 그리고 사회인류학 등 더 많은 지식을 요구할 것이며 사회복지사들은 공공정책과 공공영역 등에서 더욱 능력 있는 역할을 수행해 나아갈 기회를 부여받을 것이다. 이러한 속에서 앞으로 사회복지사들은 사회복지 전문적 이론과 실천기술을 겸비하여 사회복지 문제를 해결해 나감에 있어서 다른 전문직종과 구별되는 탁월성을 발휘해야 한다(우국희 외, 2015).

CHAPTER 02

사회복지 교육과정의 이해

1 사회복지사 교육과정

1) 사회복지사 등급별 자격 기준

등급별 자격 기준은 다음 각 호의 어느 하나에 해당하는 자는 사회복지사가 될 수 없다(사회복지사업법 법률, 제20098호, 2024. 1. 23., 시행).

- 피성년후견인
- 금고 이상의 형의 선고를 받고 그 집행이 종료되지 아니하였거나 그 집행을 받지 아니하기로 확정되지 아니한 사람
- 법원의 판결에 따라 자격이 상실되거나 정지된 사람
- 마약·대마 또는 향정신성의약품의 중독자
- 정신질환자(다만 전문의가 사회복지사로서 적합하다고 인정하는 사람은 제외함)

※ 자격증 발급 시 발급처(한국사회복지사협회)에서 별도의 신원조회로 자격 여부를 파악함

※ 근거: 「사회복지사업법 시행령」 제2조 제1항 관련 [별표 1]

(1) 사회복지사 1급

「사회복지사업법」 제11조 제3항의 규정에 의한 국가시험에 합격한 자

(2) 사회복지사 2급

가. 고등교육법에 따른 대학원에서 사회복지학을 전공하고 석사학위 또는 박사학위를 취득한 사람. 다만, 대학에서 사회복지학을 전공하지 아니하고 동 석사학위를 취득한 자는 보건복지부령이 정하는 사회복지학 전공교과목과 사회복지 관련 교과목 중 사회복지현장실습을 포함한 필수과목 6과목 이상(대학에서 이수한 교과목을 포함하되 대학원에서 4과목 이상을 이수하여야 함)과 선택과목 2과목 이상을 이수한 경우에만 사회복지사 자격을 인정한다.

○ 대학원에서 사회복지(사업)학 전공자인 경우(타전공은 인정되지 않음): 대학원에서 사회복지현장실습을 포함하여(2004. 7. 31 이후 입학생부터 해당) 필수과목 6과목, 선택과목 2과목을 이수하고 석사학위를 취득하여야 한다. 대학(학부)에서 이수한 교과목이 있을 경우 2과목까지 인정한다.

○ 박사학위의 경우 교과목 이수와 무관하게 학위 취득 시 자격취득 가능 사회복지학 전공의 기준: 학위증명서(졸업증명서)상 전공명이나 학과명, 학위명 중의 하나가 사회복지학일 경우에 한한다.

나. 고등교육법에 따른 대학에서 보건복지부령이 정하는 사회복지학 전공교과목과 사회복지 관련 교과목을 이수하고 학사학위를 취득한 사람

전공·학과에 관계없이 「사회복지전공교과목 및 사회복지 관련 교과목」 중 필수 10과목, 선택 4과목 이상을 각각 이수하고 학사학위를 취득한 사람

○ 대학에서 정해진 필수과목 10과목, 선택과목 4과목을 이수하지 못하고 졸업한 경우 ⇒ 사회복지사업법 제2조 제1항 관련 [별표1]의 '다'

목 적용: 미이수한 교과목만 추가로 평생교육시설 또는 시간제수업 등을 통하여 이수하고 「학점인정 등에 관한 법률」에 따라 평생교육진흥원에 학점등록을 마쳐야 함

○ 편입 전 대학에서 관련 교과목을 이수한 경우: 편입한 대학에서 편입 전에 이수한 교과목에 대하여 학점인정을 할 경우 가능함. 단, 편입 전 성적증명서와 함께 제출

다. 법령에서 고등교육법에 따른 대학을 졸업한 사람과 동등 이상의 학력이 있다고 인정되는 사람으로서 보건복지부령이 정하는 사회복지학 전공교과목과 사회복지 관련 교과목을 이수한 사람

『법령에서 고등교육법에 의한 대학 졸업자와 동등한 학력이 있다고 인정하는 자』의 범위

- ○ 고등교육법에 의한 학사학위 취득자
- ○ 학력인정학교(각종학교) 졸업자
- ○ 학점인정 등에 관한 법률에 의한 학사학위 취득자
- ○ 독학에 의한 학위취득에 관한 법률에 의한 학사학위 취득자
- ○ 기타 법령에 의한 학사학위 취득자

대학 졸업자 또는 동등학력자(전공 · 학과 불문)로 평생교육시설 또는 시간제수업 등을 통해 보건복지부령이 정하는 「사회복지학 전공교과목과 사회복지 관련 교과목」(필수 10과목, 선택 4과목 이상)을 이수하고 「학점인정 등에 관한 법률」에 따라 평생교육진흥원에 학점등록한 자

대학에서 「사회복지학 전공교과목과 사회복지 관련 교과목」 중 일부 교과목을 이수하고 졸업한 경우: 대학에서 이수한 교과목을 포함하여 이수하지 못한 교과목을 추가로 이수하되 평생교육시설 또는 시간제수업 등을 통하여 이수한 교과목은 「학점인정 등에 관한 법률」에 따라 평생교육진흥원에 학점등록을 마쳐야 한다.

(전문)대학에 편입학하여 「사회복지학 전공교과목과 사회복지 관련 교과

목」을 이수하고 재학 중일 경우: 재학 중으로는 자격취득이 불가능하며 교과목 이수 후 졸업하거나 평생교육진흥원에 학점등록을 마쳐야 한다.

라. 고등교육법에 따른 전문대학에서 보건복지부령으로 정하는 사회복지학 전공교과목과 사회복지 관련 교과목을 이수하고 졸업한 사람
전공 · 학과와 관계없이 「사회복지 전공교과목 및 사회복지 관련 교과목」 중 필수 10과목, 선택 4과목 이상을 각각 이수하고 졸업한 자
(고등교육법 시행령 대통령령, 제25960호, 2015.01.06 시행)

마. 법령에서 고등교육법에 따른 전문대힉을 졸입한 사람과 동등 이상의 학력이 있다고 인정하는 사람으로서 보건복지부령이 정하는 사회복지학 전공교과목과 사회복지 관련 교과목을 이수한 사람
『법령에서 고등교육법에 의한 전문대학 졸업자와 동등한 학력이 있다고 인정하는 자』의 범위
○ 고등교육법에 의한 전문학사학위 취득자
○ 학점인정 등에 관한 법률에 의한 전문학사학위 취득자
○ 기타 법령에 의한 전문학사학위 취득자

전문대학 졸업자 또는 동등 학력자(전공 · 학과불문)로 평생교육시설 또는 시간제 수업 등을 통해 보건복지부령이 정하는 「사회복지학 전공교과목과 사회복지 관련 교과목」(필수 10과목, 선택 4과목 이상)을 이수하고 「학점인정 등에 관한 법률」에 따라 평생교육진흥원에 학점등록을 한 자
※ 전문대학에서 「사회복지학 전공교과목과 사회복지 관련 교과목」 중 일부 교과목을 이수하고 졸업한 경우: 전문대학에서 이수한 교과목을 포함하여 이수하지 못한 교과목을 추가로 이수하되 평생교육시설 또는 시간제수업 등을 통하여 이수한 교과목은 「학점인정 등에 관한 법률」에 따라 평생교육진흥원에 학점등록을 하여야 함

바. 사회복지사 3급 자격증 소지자로서 3년 이상 사회복지사업의 실무경험이 있는 자

사회복지사 양성교육은 사회복지법인 또는 사회복지시설에 재직 중인 자에 한해 보건복지부 장관이 지정하는 교육훈련기관에서 사회복지사업에 관한 교육훈련을 이수하면 자격 취득이 가능한 과정임. 즉, 교육대상 및 교육일정 등에 관한 사항은 매년 보건복지부 양성교육운영지침에 따라 변경 적용될 수 있다.

이와 관련 자세한 내용은 보건복지부 홈페이지 또는 교육기관별 홈페이지에서 확인 가능하다.

(3) 외국대학

외국의 대학 또는 대학원에서 사회복지학을 전공하고 학사학위 이상의 학위를 취득한 자로서 등급별 자격기준과 동등한 학력이 있다고 보건복지부 장관이 인정하는 경우에는 당해 등급의 사회복지사 자격증을 발급할 수 있다.

- 해당국 교육 관련 법규에 의하여 설치된 대학 또는 대학원이어야 함
- 외국대학의 국내 분교일 경우 교육과학기술부의 인가를 받은 학교이어야 함
- 우리나라의 사회복지사제도와 같은 사회복지 전문가 양성을 목적으로 하는 사회복지학 또는 사회복지 관련학을 전공할 것
- 사회복지사업법 시행규칙 제3조의 「사회복지학 전공교과목과 사회복지 관련 교과목」에 준하는 교과목을 이수할 것

※ 외국대학의 사회복지학을 국내에서 통신 과정으로 이수한 자는 사회복지사 자격기준에 해당하지 아니함(대법원 2003.4.9. 선고 2002두13017 판결)

2) 사회복지교육과정의 교과목 이수 변천 과정

(1) 대학원

[사회복지학 전공자] 사회복지현장실습을 포함하여(2004.7.31 이후 입학생부터 해당) 필수 6과목 이상(대학에서 이수한 교과목을 포함하되, 대학원에서 4과목 이상을 이수하여야 함), 선택 2과목 이상, 총 8과목 이상 이수

[참고]

- 1998. 7. 16. 현재 대학원에 재학 중인 자: 보건복지부령이 정하는 「사회복지학 전공교과목과 사회복지 관련 교과목」 중 필수 4과목 이상과 선택 2과목 이상을 이상 이수
- 2004. 7. 31. 이전 입학생: 보건복지부령이 정하는 「사회복지학 전공교과목과 사회복지 관련 교과목」 중 필수 6과목 이상(대학에서 이수한 교과목을 포함하되, 대학원에서 4과목 이상을 이수하여야 함), 선택 2과목 이상 이수
- 2004. 7. 31. 이후 입학생: 보건복지부령이 정하는 「사회복지학 전공교과목과 사회복지 관련 교과목」 중 사회복지현장실습을 포함하여 필수 6과목 이상(대학에서 이수한 교과목을 포함하되, 대학원에서 4과목 이상을 이수하여야 함), 선택 2과목 이상 이수

(2) 대학(2년제, 4년제 대학, 학점은행제 등)

- 2020년 이전에 보건복지부령이 정하는 「사회복지학 전공교과목과 사회복지 관련 교과목」 중 1개 과목이라도 이수한 사람
  필수: 10과목, 선택: 4과목 이상, 총 14과목 이상(과목당 3학점)
- 2020년 이후부터 보건복지부령이 정하는 「사회복지학 전공교과목과 사회복지 관련 교과목」을 이수한 사람
  필수: 10과목, 선택: 7과목 이상, 총 17과목 이상(과목당 3학점)

※ '이수'의 범위: 「고등교육법」, 「평생교육법」, 「독학에 의한 학위취득

에 관한 법률」에 의한 교육기관에서 해당 교과목을 이수하고 학위를 취득한 자 또는 「학점인정 등에 관한 법률」에 의하여 평생교육진흥원에 학점등록을 필한 사람

(3) 2020년 이전 입학생 이수 과목(구법 적용)

※ 근거: 사회복지사업법 시행규칙 부칙 제1조 (제73호, 2008.11.5.)

가. 필수 과목: 사회복지개론, 인간행동과 사회환경, 사회복지정책론, 사회복지법제, 사회복지실천론, 사회복지실천기술론, 사회복지조사론, 사회복지행정론, 지역사회복지론, 사회복지현장실습(총 10과목 필수)

나. 선택 과목: 아동복지론, 청소년복지론, 노인복지론, 장애인복지론, 여성복지론, 가족복지론, 산업복지론, 의료사회복지론(의료사회사업론), 학교사회복지론(학교사회사업론), 정신건강론, 교정복지론, 사회보장론, 사회문제론, 자원봉사론, 정신보건사회복지론, 사회복지지도감독론, 사회복지자료분석론, 프로그램개발과 평가, 사회복지역사, 사회복지윤리와 철학(4과목 이상 선택)

※ 비고: 교과목의 명칭이 동일하지 아니하더라도 교과의 내용이 동일하다고 보건복지부 장관이 인정하는 경우에는 동일 교과목으로 본다.

(4) 2020년 이후 입학생 이수 과목(개정법 적용)

※ 근거: 사회복지사업법 시행규칙 부칙 제1조 및 제2조 (제663호, 2019.8. 12.)

가. 필수 과목: 사회복지학개론, 사회복지법제와 실천, 사회복지실천기술론, 사회복지실천론, 사회복지정책론, 사회복지조사론, 사회복지행정론, 사회복지현장실습, 인간행동과 사회환경, 지역사회복지론

10과목 30학점 (과목당 3학점)

나. 선택 과목: 가족복지론, 가족상담 및 가족치료, 교정복지론, 국제사회복지론, 노인복지론, 복지국가론, 빈곤론, 사례관리론, 사회문제론, 사회보장론, 사회복지역사, 사회복지와 문화다양성, 사회복지와 인권, 사회복지윤리와 철학, 사회복지자료분석론, 사회복지지도감독론, 산업복지론, 아동복지론, 여성복지론, 의료사회복지론, 자원봉사론, 장애인복지론, 정신건강론, 정신건강사회복지론, 청소년복지론, 프로그램 개발과 평가, 학교사회복지론

7과목 21학점(과목당 3학점)

※ 비고: 교과목의 명칭이 동일하지 아니하더라도 교과의 내용이 동일하다고 보건복지부 장관이 인정하는 경우에는 동일 교과목으로 본다.

(5) 필수과목 중 사회복지현장실습에 관한 기준

가. 기관실습

① 기관실습 시간은 160시간 이상으로 할 것

② 사회복지사업을 수행하는 기관, 법인, 시설 또는 단체일 것

③ 보건복지부 장관으로부터 선정되었을 것

④ 1급 사회복지사 자격증을 취득한 이후 3년 이상의 사회복지사업 실무경험이 있거나 2급 사회복지사 자격증을 취득한 이후 5년 이상의 사회복지사업 실무경험이 있는 지도자가 2명 이상 상근할 것

⑤ 기관실습이 실시되는 연도의 전년도에 8시간 이상의 보수교육을 받았을 것

⑥ 기관실습 지도자 1명이 동시에 지도할 수 있는 학생 수는 5명 이내일 것

나. 실습세미나

① 1회당 2시간 이상의 실습세미나를 총 15회 이상 실시할 것
(이 경우 정보통신망을 이용한 온라인 교육을 실시하는 교육기관의 실습세미나에는 대면 방식의 세미나가 총 3회 이상 포함되어야 함)

② 학사, 석사 또는 박사 학위 중 2개 이상의 학위를 사회복지학 전공으로 취득한 사람으로서 3년 이상의 사회복지학 교육경험 또는 3년 이상의 사회복지사업 실무경험이 있는 교수가 지도할 것

③ 한 세미나에 참여하는 학생 수는 30명 이내일 것

④ 기관실습 지도자가 부여한 평가점수와 실습세미나 교수가 부여한 평가점수를 합산한 최종 평가점수를 실습세미나 교수가 부여한다.

[사회복지현장실습 이수기준]

※ 사회복지학 교과목 지침서, 한국사회복지교육협의회 발간

- 학점 및 시간: 3학점 11시간(현장실습 8시간 + 실습세미나 3시간)
- 학교, 학생, 기관의 사정에 따라 학생은 다음의 방법 중 한 가지를 택할 수 있음.

① 학기 중 실습
: 주당 8시간 실습기관 출석하여 최소 160시간 이상 근무

② 방학 중 실습
: 1일 8시간 주 5회 실습기관 출석하여 최소 160시간 이상 근무 · 생활시설에서의 실습할 경우 실습으로 인정될 수 있는 시간은 1일 8시간으로 최소 160시간 근무

교과목 명칭이 동일하지 아니하더라도 교과 내용이 동일하다고 인정받고자 하는 경우 해당학교는 한국사회복지사협회에 동일과목 심의를 요청하여 동일과목으로 인정받아야만 자격취득 및 국가시험 응시가 가능함.

※ 실습기관 예시: 사회복지서비스를 제공하는 이용시설, 생활시설, 지방자치단체, 공공기관, 병원, 학교, 교정기관, 시민사회단체 등

※ 비고: 해외의 사회복지시설에서 현장실습은 인정되지 않음.

※ 기관 예시는 참고사항이며, 실습기관 선정은 실습지도자, 실습시간 기준을 반드시 준수하여 학교(교육기관)와 상의하여 결정함.

※ 자격증 발급 신청 시 별첨 양식의 '사회복지현장실습확인서(다운로드)'를 제출하여야 함.

(6) 사회복지사 1급 국가자격시험

[응시자격]

- 「고등교육법」에 따른 대학원에서 사회복지학을 전공하고 석사학위 또는 박사학위를 취득한 자. 다만, 대학에서 사회복지학을 전공하지 아니하고 동 석사학위를 취득한 자는 보건복지부령이 정하는 사회복지학 전공교과목과 사회복지 관련 교과목 중 사회복지현장실습을 포함한 필수과목 6과목 이상(대학에서 이수한 교과목을 포함하되, 대학원에서 4과목 이상을 이수하여야 한다), 선택과목 2과목 이상을 각각 이수하여야 한다.
- 「고등교육법」에 따른 대학에서 보건복지부령이 정하는 사회복지학 전공교과목과 사회복지 관련 교과목을 이수하고 학사학위를 취득한 자
- 법령에서 「고등교육법」에 따른 대학을 졸업한 자와 동등 이상의 학력이 있다고 인정하는 자로서 보건복지부령으로 정하는 사회복지학 전공과목과 사회복지 관련 교과목을 이수한 자
- 외국의 대학 또는 대학원에서 사회복지학을 전공하고 학사학위 이상을 취득한 자로서 제1호 및 제2호의 자격과 동등하다고 보건복지부 장관이 인정하는 자
- [별표 1]의 사회복지사 2급 자격기준란 사목 내지 사목에 해당하는 자로서 시험일 현재 1년 이상 사회복지사업의 실무경험이 있는 자

[「사회복지사업법 시행령」 제4조[별표 3]]

- 시험과목
  - 사회복지기초: 인간행동과 사회환경, 사회복지조사론
  - 사회복지실천: 사회복지실천론, 사회복지실천기술론, 지역사회복지론
  - 사회복지정책과 제도: 사회복지정책론, 사회복지행정론, 사회복지법제와 실천

- 관련법률
  - 「사회복지사업법 시행령」 제3조 제3항 관련 [별표2] '사회복지사 국가시험과목'

- 합격자 기준
  - 사회복지기초(50점): 인간행동과 사회환경(25점), 사회복지조사론(25점)
  - 사회복지실천(75점): 사회복지실천론(25점), 사회복지실천기술론(25점), 지역사회복지론(25점)
  - 사회복지정책과 제도(75점): 사회복지정책론(25점), 사회복지행정론(25점), 사회복지법제론(25점)

  - 전 과목 총점의 60% 이상, 매 과목 만점의 40% 이상 득점한 자
  - 합격자 발표 후에도 제출된 서류 등의 기재사항이 사실과 다르거나 응시 결격사유가 발견될 때는 합격을 취소함

2 사회복지의 분야

1) 정책과 행정 분야

(1) 사회복지정책과 행정의 기본시각 및 개념

사회복지 실천방법에 있어 사회복지정책은 거시적인 개입방법의 하나로 분류되고 있다. 따라서 사회복지정책은 개인이나 가족, 소집단 등을 대상으로 하는 실천방법이라기보다는 사회 전체나 국가 혹은 작게는 특정 지역 전체를 개입대상으로 하는 거시적 사회복지 실천방법이라 할 수 있다. 또한 사회복지정책은 사회복지실천이 이루어지는 전반적인 틀을 제공한다. 추상적인 사회복지정책은 구체적으로는 사회복지법률, 행정의 지침 등으로 표현되어 사회복지실천의 기본적 바탕이 되고 있다. 따라서 사회복지정책은 결국 사회복지실천의 방향, 내용, 방법 및 기준이 되고 있어 그 영향력이 지대하다고 볼 수 있다(김태성, 2018).

예를 들어, 사회복지사가 속한 사회복지시설과 기관의 목표는 사회복지행정의 지침에 연결되고 그것은 다시 사회복지법률과 정책에 연관되기 때문에 사회복지사는 이러한 연계를 적절하게 파악해야 한다. 그렇게 함으로써 사회복지사는 올바른 사회복지서비스를 제공할 수 있는 것이다. 특히 사회복지정책은 변동하는 사회와 그 욕구에 민감하게 반응하여 지침과 기준을 제시함으로써 실천 현장에 직·간접적으로 연결되어 있다.

(2) 사회복지정책과 행정의 분야

타운젠트(Townsend, 1975)는 소득보장, 건강, 교육, 주택 그리고 대인적 사회서비스 등 다섯 가지를 사회복지정책의 분야로 보고 있다. 또한 디니토(DiNitto, 1995)는 미국의 사회복지정책의 분야를 소득보장, 영양, 건강, 사회서비스 등 네 가지 영역으로 나누어 설명하고 있다. 티트머스(Titmuss)는 복지의 사회적 분화라는 책에서 사회정책의 구성으로서 사회보장과 비영리 대인서비스를 포함하는 사회복지뿐만 아니라 재정복지, 기업복지를 포함한다고 하였다. 여기서 재정복지란 어떤 집단에게 급여를 제공하기 위해 조세제도를 사용하는 것으로서, 예를 들어 티트머스는 가족 중에 노인이나 장애인이 있는 경우 소득세 감면 혜택을 받는 것도 복지의 한 부분으로 간주한 것이다.

이와 같이 티트머스는 사회정책의 분야를 포괄적으로 해석하여 조세정책을 사회복지정책의 영역에 넣기도 하며 칸(Kahn)과 힐(Hill)은 노동시장정책을 사회복지정책의 분야에 넣기도 한다. 조세정책의 경우 비록 소득보장정책과 같이 직접적인 급여를 통하여 소득을 보장하지는 않더라도 간접적으로 소득재분배에 크게 기여한다. 특히 우리나라의 경우 소득공제제도는 중산층의 다자녀가족을 위한 소득재분배정책으로서 재정복지의 한 형태로 볼 수 있다. 노동시장정책의 경우 이들 정책은 저소득계층이 시장에서 얻는 일차소득을 높이는 데 크게 기여하기 때문에 전체적인 소득보장이라는 차원에서 본다면 이차소득과 관련된 소득보장정책과 더불어 사회복지정책의 영역에 포함될 수 있다. 또한 사법정책의 한 분야로서 비행 청소년이나 범죄자들의 사회적 처우의 한 형태로서 보호관찰제도나 빈곤자들의 법적 권리를 보장해 주는 법률구조제도도 광의의 사회복지정책 분야로 포함할 수 있다(정종화, 2018).

사회복지정책의 고유영역을 설정하는 작업은 궁극적으로 공공행정상의 편의를 고려할 때 가능한 것으로서 절대적인 구분은 사실상 불가능하다. 그렇지만 사회복지정책의 분야에 사회보장 또는 소득보장, 대인적 사회서비스 및 보건 또는 건강을 포함시키는 데에 아무런 이의를 제기하지 않는다. 그러므로 사회복지정책은 좁게 해석하면 소득보장, 건강보장, 주택정책, 대인적 사회서비스 네 가지 영역으로 넓게 해석하면 소득보장, 건강보장, 주택정책, 대인적 사회서비스, 교육정책, 노동정책, 사법정책 등 8대 분야로 구성되어 있다고 할 수 있다.

2) 사회복지 실천 분야

① 공공부조
② 장애인복지
③ 아동, 청소년복지
④ 노인복지
⑤ 가족복지
⑥ 여성복지
⑦ 의료 및 정신보건사회복지
⑧ 학교사회복지
⑨ 교정복지
⑩ 산업복지 및 기업복지

3 사회복지 실천 현장 분야

1) 거시적 관점의 실천 분야

(1) 보건복지부

한국의 사회복지 업무는 1948년 정부수립과 함께 사회부(보건국 · 후생국 · 노동국 · 주택국 · 부녀국)가 신설되면서 시작되었다. 1949년에 보건부를 신설했고 1955년에 보건부와 사회부를 통합해 보건사회부로 개편했으며, 1994년 12월 정부조직법 개정에 따라 보건복지부로 명칭이 변경되었다. 이후 2008년 2월 정부조직법 개정에 따라 여성가족부 일부를 흡수해 보건복지가족부로 개편되었으나, 2010년 3월에 청소년, 가족 기능을 여성가족부로 이관하고 다시 보건복지부로 명칭이 변경되었다(보건복지부).

조직은 장관, 장관 아래 대변인과 감사관, 장관정책보좌관이 있으며, 1차관과 2차관으로 구성되어 있다. 1차관(운영지원과, 인사과) 아래 보건복지상담센터와 3실(기획조정실, 사회복지정책실, 인구정책실) 2국(장애인정책국, 사회보장위원회사무국), 2차관 아래 1실(보건의료정책실), 3국(건강보험정책국, 건강정책국, 보건산업정책국)이 있으며, 총 77개 과의 하부조직으로 구성되어 있다(참고, 보건복지부 홈페이지 www.mohw.go.kr).

소속기관으로는 국립정신건강복지센터, 국립나주병원, 국립부곡병원, 국립춘천병원, 국립공주·병원, 국립소록도병원, 국립재활원, 국립장기조직혈액관리원, 오송생명과학단지 지원센터, 국립망향의동산 관리원, 건강보험분쟁조정, 첨단재생의료 및 첨단바이오의약품 심의위원회사무국이 있다.

산하 공공기관으로는 국민건강보험공단, 국민연금공단, 건강보험심사평가원, 한국보건산업진흥원, 한국노인인력개발원, 한국사회보장정보원, 한국보건복지인재원, 국립암센터, 대한적십자사, 한국보건의료인 국가시험원, 한국장애인개발원, 한국국제보건의료재단, 한국사회복지협의회, 국립중앙의료원, 한국건강증진개발원, 한국의료분쟁조정중재원, 한국보건의료연구원, 오송첨단의료 산업진흥재단, 대구경북첨단의료 산업진흥재단, 한국장기조직기증원, 한국한의약진흥원, 의료기관평가인증원, 국가생명윤리정책원, 한국공공조직은행, 아동권리보장원, 한국자활복지개발원, (재)한국보건의료정보원 등 27개의 산하기관을 두고 있다.

주요 기능으로 국민의 건강과 보건, 복지, 사회보장 등 삶의 질을 제고하기 위한 정책 및 사무를 관장하고 있다. 보건복지부는 중앙행정기관으로서 두터운 중산층 형성 및 안락하고 건강한 삶의 보장을 통해 국민 모두가 행복한 사회를 만드는 것을 목표로 하고 있다. 아동(보육부담 경감), 청장년(일자리 창출), 노인(행복한 노후), 취약계층(맞춤형 복지), 보건의료(건강한 삶 보장) 등 5개 분야를 주요 국정과제 대상으로 삼고 있다.

(2) 사회복지 전담 공무원

국가의 행정체계 내에서 사회복지업무를 전담하며 거시적 측면에서 공적 영역에서 활동하는 공무원으로 사회복지사업법 제11조와 사회보장급여의 이용제공 및 수급권자 발굴에 관한 법률(사회보장급여법)에 따라 사회복지사의 자격을 가진 사람으로 하며, 사회복지사업에 관한 업무를 담당하기 위하여 시도, 시군구, 읍면동 또는 사회복지사무 전담기구에 사회복지 전담 공무원을 둘 수 있도록 규정하고 있다.

(3) 지역사회복지

지역사회복지란 전문 혹은 비전문 인력이 지역사회 수준에 개입하여 지역사회에 존재하는 각종 제도에 영향을 주고 지역사회의 문제를 예방하고 해결하고자 하는 모든 사회적 노력을 의미한다.

지역사회복지란 지역사회를 접근단위로 하여 그 구성원들의 복지를 실현하려는 사회적 노력이다.

2) 미시적 관점의 실천 분야

(1) 개인사회복지실천

개인을 통한 사회복지의 실천, 즉 개별지도사업에 대한 정의는 리치먼드(Richmond)의 정의가 가장 보편적인데, 그녀는 개별지도사업을 개별적으로 인간과 환경 간의 의식적이고 효과적인 재조정을 통하여 퍼스낼리티를 개발시키는 과정이라고 정의하였다.

펄만(Perlman)은 개별지도사업이란 사람들이 사회적 기능을 함께 하는 데에 자신만의 문제를 더욱 효과적으로 대처해 나가도록 개인을 돕기 위하여 사회복지기관에서 활용하는 과정이라고 하였다. 특히 그녀는 이 정의를 통하여 개별지도사업을 구성하는 기본적 요소로써 사람, 문제, 장소, 과정 등의 개념을 지적했으며 문제를 소유한 개인이 사회복지기관에 찾아와 문제해결과정을 통하여 도움받는다는 것을 설명함으로써 사회복지기관의 기능과 주체적 클라이언트를 강조하였다고 볼 수 있다(최혜경, 2017).

(2) 집단사회복지실천

코노프카(Konopka)는 집단을 통한 사회복지실천이란 전문사회복지방법의 한 유형으로 의도적 집단경험을 통하여 개인의 사회적 기능을 향상케 하며 또한 개인, 집단, 지역사회의 당면문제들에 대해 보다 효과적으로 대처할 수 있도록 도움을 주는 것이라고 하였다. 집단을 통한 사회복지실천 권위자인 트랙커(Tracher)는 집단을 통한 사회복지실천 집단 또는 사회기관의 시설 내의 구성원인 개개인을 사회복지사의 도움을 받아 구성원 상호 간 또는 타인과의 원만한 관계를 맺도록 도와주고 구성원들이 자기의 욕구와 능력에 따라서 발전할 기회를 마련해 주는 과정이며 방법이라고 하였다(김혜영, 2020).

(3) 장애인복지 분야

사회복지의 한 분야로서 신체장애와 정신장애로 인한 가족생활, 사회생활의 곤란에 대하여 의료재활, 교육재활, 직업재활, 사회재활, 심리재활 등의 영역에서 장애인 당사자의 전인적인 재활관점에 기반하여 서비스를 제공하고 있다. 장애인을 위한 사회적 인식의 개선과 물리적 환경을 조성하며, 모든 분야에서 사회적 생활이 보장되고 심리적으로 안정된 삶을 영위하도록 원조하는 국가 및 사회의 조직적 노력의 총체라고 할 수 있다.

(4) 아동청소년복지 분야

아동과 청소년이 특별한 장애가 있거나 가족이 아동을 보호하고 양육하는 기능을 제대로 이행하지 못할 때 특수 욕구를 가진 아동과 가족을 위해서 전문기관이 행하는 조직적인 활동을 하는 분야이다. 모든 아동과 청소년이 건장하게 발달할 수 있도록 관련된 경제, 교육, 보건, 노동 등의 여러 분야에 걸쳐 국가와 사회단체 및 개인에 의해서 이루어지는 입법, 프로그램, 서비스 등을 포함한 모든 노력을 말한다.

(5) 노인복지 실천 분야

노인들의 신체적, 정신적, 사회적 잠재력을 최대화하기 위해 원조와 서비스를 제공하고, 자신의 문제해결 역량 강화를 통해 성공적인 노년기를 보내도록 돕는 사회복지의 한 분야이다.

각 가족이 순기능적으로 되기 위해 사회복지학적으로 접근하여 돕는 실천 분야이다.

(6) 여성복지 실천 분야

여성을 위한 사회복지로서 가족과 사회를 포함한 일상생활에서 여성 개개인에게 인간다운 삶을 보장하기 위해 시도되는 자원의 재분배 노력이다.

모든 여성이 한 사회의 구성원으로서 삶의 질을 영위할 수 있도록 여성의 욕구와 문제를 해결하기 위하여 사회 구성원들이 공적 및 사적 차원에서 행하는 공동체적 노력을 의미한다(김혜영, 2020).

(7) 의료 및 정신보건사회복지

의학과 협력하는 사회서비스로서 사회복지의 가치, 지식, 기술, 태도를 보건에 응용하는 것이다. 의료사회복지는 주로 병원이나 의료기관에서 환자와 그 가족을 대상으로 실천된다. 의료사회복지는 의학 및 관련된 전문직과 함께 심리적, 사회적, 환경적 차원을 동시에 고려하는 관점을 가지고 질환에 대한 측정과 치료에 개입한다. 정신보건사회복지는 정신질환이나 정신장애를 가진 사람들을 대상으로 사회복지적 개입을 통해 그들의 사회적 기능을 회복시키고 삶의 질을 향상하는 목표로 한다.

(8) 학교사회복지 실천 분야

학교사회복지는 학생들이 건전한 사회기능을 이룰 수 있도록 준비시켜 주며 학생 개개인의 문제뿐만 아니라 사회환경이나 교육환경의 변화에 즉시 개입하여 학교가 자신의 역할과 기능을 극대화할 수 있도록 도와주는 연계활동인 실천 분야이다.

학교사회복지 실천 분야는 학생들의 전반적인 복지 증진과 학교 환경에 적용하는 것을 목표로 학생지원, 심리·정서적 문제 해결, 예방프로그램 등을 실천하고 있다.

우리나라에서도 학교사회복지는 학생들의 학교적응과 학교의 사회적 기능을 향상해 주기 위한 전문적인 사회복지의 실천 분야로서 학교를 실천 현장으로 하여 지역사회 복지기관과 같은 서비스를 제공해 주는 원조활동을 하게끔 하고 있다(최혜경, 2017).

(9) 교정복지 실천 분야

교정복지는 사회적응에 실패한 범죄자 및 비행 청소년들의 사회적 적응 능력을 배양시키며 재비행과 재범을 방지하며 완만한 사회복귀를 도와 건전한 시민으로 살아갈 수 있도록 하는 복지적 처우와 조직적 서비스의 지원활동을 말한다. 즉, 교정복지는 범죄자와 우범자 및 그들의 문제 그리고 유해환경 등을 대상으로 사회복지실천방법의 지식과 기술, 사회복지정책의 법과 제도적 장치 등을 활용하여 대상자들의 재범방지와 사회복귀는 물론 관련 환경의 개선을 도모하는 사회적 노력과 활동이라고 할 수 있다.

(10) 산업복지 실천 분야

산업사회의 문제를 해결하기 위하여 근로자와 그 가족을 대상으로 국가,

고용주, 노동조합이 주체가 되어 이루어지는 제반 복지서비스로서 사회복지실천의 한 분야라고 할 수 있다. 주요 실천 분야는 기업복지, 국가복지, 노동자 자주복지, 고용인 원조모형, 고용주 업무조직서비스모형 등 전반적인 근로 환경을 개선하는 데 중요한 역할을 한다.

3) 국제사회에서의 실천 분야

(1) 월드비전

월드비전은 전 세계 100여 개국에서 1억 명의 지구촌 이웃들을 위한 구호, 개발 및 옹호사업을 진행하는 국제 구호개발 NGO이다.

월드비전은 1950년 한국전쟁의 폐허 속에서 태어났으며, 1991년 한국은 도움 받던 나라에서 주는 나라로 전환을 이루었고, 2006년 월드비전 한국은 구호사업의 전문성을 인정받아 국내 NGO 중 유일하게 WFP(WFP: world food programme, 유엔세계식량계획) 공식 협력기관이 되었다.

월드비전 한국은 전 세계 100여 개국에서 4만여 명의 직원들이 일하는 세계 최대의 민간 국제기구인 월드비전 인터내셔널의 회원국이다. 월드비전 인터내셔널은 UN경제사회이사회로부터 NGO최상위 지위인 포괄적 협의지위를 부여받았다(김혜영, 2020).

(2) 러빙핸즈

러빙핸즈는 오직 행함과 진실함으로 사랑하라는 기독교 정신에 따라 국내외 이웃의 아픔을 나누고 작은 실천으로 희망을 전하며 돕는 것을 사명으로 하는 단체이다. 주요 사업은 다음과 같다.

① 빈곤아동에 대한 멘토링사업

도움이 필요한 아동에 대해서는 1:1결연을 통해 청소년이 자립할 수 있는 나이까지 정기적이고 지속적인 상담을 실시한다.

② 빈곤아동과 그 가정에 대한 종합적인 지원

도움이 필요한 아동과 가정을 직접 방문하여 그 필요를 종합적으로 파악하고 아동이 자립할 수 있는 나이까지 1:1결연, 학습지원, 의료비지원, 생계비지원, 신앙교육지원과 같은 서비스를 장기적으로 지원한다.

③ 멘토양성과정/자원봉사아카데미를 통한 전문자원봉사자 양성

자원봉사에 대한 교육을 통해 준비되고 전문적인 자원봉사자를 12시간의 기본교육과 1회 이상의 실습으로 양성하여 도움을 주는 자원봉사자나 도움을 받는 클라이언트가 상호 도움이 되도록 한다.

④ 해외아동 1:1 결연 및 해외 장기 자원봉사자

해외자원봉사에 관심 있는 지원자들을 12시간의 교육을 통해 선발하고 선교사들과 연계해서 해외 사역지에서 유치원·어린이집운영 보조, 초등학교 교육보조, 병원운영 보조 등의 자원봉사를 진행한다.

⑤ 대안적인 모금을 위한 사회적 기업 활성화 및 보급

수익창출을 위한 사회적 기업을 운영하여 안정적인 수익기반을 확보하고 기타 운영비를 뺀 수익금 전체를 기부하여 NGO가 안정적으로 목적사업 자체에만 집중할 수 있도록 한다.

(예) 기부쇼핑몰, 기부옷가게, 기부카페, 기부파티

CHAPTER 03

사회복지 윤리와 철학

1 사회복지사의 가치와 윤리

1) 사회복지실천에서 가치의 의미와 중요성

가치라는 용어는 강함, 승리 혹은 그럴 만함을 의미하는 라틴어 발레라(Valere)에서 유래되었다. 수년 동안 학자들은 가치에 대해 다음과 같은 정의를 내려왔다. 즉, 평가될 수 있는 모든 것, 모든 욕구의 대상, 외향적이건 내재적이건 혹은 개인적 특성이건 집단의 특성이건 간에 어떤 바람직함이란 개념으로서 가능한 한 여러 수단과 목적 중에서 선택할 때 영향을 미치는 것, 인간의 노력의 지침이 되는 것이다(김혜영, 2020).

사회복지실천의 가치는 사회복지사가 클라이언트를 돕는 과정에서 경험하는 여러 가지 작은 목표설정과 관련된다고 할 수 있다.

사회복지실천에서 가치의 중요성을 다음 네 가지 측면에서 설명할 수 있다. 첫째, 가치는 사회복지실천의 본질적 목적과 사명에 영향을 미친다. 사회복지 가치는 삶의 어려움을 겪고 있는 사람을 돕는다는 가치에 관심을 가지고 있었던 사회복지 전문직의 창시자들과 현대의 사회복지사들에게 뿌리 깊은 신념을 제공하고 있다. 사회복지실천은 단순히 기술이라기보다는 정교한 개입방법을 이용하여 취약한 사람들을 돕기 위해 고안된 가치에 기초하고 가치에 의해 영감을 받는 노력이다(심상용, 2020).

둘째, 사회복지사가 중시하는 가치는 그가 클라이언트나 동료들, 다른 사회성원들과 맺는 관계에 영향을 미친다. 사회복지사는 자신이 일하기에 편한 대상을 선택한다. 예를 들어, 어떤 사회복지사는 학대받은 아동이나 매 맞는 부인과 같은 희생자라고 판단되는 클라이언트를 위해 헌신하는 데 반해 다른 사회복지사는 심각한 성범죄로 투옥된 죄수같이 대부분의 사람이 가해자로 분류하는 클라이언트를 위해 일하고자 한다. 이러한 선택은 부분적으로 사회복지사가 가지고 있는 가치의 영향이라고 볼 수 있다.

셋째, 사회복지사의 가치는 그들이 사용할 개입방법과 개입수준의 결정에도 영향을 미친다. 예를 들어, 어떤 사회복지사는 행동의 변화를 위해서 직면하는 것이 가장 효과적이라고 믿기 때문에 청소년 범죄자에게 개입할 때는 직면의 기술을 선호한다. 그러나 같은 대상을 다루는 경우에도 사회복지사에 따라 직면의 방법이 인간성을 잃게 한다고 보아서 이 방법보다는 자신의 가치에 따라 클라이언트의 자기 결정과 치료적 관계의 수립을 강조하는 상담개입을 선호할 수 있다. 빈민지역의 저소득층 주민의 임파워먼트를 강화하기 위해 어떤 사회복지사는 주민을 조직화하고 해당 주민들의 문제를 해결하기 위해 제도적 개선을 촉구하는 중 거시적인 개입을 시행한다. 반면 같은 대상과 문제를 다루는 경우에도 어떤 사회복지사는 결핍과 문제 상황에 대한 개인의 인식을 바꾸어 개인을 사회에 적응하게 하는 개별 및 집단 상담을 하는 미시적 개입을 시행한다(김혜영, 2020).

넷째, 가치는 전문직의 의무들이 서로 갈등을 일으킬 때 윤리적 딜레마를 해결하기 위한 노력의 열쇠가 된다. 윤리적 딜레마는 서로 대립하는 가치들을 포함한다. 윤리적 딜레마에 직면할 때 사회복지사들은 궁극적으로 사회복지실천 가치의 본질에 대한 믿음에 근거하여 상충된 가치 중 어느 것을 우선할 것인지를 결정하게 된다.

① 돌고프 등(Dolgff et al., 2005)은 가치를 4가지 유형으로 구분하였다.

- 개인적 가치: 개인이 가지고 있는 가치로 다른 사람이 반드시 이 가치를 가지는 것은 아니다. (예) 안락사에 대한 개인의 가치
- 집단적 가치: 사회적 하위집단(종교집단, 소수민족 집단 등)이 가지고 있는 가치. (예) 중동 회교국가의 일부다처제, 한국의 보신탕, 에스키모인 등의 성적 관습.
- 사회적 가치: 전체 사회체계의 다수 혹은 적어도 체계의 지도자가 인정하는 가치. (예) 낙태, 동성애, 존엄사 등과 같이 사회적 가치들에 대한 합의가 쉽지 않다.
- 전문적 가치: 사회복지사와 같이 전문적 집단이 선언한 가치. (예) 클라이언트 자기결정권.

② 사회복지 전문직의 가치

미국사회복지사협회(NASW, 2008)는 사회복지 전문직의 핵심가치를 6가지로 규정하였다.

- 서비스: 욕구와 사회적 문제를 가지고 있는 사람을 돕는다.
- 사회정의: 사회복지사는 불공정에 도전한다.
- 인간의 존엄성: 개인의 내재적인 존엄성과 가치를 존중한다.
- 인간관계의 중요성: 인간관계의 핵심적 중요성을 인식하여야 한다.
- 성실성: 사회복지사는 신뢰할 수 있는 방식으로 행동해야 한다.
- 역량: 역량범위 내에서 실천하고 전문성을 발달시키고 향상한다.

2) 사회복지실천에서 윤리의 의미와 중요성

영어의 윤리는 그리스어 에토스(ethos)에서 나온 관습, 사용, 습관 등의 의미를 가지며, 어떠한 행동이 도덕적으로 바르며 바른 판단과 행동은 어떠해야 하는지를 다루는 개념이다. 윤리는 개인의 행동을 인도하는 일련의

가치들을 기반으로 생성된 구체적인 원칙들이다. 따라서 가치가 옳고 그름을 반영한다면 윤리는 이들 가치에 따라 어떻게 행동할 수 있을 것인가를 결정해 주는 역할을 한다. 사회복지사는 사회복지의 가치와 일치할 수 있는 윤리적 결정을 내릴 수 있는 확고한 가치의 기반을 닦아야 한다. 따라서 윤리는 사회복지사가 자신의 사회복지실천에서 지켜야 할 도덕적 규칙이라 할 수 있다(김혜영, 2020).

사회복지실천에 있어 윤리의 중요성이 대두되기 시작한 것은 사회복지직이 전문직으로 나아가기 위한 단계에서 시작되었다고 볼 수 있다. 1920년대에는 전문직으로 인정을 받았던 의사집단과 업무영역을 두고 갈등을 빚기 시작하였고 그 원인이 전문지식의 미개발과 윤리강령의 부재에 있음을 인식하게 되면서 이러한 제도의 필요성을 제기하게 되었다.

2 사회복지사의 윤리강령

1) 전문

사회복지사는 인본주의·평등주의 사상에 기초하여, 모든 인간의 존엄성과 가치를 존중하고 천부의 자유권과 생존권의 보장 활동에 헌신한다. 특히 사회적·경제적 약자들의 편에 서서 사회정의와 평등·자유와 민주주의 가치를 실현하는 데 앞장선다. 또한, 도움을 필요로 하는 사람들의 사회적 지위와 기능을 향상하기 위해 저들과 함께 일하며, 사회제도 개선과 관련된 제반 활동에 주도적으로 참여한다. 사회복지사는 개인의 주체성과 자기 결정권을 보장하는 데 최선을 다하고, 어떠한 여건에서도 개인이 부당하게 희생되는 일이 없도록 한다. 이러한 사명을 실천하기 위하여 전문적 지식과 기술을 개발하고, 사회적 가치를 실현하는 전문가로서 능력과 품위를 유지하기 위해 노력한다.

이에 우리는 클라이언트·동료·기관 그리고, 지역사회 및 전체사회와 관련된 사회복지사의 행위와 활동을 판단 · 평가하며 인도하는 윤리기준을 다음과 같이 선언하고 이를 준수할 것을 다짐한다.

2) 사회복지사의 기본적 윤리기준

(1) 전문가로서 자세

① 사회복지사는 전문가로서 품위와 자질을 유지하고, 자신이 맡고 있는 업무에 대해 책임진다.

② 사회복지사는 클라이언트의 종교 · 인종 · 성 · 연령 · 국적 · 결혼상태 · 성 취향 · 경제적 지위 · 정치적 신념 · 정신, 신체적 장애 · 기타 개인적 선호, 특징, 조건, 지위를 이유로 차별 대우를 하지 않는다.

③ 사회복지사는 전문가로서 성실하고 공정하게 업무를 수행하며, 이 과정에서 어떠한 부당한 압력에도 타협하지 않는다.

④ 사회복지사는 사회정의 실현과 클라이언트의 복지 증진에 헌신하며, 이를 위한 환경 조성을 국가와 사회에 요구해야 한다.

⑤ 사회복지사는 전문적 가치와 판단에 따라 업무를 수행하는 기관 내외로부터 부당한 간섭이나 압력을 받지 않는다.

⑥ 사회복지사는 자신의 이익을 위해 사회복지 전문직의 가치와 권위를 훼손해서는 안 된다.

⑦ 사회복지사는 한국사회복지사협회 등 전문가단체 활동에 적극 참여하여, 사회정의 실현과 사회복지사의 권익옹호를 위해 노력해야 한다.

(2) 전문성 개발을 위한 노력

① 사회복지사는 클라이언트에게 최상의 서비스를 제공하기 위해, 지식과 기술을 개발하는 데 최선을 다하며 이를 활용하고 전파할 책임이 있다.

② 클라이언트를 대상으로 연구하는 사회복지사는 클라이언트의 권리를 보장하기 위해, 자발적이고 고지된 동의를 얻어야 한다.

③ 연구과정에서 얻은 정보는 비밀보장의 원칙에서 다루어져야 하고, 이 과정에서 클라이언트는 신체적, 정신적 불편이나 위험 · 위해 등으로부터 보호되어야 한다.

④ 사회복지사는 전문성을 개발하기 위해 노력하되, 이를 이유로 서비스의 제공을 소홀히 해서는 안 된다.

⑤ 사회복지사는 한국사회복지사협회 등이 실시하는 제반교육에 적극 참여하여야 한다.

(3) 경제적 이득에 대한 태도

① 사회복지사는 클라이언트의 지불능력에 상관없이 서비스를 제공해야 하며, 이를 이유로 차별대우를 해서는 안 된다.

② 사회복지사는 필요한 경우에 제공된 서비스에 대해, 공정하고 합리적으로 이용료를 책정해야 한다.

③ 사회복지사는 업무와 관련하여 정당하지 않은 방법으로 경제적 이득을 취하여서는 안 된다.

3) 사회복지사의 클라이언트에 대한 윤리기준

(1) 클라이언트와의 관계

① 사회복지사는 클라이언트의 권익옹호를 최우선의 가치로 삼고 행동한다.

② 사회복지사는 클라이언트에 대하여 인간의 존엄성을 존중해야 하며, 전문적 기술과 능력을 최대한 발휘한다.

③ 사회복지사는 클라이언트가 자기결정권을 최대한 행사할 수 있도록 도와야 하며, 저들의 이익을 최대한 대변해야 한다.

④ 사회복지사는 클라이언트의 사생활을 존중하고 보호하며, 직무 수행 과정에서 얻은 정보에 대해 철저하게 비밀을 유지해야 한다.

⑤ 사회복지사는 클라이언트가 받는 서비스의 범위와 내용에 대해, 정확하고 충분한 정보를 제공함으로써 알 권리를 인정하고 존중해야 한다.

⑥ 사회복지사는 문서·사진·컴퓨터 파일 등의 형태로 된 클라이언트의 정보에 대해 비밀보장의 한계·정보를 얻어야 하는 목적 및 활용에 대해 구체적으로 알려야 하며, 정보 공개 시에는 동의를 얻어야 한다.

⑦ 사회복지사는 개인적 이익을 위해 클라이언트와의 전문적 관계를 이용하여서는 안 된다.

⑧ 사회복지사는 어떠한 상황에서도 클라이언트와 부적절한 성적관계를 가져서는 안 된다.

⑨ 사회복지사는 사회복지 증진을 위한 환경조성에 클라이언트를 동반자로 인정하고 함께 일해야 한다.

(2) 동료의 클라이언트와의 관계

① 사회복지사는 적법하고도 적절한 논의 없이 동료 혹은 다른 기관의 클라이언트와 전문적 관계를 맺어서는 안 된다.

② 사회복지사는 긴급한 사정으로 인해 동료의 클라이언트를 맡게 된 경우, 자신의 의뢰인처럼 관심을 두고 서비스를 제공한다.

4) 사회복지사의 동료에 대한 윤리기준

(1) 동료

① 사회복지사는 존중과 신뢰로서 동료를 대하며, 전문가의 지위와 인격을 훼손하는 언행을 하지 않는다.

② 사회복지사는 사회복지 전문직의 이익과 권익을 증진하기 위해 동료와 협력해야 한다.

③ 사회복지사는 동료의 윤리적이고 전문적인 행위를 촉진해야 하며, 이에 반하는 경우에는 제반 법률규정이나 윤리기준에 따라 대처해야 한다.

④ 사회복지사가 전문적인 판단과 실천이 미흡하여 문제를 야기시켰을 때는 적절한 조치를 취하여 클라이언트의 이익을 보호해야 한다.

⑤ 사회복지사는 전문직 내 다른 구성원이 행한 비윤리적 행위에 대해, 제반 법률규정이나 윤리기준에 따라 조치해야 한다.

⑥ 사회복지사는 동료 및 타 전문직 동료의 직무 가치와 내용을 인정·이해하며, 상호 간에 민주적인 직무관계를 이루도록 노력해야 한다.

(2) 슈퍼바이저(Supervisor)

① 슈퍼바이저는 개인적인 이익의 추구를 위해 자신의 지위를 이용해서는 안 된다.

② 슈퍼바이저는 전문적 기준에 의해 공정하게 책임을 수행하며, 사회복지사·수련생 및 실습생에 대한 평가는 저들과 공유해야 한다.

③ 사회복지사는 슈퍼바이저의 전문적 지도와 조언을 존중해야 하며, 슈퍼바이저는 사회복지사의 전문적 업무수행을 도와야 한다.

④ 슈퍼바이저는 사회복지사·수련생 및 실습생에 대해 인격적·성적으로 수치심을 주는 행위를 해서는 안 된다.

5) 사회복지사의 기관에 대한 윤리기준

① 사회복지사는 기관의 정책과 사업 목표의 달성, 서비스의 효율성과 효과성의 증진을 위해 노력함으로써, 클라이언트에게 이익이 되도록 해야 한다.

② 사회복지사는 기관의 부당한 정책이나 요구에 대하여, 전문직의 가치와

지식을 근거로 이에 대응하고 즉시 사회복지윤리위원회에 보고해야 한다.

③ 사회복지사는 소속기관 활동에 적극 참여함으로써, 기관의 성장발전을 위해 노력해야 한다.

6) 사회복지사의 사회에 대한 윤리기준

① 사회복지사는 인권존중과 인간평등을 위해 헌신해야 하며, 사회적 약자를 옹호하고 대변하는 일을 주도해야 한다.

② 사회복지사는 필요한 사회서비스를 개발하기 위한 사회정책의 수립·발전·입법·집행에 적극적으로 참여하고 지원해야 한다.

③ 사회복지사는 사회환경을 개선하고 사회정의를 증진하기 위한 사회정책의 수립·발전·입법·집행을 요구하고 옹호해야 한다.

④ 사회복지사는 자신이 일하는 지역사회의 문제를 이해하고, 그것을 해결하는 일에 적극적으로 참여해야 한다.

【사회복지사 선서문】

나는 모든 사람이 인간다운 삶을 누릴 수 있도록, 인간존엄성과 사회정의의 신념을 바탕으로, 개인 · 가족 · 집단 · 조직 · 지역사회 · 전체사회와 함께 한다.
나는 언제나 소외되고 고통받는 사람들의 편에 서서, 저들의 인권과 권익을 지키며, 사회의 불의와 부정을 거부하고, 개인이익보다 공공이익을 앞세운다.
나는 사회복지사 윤리강령을 준수함으로써, 도덕성과 책임성을 갖춘 사회복지사로 헌신한다.

나는 나의 자유의지에 따라 명예를 걸고 이를 엄숙하게 선서합니다.

3 윤리적 딜레마 해결을 위한 준거 틀

사회복지실천은 그 자체가 본질적으로 윤리적 측면을 내포하기 때문에 클라이언트와 함께 하는 사회복지 전문직의 원조 과정에서 사회복지사는 필연적으로 윤리적인 딜레마에 부딪힐 수밖에 없으므로 따라서 딜레마의 성격상 사회복지사가 겪는 윤리적인 어려움의 문제는 실천가로서 피할 수 없는 실천의 측면이라고 할 수 있다(심상용, 2020).

로웬버그 등(Lowenberg et al., 1977)은 사회복지 영역에서 가치 및 윤리문제가 발생하는 영역과 개념을 정의하였는데 즉, 클라이언트 / 사회복지사 / 기관 / 지역사회 / 전문직 / 사회문제 성의 / 목표설정 / 우선순위 결정 / 방법전략의 결정 / 바람직한 결과 등의 제안에서 갈등이 있을 때 사회복지실천에서 윤리적 문제가 발생한다고 하였다. 왜냐하면 각 체계는 인간특성 / 가치 / 주요과제 / 체계수준 등에 대한 가정이 각각 다르게 연계되었고 가치에 따라 달리 선택되기 때문이다. 일반적으로 사회복지사가 준수해야 하는 윤리는 윤리강령을 통해 명시되어 있으나 윤리적 딜레마 상황에서 사회복지사는 자신의 가치와 클라이언트의 가치, 사회적 가치와 전문직 윤리를 모두 고려하여 적절하게 딜레마 상황을 해결해야 할 것이다. 가치로부터 전문직 실천의 윤리적 원칙들이 나오기 때문에 여기서 무엇이 옳고 그른가 하는 윤리의 문제와 어떠한 지향을 선호하는가에 관한 가치의 문제는 동시에 중요하게 고려돼야 할 것이다.

4 사회복지의 역사(미국, 영국, 일본, 한국)

1) 미국

17세기 초에 영국에서 미국으로 이주한 청교도들은 개인의 자립정신과 개인주의 정신을 가지고 있었기에 이러한 전통적인 정신이 사회복지 발달 과정에 영향을 주었다. 따라서 미국에는 주로 연방정부 불개입원칙이 강조되었다.

그러나 1929년 경제대공황의 발생과 함께 연방정부는 뉴딜정책을 통해 경제를 활성화하고 빈곤퇴치를 하는 등 빈곤정책에 적극성을 띠었다. 연방정부는 1935년에 사회보장법을 제정하여 연방정부로서는 처음으로 빈곤구제에 대한 주요한 책임과 역할을 맡았다. 사회보장법의 내용은 연방정부에서 관리하는 사회보험, 각 주가 관리하는 공적부조와 사회복지서비스에 대한 연방보조금제도로 구성되었다. 공적부조와 사회복지서비스가 포함된 대책이라는 것이 영국과 달리 특이한 사항이다. 1963년 존슨 대통령은 위대한 사회를 표방하며 빈곤과의 전쟁을 전개하였고 각종 사회개혁 정책을 마련하였다. 헤드스타트운동을 예로 들 수 있다. 1965년에는 65세 노인을 대상으로 한 의료보험인 메디케어가 도입되었다. 1970년대 초반까지만 해도 사회보장제도가 확대되었지만 1980년대 공화당 레이건 정부수립 이후에는 시장경제 위주의 정책이 주를 이루면서 사회복지의 지출을 줄였다. 현재에도 생산적 복지를 강조함으로써 사회복지에 대한 수혜자격을 강화하고 지출을 줄이고 있다.

2) 영국

1601년 엘리자베스 여왕은 구빈법을 집대성하게 된다. 이 구빈법은 4대 원칙을 천명하였다. 1662년에는 정주법이 제정되었는데 이는 교구마다 빈민이 증가함에 따라 빈민이 많이 유입되는 현상을 막기 위한 조치였다.

1782년에는 길버트법이 제정되어 노동능력이 있는 빈민은 실업자로 보고 원내구제 대신 고용을 알선하고 취업이 불가능한 경우에는 원외구제를 허용하였다.

1795년 스핀햄랜드법은 빈민의 처우를 개선하기 위한 임금보조제도로써 최저생활기준에 미달되는 임금부족분을 보조해 주는 것을 목적으로 하였

03

다. 이는 시민의 세부담을 증가시키는 결과를 초래하였다.

1832년에는 개정 구빈법이 제정되었다. 스핀햄랜드법의 임금보조제도를 철폐하는 내용들이 들어 있었다. 결과적으론 균일처우의 원칙, 열등처우의 원칙, 작업장 심사의 원칙을 갖추는 계기가 되었다.

1942년에는 베버리지 보고서가 발간되었다. 베버리지 보고서에 의하면 사회보장은 모든 국민으로 하여금 궁핍, 질병, 무지, 불결, 나태의 5대 사회악에서 벗어나게 하는 것을 목적으로 하였다. 이 보고서에서는 사회보장의 핵심으로 사회보험을 제시하였다.

1946년 국민보험법, 산업재해법, 국민보건서비스법, 1948년 국민부조법이 제정되었다. 이리하여 요람에서 무덤까지라는 사회보장체계가 수립되었다.

그러나 1970년대 후반에 들어서면서 경기침체로 복지국가 위기론이 등장하였고 1990년대 중반에는 생산적 복지를 강조하기에 이르렀다.

3) 일본

일본에 있어 사회복지에 관한 최초의 법제도는 1874년의 「휼구규칙(恤救規則)」이다. 이 규칙은 인민상호의 동정심, 즉 친족 및 공동체에 의한 상호부조를 원칙으로 하였으며 그것이 기대되지 않는 폐질자 · 노약자 · 중병자 · 13세 미만의 고아를 국가가 구제한다는 것이다. 그러나 휼구규칙에는 자본주의의 원시축적기의 빈곤 발생에 대처하는 제도로서 한계가 있었다. 그래서 일본 구빈법 사상 처음으로 공적부조 의무주의를 취급한 「구호법」이 1929년 제정 · 공포되었다. 이 법은 휼구규칙에서 불분명한 구호기관, 구호내용, 구호방법, 구호비 분담에 대해 분명히 하였다. 그리고 구호의 대상은 ① 65세 이상의 노년자 ② 13세 이하의 유아 ③ 임산부 ④ 질병 · 상병 · 심신장애로 인해 노무에 지장이 있는 자에 한정하였으며 제한부조주의를 취하였다. 또한 요구호자 보호청구권은 인정하지 않았으며 구호를 받는 자에게는 선거권 · 피선거권이 없었다.

일본의 근대화는 메이지 유신으로부터 시작된다. 메이지 유신은 분권적인 영주 체제에서 전체적인 중앙집권적 체제가 성립되므로 근대적 빈곤의 형성 및 구빈정책이 시행되었다.

일본은 제1차 세계대전에서 어부지리를 얻어 급속한 자본의 집중을 진전시켜 독점자본주의를 확립시켰다. 그것은 노동자계급의 증대와 계급적 성장을 가져왔고, 자본가와 임금노동자라는 근대적인 계급대립이 명확해졌고, 신중산층도 성장하였다. 그러나 전후에는 국제적인 자본주의의 모순이 심화된 가운데 전후 공황이 닥쳐서 그 후 회복을 하지 못하고 불황이 계속되었고, 세계대공황이 도래하였다. 도시에서는 그 기간에 실질적인 실업자가 100만에서 300만으로 늘어났고, 농촌에서는 농업공황이 소작민뿐만 아니고 중산층, 중소지주에 이르기까지 타격을 주었다.

제2차 세계대전 패전 직후에도 전쟁희생자와 생활곤궁자의 생활에 대한 원호보호가 전쟁처리적인 과제였다. 정부는 점령군 당국의 각서 「구제 및 복지계획 건」에 기초하여 「생활곤궁자 긴급생활 구호 요강」이 각의에서 결정되었다. 이 시책은 구호법에 다른 자혜적 · 구제적 법제를 계승한 것에 지나지 않았다. 한편, 점령군은 일본 사회복지의 비군사화 · 민주화를 위해 무차별평등 · 최저생활유지의 원칙을 제시했으며 일본 정부에 구체적인 계획을 지시했다.

4) 한국

한국의 사회복지 발달은 전근대사회부터 전통적인 상부상조와 정부에 의한 공공부조가 이루어졌다. 서구의 사회복지 발달은 단계적 과정을 통하여 전개되었지만, 우리나라의 경우 민주주의 제도의 도입시기가 다른 나라에 비해 늦은 만큼 전문적인 사회복지제도의 도입이 늦게 되어 단계적 발달과정을 나타내지는 못하고 있다.

삼국시대에는 신라, 백제, 고구려가 다 같이 실시한 관곡의 지급, 사궁구휼, 조조의 감면, 대곡자모구면, 경형방수 등이 있다. 그러나 삼국시대 때

획기적 사회복지제도는 고구려 고국천왕 시대 진대법이 제정된 사실을 들 수 있다.

고려시대에는 통일신라시대의 폐습을 시정하고 필요에 따라서 개혁을 실시함으로써 임기응변적인 구제사업을 조직화하였다. 환과고독, 의창, 흑창, 상평창 등이 그 예이다.

조선시대의 구제사업은 유교의 자혜사상을 기초로 왕이 백성의 어려움에 책임을 지고 선정을 베풀어야 하는 왕도정치의 이념이 지배하였고 국가의 책임감과 의무감을 강조함으로써 보다 체계화되었다. 대표적으로 비황제도와 구황제도가 있다.

일제시대에는 일본의 정치적 목적으로 사회복지제도가 이루어졌으며 조선구호령이 제정되어 생활보호제도의 법적 근거를 마련하였다.

한국의 사회복지는 정부수립과 한국전쟁으로 인한 혼란과 국가 전체가 절대적 빈곤하에 놓여 있게 되는 시기였다. 이 시기는 사회문제의 증폭시기로서 전쟁으로 인한 고아, 미망인 등 요보호자가 속출되었으며 사회복지의 개입 필요성을 증폭시켰다. 외국 원조단체의 시설보호와 물자구호 및 민간차원의 자선활동에 국한되는 정도였다.

1960년대 한국의 사회복지는 확대기를 맞는다. 경제성장으로 인한 소득격차와 상대적 빈곤으로 인한 사회문제를 초래하여 사회복지에 대한 수요를 증가시켰다. 1980년대 도시빈민 노동자들에 대해 산업재해보상보험과 의료보험이 제정되었다.

이후 사회복지는 정책적으로도 성숙기에 접어들어 사회복지의 형태는 과거의 정권유지 혹은 선성장 후분배 논리에 그 명분만을 유지했던 차원에서 전 국민 의료보험의 실시, 국민연금과 최저임금제의 실시라는 세 가지 획기적인 제도의 변화를 맞이하게 되었고 보편주의 원리와 사회복지 내적인 공고화라는 가치에 한층 더 다가섰다(김태성, 2018).

5 사회복지 실천 현장에서의 윤리관

전문직은 일반대중과 전문직 회원들에게 가치와 윤리의 기준을 정의하기 위해 윤리강령을 사용하고 있다. 사회복지도 사회복지 전문직이 지향하는 윤리적 가치를 실천하기 위해 좀 더 구체적인 원칙과 지침이 필요한데 사회복지사 윤리강령이 바로 이러한 원칙과 지침을 제공하고 있다. 따라서 이것은 사회복지 전문직에 몸담고 있는 사회복지사들이 어떻게 자신의 가치를 행동으로 옮기는가에 관한 실천적 기준이 되고 있다. 따라서 사회복지사들은 사회복지 실천 현장에서 이 윤리강령을 바탕으로 올바른 윤리관을 확립하고 사회복지 실천 현장에서 활동해 나아가야 할 것이다(심상용, 2020).

사회복지는 인간의 존엄을 기본가치로 하는 실천학문이다. 인간의 존엄이란 인간의 생명은 누구와도 바꿀 수 없는 소중한 것이며, 그렇기 때문에 인간은 누구나 존중받을 권리가 있음을 뜻한다. 따라서 인간에 대한 지식과 사회복지실천 기술에 앞서 무엇이 그들을 돕기 위한 올바른 결정이며, 누구를 도울 것인지, 어떤 것이 그들을 돕기 위한 올바른 결정이며, 그 결정은 누구를 위한 것인지, 또한 어떤 것을 최우선의 가치로 삼을 것인지 등에 대한 철학적 고민이 필요하다(김태성, 2018).

사회복지현장에서 윤리적 의사결정은 인간존엄을 바탕으로 클라이언트의 문제를 해결하기 위한 가치판단의 기준과 행동지침을 제공하는 데 있다. 과학기술의 발달에 대한 윤리적·철학적 사고의 올바른 확립은 바른 윤리적 결정을 하는 데 중요한 과제로 등장하고 있다. 윤리적 사고의 능력은 사회복지사가 윤리적 결정이 요구되는 상황을 올바르게 인식하고, 어떠한 결정이 바른 행위인가를 스스로 생각하고 판단하여 자신의 행위를 바르게 선택할 수 있는 능력으로 다양한 가치관이 혼재되어 있는 현대사회에서 보다 바람직하고 옳은 윤리적 판단을 하기 위해서 필요하다.

윤리란 사회적 존재인 인간이 사회 속에서 여러 사람들과 더불어 사는 데 필요한 원초적으로 지켜야 하는 도리와 이치이며 규범이다. 인간은 사회적 관계 안에서 삶의 주체로서 가치와 욕구를 가지며, 자아의 실현과 행복을 추구할 권리를 갖는 존재이기도 하다. 이렇게 개인의 가치와 욕구는 서로 다르기 때문에 때로 타인의 욕구와 충돌하기도 하며, 공동체의 욕구에 부합하지 않을 경우도 있어 인간은 서로 다른 가치와 욕구에 부합하고 행위를 평가하기 위한 규범이 필요하다.

윤리적 결정을 하였으면 윤리적 결정과정을 상세하게 기록으로 남겨야 한다. 윤리적 결정은 사회복지실천의 일부분으로 문서화되어야 한다. 의사결정의 중요한 부분은 '과정'이다. 의사결정과정에서 윤리적 쟁점에 대한 사회복지사들의 상이한 견해가 교환되고, 이해와 통찰이 향상될 수 있다면 상이한 견해를 가진다는 것은 좋은 일이다.

PART Ⅱ

사회복지 실천 분야 이해의 각론

CHAPTER 04

장애인복지 실천 분야의 이해

1 장애인복지의 개념

1) 장애인의 개념

우리나라 장애인복지법에 정의되어 있는 장애인은 신체적, 정서적 장애로 인하여 장기간에 걸쳐 일상생활이나 사회생활을 하는 데 상당한 제약을 받는 자로서 대통령령으로 정한 기준에 해당하여야 한다(정종화, 2018).

(1) 장애인복지의 개념

① 장애인복지의 정의: 장애인복지란 사회복지의 한 분야로, 장애로 인한 장애인의 가족생활과 사회생활의 곤란을 해결해 주기 위해 공사차원에서 장애 발생의 예방 및 치료, 교육, 보호, 자립 등의 여러 활동들을 조직적으로 실행하는 것을 말한다.

② 장애인복지의 목적: 장애인복지는 장애인의 잠재능력을 최대한으로 개발하여 일상생활 및 사회생활에 적응하게끔 하고 더불어 장애인의 위기대처능력을 향상하기 위해 시행하는 활동이다.

③ 장애인복지의 개념

㉠ 정상화: 기본적으로 장애인을 정상인과 같은 보통사람으로 생각하고 장애인의 생활형태와 조건을 사회의 규범과 형태에 맞추는 것을 말한다. 이는 장애인 한 사람의 인간으로서 인식하고 정상인과 같은 생활을 조성하는 것을 말한다.

㉡ 통합화: 장애인을 가정과 사회, 정상적인 사람과 격리하거나 유별나고 특별한 사람으로 취급하여 처우하는 것이 아니라 사회 속에서 정상인과 함께 생활할 수 있는 사람으로 인식하여 통합적으로 처우하는 것이다. 이를 위해서 주거, 일, 여가 등의 조건이 선행되어야만 한다(정종화, 2017).

(2) 장애인복지의 기본이념

① 존엄성과 가치의 보장: 장애인은 인간의 존엄성과 가치를 보장받을 권리가 있다.

② 차별적 대우의 철폐: 장애인이 정상인에 비해 정신적, 신체적 능력이 떨어진다 해서 사회적 제분야에서 차별을 받아야 하는 것은 아니다.

③ 사회적 참여활동의 보장: 장애인이 사회의 모든 분야(정치, 경제, 문화 등)의 활동에 참여할 기회를 제공해야 한다.

④ 자립, 자활의 조장: 장애인 스스로가 경제적 자립뿐만 아니라 잠재적 능력을 개발하고 주체적인 삶을 살아갈 수 있도록 한다.

⑤ 공동책임의 의무: 장애인복지는 장애인 본인, 가족, 사회, 국가 등이 협력하여 연대책임을 져야 한다.

우리나라의 경우, 장애인복지법, 장애인 고용촉진 및 직업재활법, 특수교육진흥법, 산업재해보상보험법 등 열두 가지의 법에서 장애에 관하여 각기 조금씩 다르게 규정하고 있는데, 이 중 기본법이라 할 수 있는 장애인복지법은 제2조 제1항에서 “장애인은 신체적, 정신적 장애로 하여 장기간에 걸쳐 일상생활 또는 사회생활에 상당한 제약을 받는 자를 말한다"라고 정의하고 있다. 이것은 개인과 환경의 관계에서 장애인을 바라본 관점이라고 할 수 있으나, WHO의 권고에 비하여 구체적이지 못하다고 평가된다. 또한 동법에 근거한 장애분류는 여전히 상황적 요소를 감안하지 못하고 기능적 결함과 능력 장애에만 근거하고 있는 실정이다.

2 장애인복지의 대상

1) 장애인의 분류

장애인복지법 제2조 장애인의 정의에서 장애인을 신체적 장애와 정신적 장애로 구분하고 있다. 장애인복지법 시행령 제2조에서는 장애인의 종류와 기준을 정하고 있으며, 장애인복지법 시행규칙 제2조에서는 장애인의 장애정도에 관한 판정기준을 보건복지부 장관이 고시하고 있다.

대분류	중분류	소분류	세분류
신체적 장애	외부 신체 기능의 장애	지체장애	절단장애, 관절장애, 지체기능장애, 변형 등의 장애
		뇌병변장애	중추신경의 손상으로 인한 복합적인 장애
		시각장애	시력장애, 시야결손장애, 겹보임(복시)
		청각장애	청력장애, 평형기능장애
		언어장애	언어장애, 음성장애, 구어장애
		안면장애	안면부의 추상, 함몰, 비후 등 변형으로 인한 장애
	내부 기관의 장애	신장장애	투석치료 중이거나 신장을 이식받은 경우
		심장장애	일상생활이 현저히 제한되는 심장기능 이상
		간장애	일상생활이 현저히 제한되는 만성 · 중증의 간기능 이상
		호흡기장애	일상생활이 현저히 제한되는 만성 · 중증의 호흡기기능 이상

대분류	중분류	소분류	세분류
신체적 장애	내부 기관의 장애	장루 · 요루장애	일상생활이 현저히 제한되는 장루 · 요루
		뇌전증장애	일상생활이 현저히 제한되는 만성 · 중증의 뇌전증
정신적 장애	발달장애	지적장애	지능지수와 사회성숙지수가 70 이하인 경우
		자폐성장애	소아청소년 자폐 등 자폐성장애
	정신장애	정신장애	조현병, 조현정동장애, 양극성정동장애, 재발성우울장애, 뇌의 신경학적 손상으로 인한 기질성 정신장애, 강박장애, 투렛장애(Tourette's disorder), 기면증

출처: 보건복지부 고시 2022년 장애등록심사 관련 법령 및 규정집, 장애인복지법 [별표1] 장애인의 장애 정도(제2조 관련)

2) 장애의 유형

(1) 개인적 장애

- 신체장애: 손실, 손상
- 의식장애: 의식장애는 대상에 대한 객관적 인식이 어렵게 되는 인식과정에서 이상상태와 인식과정에서의 이상상태로 인한 대상에 대한 이상 반응상태, 이런 상태들이 원인으로 작용함으로써 나타나는 선택과정의 이상상태 등이 있다.
- 능력장애: 신체장애로 인해 활동을 수행하는 능력의 제약

(2) 사회적 장애

- 물리적 환경장애
- 문화적 환경장애(장애에 대한 일반인들의 부정적 인식 등)
  *상징적 환경장애
  *규범적 환경장애
  *사회심리적 환경장애

(3) 사회적 불리(개인적 장애와 사회적 장애의 통합)

- 기능장애와 능력장애로부터 야기되는 것으로서 연령, 성, 사회문화적 요인에 따른 정상적인 역할의 수행을 제약 또는 방해하는 개인에 대한 불이익을 의미
- 불이익: 개인이 속한 사회의 기대나 규범에 따르는 데 실패하거나 따를 능력이 없는 데서 발생한다(생존역할이라고 규정될 수 있는 것들을 유지하는 능력에 방해가 있을 때 발생).

3) 중증장애인

- 사회통합이 불가능할 정도로 중증장애(장애정도가 심함)를 가진 장애인으로 특별히 보호해 줘야 할 대상
- 중증 지적장애인, 중증 신체장애인, 중증 복합장애인, 중증 노인장애인(정종화, 2017)

3 장애인복지의 방법

1) 장애인복지 방법의 유형

(1) 의료적 방법

여러 가지의 재활 중 의학기술이 담당하는 분야를 의미하며 일상생활 훈련, 물리치료, 작업치료, 언어치료, 보조기구에 의한 처치와 이를 통한 훈련 등이 있다.

(2) 직업적 방법

장애인의 여러 가지 욕구 중에서 직업적인 생활능력의 회복과 장애인의 직접적인 신분보장을 위한 일련의 원조를 담당하는 분야로서 직업재활상담, 적성검사, 직업알선, 직업훈련 등이 이에 포함된다.

(3) 심리, 사회적 방법

장애인의 공통되는 심리적 조건인 사회적 열등감과 불안을 스스로 극복할 수 있도록 원조하여 주거나 장애인이 일반 사회의 한 성원이 될 수 있도록 장애인과 사회와의 관계 개선을 목표로 한다(정종화, 2017).

(4) 교육적 방법

장애인이 능력을 최대한 발휘하게 함으로써 사회에 활용하도록 도움을 주는 교육제도나 기술을 말한다. 즉, 장애인의 욕구 및 장애 정도에 따라 받을 수 있는 다양한 교육방법이 이 영역에 해당한다.

현대 국가는 만인의 복지를 목표로 하는 복지사회의 건설을 지상의 과제로 하고 있다. 이것은 모든 사람의 더 나은 생존, 행복, 번영 등을 지향하는 복지 증진의 과제가 절실하게 요청되고 있음을 나타내고 있다. 오늘날 우리가 추구하고 있는 복지사회란 물량적인 조건을 충족시켜 주기 위한 정책의 실현만으로 구현되는 것이 아니고 개인차를 가진 모든 국민이 추구하는 삶의 질과 일치할 때 비로소 구현된다고 할 수 있다.

이러한 복지의 맥락에 비추어 볼 때 장애인의 경우에는 적절한 생활을 영위해 나가기 어려우며 보다 많은 서비스를 해야 하고 편견이나 차별 등으로 원만한 사회관계를 형성하기 어려운 대상이기도 하다.

장애인과 사회복지는 불가분의 관계에 있으며 사회복지는 장애인복지에 근간을 둔다고 해도 과언이 아니다. 장애인 자신은 복지의 대상이면서 그 주체가 되므로 조성된 기반과 조건 위에서 자립을 향한 최대한의 노력이 필요하다. 우선 사회적인 주도권을 쥐고 있는 일반인이 장애인에게 장애를 더욱 심화시키지 않도록 하는 예방, 치료, 교육, 사회복귀 등의 문제를 국가나 사회가 시급히 해결하도록 노력해야 할 것이다.

장애인이 갖는 문제와 배경, 장애인에 대한 시각, 복지의 방향 등의 관점에서 다음과 같은 몇 가지 특성을 들 수 있다.

첫째, 장애인 문제의 복잡성으로 장애라는 사실로부터 파생되는 여러 가지 문제가 발생한다. 예컨대, 취직난, 가족의 혼인 등 사회 전체가 그릇된 장애인관을 갖고 있기 때문에 사회적 차원에서 의식 개혁이 있어야 한다.

둘째, 장애인복지의 총합성으로 사회복지의 문제뿐만 아니라 의학, 교육학, 심리학, 사회학, 나아가서 공학, 건축학의 문제이기도 하다. 이들의 과학적인 연구를 기반으로 하여 교육, 의학, 노동, 그리고 복지 등의 구체적인 원조 활동을 함으로써 총합성이 높은 장애인복지가 되는 것이다.

셋째, 장애인복지의 운동성으로 장애인에 대한 이해를 불러일으켜 더불어 산다고 하는 공감관계를 육성하는 방향으로 나아갈 때 장애인의 위치는 구제 대상으로부터 권리 주체로 바뀔 것이다.

넷째, 발달 보장의 권리성으로 장애의 유무와 관계없이 모든 인간의 발달은 기본적으로 공통의 권리를 갖는다. 장애인에게 있어서도 똑같이 보장되어야 한다.

2) 장애인 접근권

장애인의 접근권 보장은 장애인복지의 중요한 기본이 되는 서비스다.

"장애인복지법", "장애인·노인·임산부 등의 편의증진에 관한 법률", "장애인 교통약자의 이동편의 증진법", "국가정보화기본법"이 장애인 접근권과 관련된 법률이다. 구체적인 접근권의 구성은 다음과 같다.

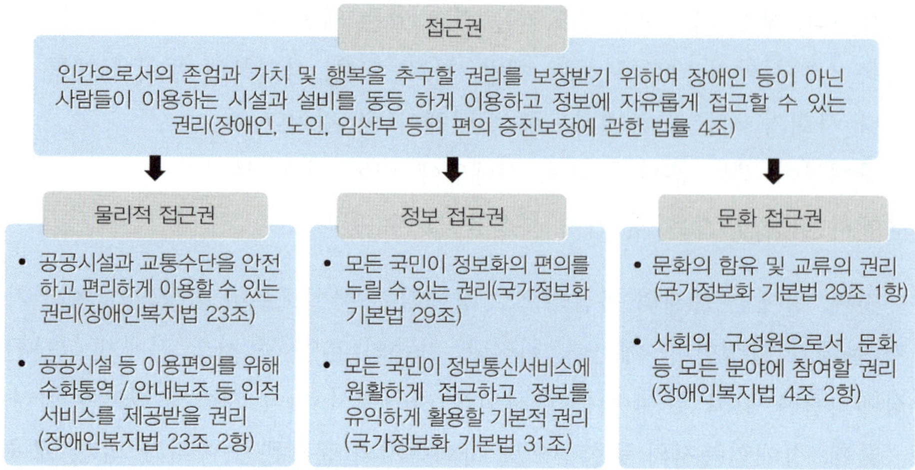

출처: 정무성 외(2015). 장애인복지론. p.280.

그림 4-1 장애인 접근권의 구성

4 장애인복지의 내용

1) 장애수당

장애수당은 장애인의 장애정도와 경제적 수준을 고려하여 장애로 인한 추가적 비용을 보전하게 하기 위해 국가와 지방자치단체가 지급하고 있다(「장애인복지법」 제49조). 대상자 선정기준은 국민기초생활보장 수급자 및 차상위계층(기준중위소득 50% 이하)으로서 신청월 현재 만18세 이상, 등록되어 있는 장애인으로 「장애인연금법」상 중증장애인에 해당하지 않는 자(종전 3~6급)가 대상이며, 장애수당 지급액은 월 6만 원 또는 월 3만 원이다.

※ 만 18~20세로서 「초 · 중등교육법」 제2조에 따른 학교에 재학(휴학 및 의무교육대상자 중 유예자도 포함) 중인 사람은 제외

※ 재외동포(재외국민 포함) 및 외국인은 제외하나 난민, 특별기여자는 지원 [「2024년 장애인연금 사업안내」(보건복지부, 2024. 1. 발행) p.197]

장애수당 대상자	지급액	
	기존	2024년
국민 기초생활보장 생계 또는 의료급여 수급 재가 장애인 (생계, 의료)	월 4만 원	월 6만 원
국민 기초생활보장 주거 또는 교육급여 수급자 및 차상위 계층 장애인(주거, 교육, 차상위 계층)	월 4만 원	월 6만 원
보장시설 수급 장애인(생계, 의료급여) *보장시설 퇴소 시 재가 장애수당 지급(시설)	월 2만 원	월 3만 원

출처: 「2024년 장애인연금 사업안내」 참고 작성

2) 장애아동수당

국민기초생활 보장법에 의한 수급자 및 차상위 계층의 18세 미만의 등록 장애아동. 단, 「초·중등교육법」에 따른 학교에 재학(휴학 및 의무교육대상자 중 유예자도 포함) 중인 20세 이하의 장애인은 포함(단, 장애인연금을 받는 경우 제외)

장애아동수당의 지원내용은 기초수급(생계 또는 의료) 중증장애인*(종전 1급, 2급 및 3급 추가장애인) 1인당 월 22만 원, 기초수급(생계 또는 의료) 경증장애인(종전 3~6급) 월 11만 원, 기초생활 수급(주거 또는 교육**) 및 차상위 중증장애인 월 17만 원, 기초수급(주거 또는 교육) 및 차상위 경증장애인 월 11만 원을 지급하고 있다. 그리고 보장시설 입소(생계 또는 의료) 중증장애인 월 9만 원, 보장시설 입소(생계 또는 의료) 경증장애인 월 3만 원 등이 있다.

장애수당은 신청일이 속한 달부터 매월 20일 지급된다. 단, 장애수당을 지급하지 않기로 결정한 달까지 지급되며, 토요일이거나 공휴일인 경우에는 그 전날 지급된다.

---

* 장애인연금법상 중증장애인 : 장애인연금법 제12조 제1호, 같은 법 시행령 제2조, 장애정도 판정기준 제5장(장애인연금 수급을 위한 중증장애인 판정기준)

** 주거 또는 교육급여 수급자(생계 또는 의료급여 미수급자)는 법적으로 기초생활수급자이나, 차상위계층에 해당하는 혜택을 부여

3) 장애인자녀 교육비

일정 규모 이하의 재산, 저소득 장애인 가구의 자녀에 대한 교육비를 지원하여 빈곤의 세습방지와 균등한 교육기회를 보장하여 장애인 가구의 생활안정을 도모하고 있다.

4) 장애연금

장애(인)연금은 국가에서 장애로 인한 근로능력의 상실 또는 감소로 인한 소득보장을 위해 2010년 7월부터 시행된 사회보장제도이다.

장애연금은 국민연금 가입자나 가입자였던 분이 질병이나 부상으로 인해 신체적 또는 정신적 장애가 남았을 때, 줄어든 소득을 보전하기 위한 연금이다. 장애연금은 장애정도(1~4급)에 따라 매월 일정액의 연금 급여가 지급된다.

2024년 장애인연금은 기초급여(최대 33만 4,810원)와 부가급여(9만 원) 구성으로, 최대 42만 4,810원을 받을 수 있다. 대상자는 만 18세 이상 등록한 중증장애인(종전 1급, 2급 및 3급 추가장애) 중 본인과 배우자의 소득과 재산을 합산한 금액이 선정기준(소득하위 70%) 이하인 자만 해당한다.

5) 의료보장

장애인의 의료보장은 국민건강보험, 의료급여제도, 보장구 무료교부사업 등 사회보험제도와 공적부조 제도를 통행 제공된다. 의료급여법에 의한 2종 보호대상자인 장애인에 대하여 본인부담금 일부를 지원하고, 2차 또는 3차 진료기관 및 국공립결핵병원 진료 시 본인부담금 전액을 지원하고 있다.

6) 기타

장애인의료비 공제, 장애인보장기기 부가가치세 면세율 적용, 장애인용

수입물품 관세 감면, 자동차 관련 세금 면세, 기타 교통 요금할인, 통신이용요금 보조, 시청각 장애인 티비 수신료 면제, 공공시설 이용요금 보조, 고궁 국공립박물관, 공원 등 요금 면제 등을 받을 수 있다.

(1) 사회경제적 재활 지원

① 장애인의 날, 장애인주간
② 의료비 지원
③ 생업, 취업, 재활 자금의 대여
④ 수당지급: 장애수당, 장애아동수당, 보호수당
⑤ 자녀교육비 지급
⑥ 공공시설의 우선 이용과 이용료 감면

(2) 생활의 편의 증진을 위한 지원

① 장애인 사용 자동차와 장애인보조견 등에 대한 지원
② 재활보조기구의 보조
③ 산후조리도우미 지원
④ 활동보조인의 파견 등 활동보조 서비스지원

(3) 세제에 따른 조치

① 소득세 공제
② 상속세 인적 공제
③ 증여세 면제
④ 장애인보장기기 부가가치세 영세율 적용과 면제
⑤ 특허출원료 또는 기술평가청구료 등의 감면
⑥ 자동차 구입 시 조세감면

(4) 직업재활 및 고용의 촉진

① 복지 주체의 고용에 관한 의무
*국가 또는 지방자치단체의 장애인 고용의무
*복지주체의 시책강구 의무와 고용권유 의무

② 장애인고용제도
지원고용, 보호고용, 장애인표준사업장제도, 사업주의 고용의무와 장려

③ 취업을 위한 지원
*취업의 알선
*취업알선시설자에 대한 지원
*한국장애인고용촉진공단의 설립
*장애인고용촉진 및 직업재활을 위한 실태조사

(5) 장애인복지비용의 부담

의료비의 지급, 자녀교육비의 지급, 자립훈련비의 지급, 장애수당, 장애아동수당 및 보호수당, 재활보조기구의 구입 또는 수리, 재활보조기구업체의 지원과 육성의 조치와 장애인복지시설의 설치 그리고 운영에 드는 비용은 국가와 지방자치단체가 이를 부담한다.

(6) 수급자의 권리보호

① 압류금지
② 심사청구

5 장애인복지시설

우리나라 법정 장애인복지시설의 종류는 장애인 거주시설, 장애인 지역사회재활시설, 장애인 직업재활시설, 장애인 의료재활시설, 그 밖에 대통령령으로 정하는 시설(장애인 생산품 판매시설) 등 모두 5가지이며 장애인복지법 제58조에 규정하고 있다.

장애인복지시설	
종류	• 장애인 거주시설 • 장애인 지역사회재활시설 • 장애인 직업재활시설 • 장애인 의료재활시설 • 장애인 생산품 판매시설

1) 장애인 거주시설

구분	기능
장애유형별 거주시설	장애유형이 같거나 유사한 장애를 가진 사람들을 이용하게 하여 그들의 장애유형에 적합한 주거지원 · 일상생활지원 · 지역사회생활지원 등의 서비스를 제공하는 시설
중증장애인 거주시설	장애의 정도가 심하여 항상 도움이 필요한 장애인에게 주거지원 · 일상생활지원 · 지역사회생활지원 · 요양서비스를 제공하는 시설
장애영유아 거주시설	6세 미만의 장애영유아를 보호하고 재활에 필요한 주거기원 · 일상생활지원 · 지역사회생활지원 · 요양서비스를 제공하는 시설
장애인 단기거주시설	보호자의 일시적 부재 등으로 도움이 필요한 장애인에게 단기간 주거서비스, 일상생활지원서비스, 지역사회생활서비스를 제공하는 시설
장애인 공동생활가정	장애인들이 스스로 사회에 적응하기 위하여 전문 인력의 지도를 받으며 공동으로 생활하는 지역사회 내의 소규모 주거시설
독립형 주거서비스 제공 기관	장애인에게 가정과 같은 주거여건을 제공하는 여러 개의 개별 주거 공간을 설치하고, 지역사회 자원을 활용하여 주거지원 • 일상생활지원 • 지역사회생활지원 등의 서비스를 제공하는 기관

출처: 2024 장애인복지법 시행규칙 개정 [별표4] 재구성.

2) 장애인 지역사회재활시설

구분	기능
장애인복지관	장애인에 대한 각종 상담 및 사회심리 · 교육 · 직업 · 의료재활 등 장애인의 지역사회생활에 필요한 종합적인 재활서비스를 제공하고 장애에 대한 사회적 인식 개선사업을 수행하는 시설
장애인주간보호시설	장애인을 주간에 일시 보호하여 장애인에게 필요한 재활서비스를 제공하는 시설
장애인체육시설	장애인의 체력증진 또는 신체기능 회복활동을 지원하고 이와 관련된 편의를 제공하는 시설
장애인수련시설	장애인의 문화 · 취미 · 오락활동 등을 통한 심신수련을 조장 · 지원하고 이와 관련된 편의를 제공하는 시설
시각장애인 등 생활지원센터	시각장애인 등에게 이동서비스를 지원하고, 지역사회 거주 시각장애인 등을 적시에 발굴하여 재활상담, 보행 · 점자 · 정보화 등 교육, 일상생활기술 훈련 등 개인별 맞춤 복지서비스를 제공하는 시설
수어통역센터	의사소통에 지장이 있는 청각 · 언어장애인에게 수어통역 및 상담서비스를 제공하는 시설
점자도서관	시각장애인에게 점자간행물 및 녹음서를 열람하게 하는 시설
점자도서 및 녹음서 출판시설	시각장애인을 위한 점자간행물 및 녹음서를 출판하는 시설
장애인재활치료시설	장애아동을 포함한 장애인에게 언어 · 미술 · 음악 등 재활치료에 필요한 치료, 상담, 훈련 등의 서비스를 제공하고 서비스를 이용한 자로부터 비용을 수납하여 운영하는 시설

출처: 2024 장애인복지법 시행규칙 개정 [별표4] 재구성.

3) 장애인 직업재활시설

장애인 직업재활시설이란 일반환경에서 일하기 어려운 장애인이 특별히 준비된 환경에서 직업훈련을 받거나 직업생활을 할 수 있도록 하는 시설이다. 장애인 직업재활시설의 종류로는 장애인보호작업장, 장애인 근로사업장, 장애인 직업적응훈련시설이 있다.

4) 장애인 의료재활시설

장애인을 입원 또는 통원하게 하여 상담, 진단, 판정, 치료 등 의료재활

서비스를 제공하는 시설이다. 전국적으로 다양한 의료재활시설이 운영되고 있으며, 주요 시설 유형은 장애인복지관, 장애인 주간보호시설, 장애인 체육시설, 장애인 수련시설, 장애인 생활이동지원센터, 장애인 재활치료시설 등이 있다. ※ 구체적인 통계나 특정 지역에 대한 정보는 「보건복지부 장애인 지역사회 재활시설 및 의료재활시설 운영 현황」 참고.

의료재활 시설명	개소 수
• 서울(4): 서울재활병원, 삼육재활병원, 삼육부설의원, 주몽재활병원 • 부산(1): 천성재활의원 • 대구(1): 인제재활병원 • 인천(2): 인천재활의원, 경인의료재활센터 • 충북(1): 충북재활의원 • 대전(2): 성세병원, 성화대전요양병원 • 충남(1): 신광의원 • 전남(1): 혜림복지관부속재활의원 • 경북(1): 경북재활병원 • 경남(2): 홍익재활병원, 마하병원 • 제주(1): 제주춘강의원	17

출처: 보건복지부(2019). 2018년 보건복지부 백서.

5) 장애인 쉼터

장애인 학대로 인하여 인권침해 등의 피해를 본 장애인의 임시 보호 및 사회복귀 지원을 위한 시설

6) 피해장애아동 쉼터

장애인 학대로 인하여 인권침해 등의 피해를 본 장애아동의 임시보호를 위한 시설

7) 장애인 생산품 판매시설

장애인 생산품의 판매활동 및 유통을 대행하고, 장애인 생산품이나 서비

스·용역에 관한 상담, 홍보, 판로개척 및 정보제공 등 마케팅을 지원하는 시설

6 실천 현장의 사례조사

【서울시립북부장애인종합사회복지관, 서울시립상이군경사회복지관】

사회복지현장실습 과목의 현장실천, 현장체험의 일환으로 서울시립북부장애인종합복지관과 그 옆에 위치한 서울시립상이군경복지관에 기관방문을 다녀왔다. 이 두 곳 모두 크게 장애인복지관으로서 지역사회에서 기능하고 있었다.

첫 번째 방문 기관인 서울시립북부장애인종합복지관은 사단법인 한국지체장애인협회 산하의 기관으로 상당히 법인의 규모가 크며 전통이 있는 법인이었다. 설립 목적은 ① 장애인에 대한 사회 인식개선 ② 사회참여 확대, 재활 및 자립을 도모하여 장애인 삶의 질 향상과 같이 크게 두 가지이다. 법인 대표로는 김정록 회장이 있으며 과거의 회장은 도봉구에서 국회의원도 지낸 경력도 있다고 인솔자 선생님이 알려주었다. 법인의 이념에 관한 설명을 크게 다섯 가지로 해주셨는데 ① 당사자주의는 역량강화를 위한 조직화 운동이다. ② 당사자주의는 정치세력화를 통한 권리회복 운동이다. ③ 당사자주의는 소비자주의 운동이다. ④ 당사자주의는 정책참여자로서의 권한 이양 운동이다. ⑤ 당사자주의는 모니터링 운동이다. 이 중 특히 소비자주의 운동에 대해 강조점을 알려 주었다. 내용은 현 시점의 장애인에 관한 사회복지는 장애인을 하나의 소비자로 인식하며 소비자주의에 입각해서 그들을 고객으로 섬기며 다른 기관과 서비스 경쟁을 통해 소비자로서의 장애인을 유치하여 궁극적으로 질 높은 사회복지서비스를 제공하고자 함이다. 이 부분에 대해 상당히 공감하는 바였다. 학교에서도 교과서를 통해 대상자들을 하나의 고객으로 인식하며 그에 상응하는 서비스

를 제시해야 한다고 배웠고 실천 현장에서 실질적으로 실행에 옮기고 있었으며 인솔자 선생님을 통해 직접 확인할 수 있었다.

복지관의 개요를 살펴보면 노원구 상계 6동과 7동에 소재를 두고 있으며 종사자 52명의 꽤 큰 규모의 복지관이다. 1998년도에 개관하였으며 이용고객은 하루 평균 380명 정도로 많다. 각 직원 모두 장애인 당사자들의 욕구를 존중하며 이에 부응하는 상담, 치료, 교육 및 직업 훈련을 통해 통합사회 실현을 목표로 그 역할을 원활히 수행할 수 있도록 당사자들의 참여를 적극 유도하고 장애인의 사회 인식개선을 통해 인간다운 생활을 영위할 수 있도록 지역환경을 조성하고자 열심히 일하고 있었다.

또한 기관 라운딩을 통해 기관 전체의 모습과 각각의 장소에서 행해지는 기능에 대해 설명을 들을 수 있었다. 보호작업장시설에서 작업을 통해 일하고 계시는 분들의 모습을 볼 수 있었는데 첫 번째 실습 때 장애인 생활시설에서 실습하며 보호작업장을 경험해 본지라 특별히 낯설지 않았다. 또한 언어치료실, 물리치료실, 음악치료실 등의 견학을 통해 각각의 기능을 전해 들을 수 있었다. 또한 장애인복지관이기에 건물 전체에 장애인들이 자유로이 활동할 수 있게끔 세심한 배려가 눈에 보여 상당히 긍정적인 느낌을 받았다. 예를 들어, 장애인용 화장실과 건물 전체에 둘리어 있는 손잡이, 비상벨 등이 그것이었다.

복지관을 이용하고 있는 장애인분들의 현황에 대해서도 언급해 주었다. 자료를 보며 설명해 주었는데 지체장애인 수가 가장 많았고 그다음이 지적장애인이었다. 또한 노원구가 장애인 인구가 가장 많다고 전해 들었는데 이는 노원구에 복지관 수가 가장 많은 것과 일맥상통한다고 생각한다. 또한 장애인분들 역시도 고령화가 진행되어 고령장애인이 증가하고 있고, 이에 대한 대책 마련이 필요하다고 전해 들었으며, 장애를 가진 노인분들은 노인복지관의 프로그램을 이용하는 것보다 장애인복지관을 찾는다고 설명해 주었다.

서울시립북부장애인종합복지관은 크게 상담 치료팀, 지역복지팀, 문화체육팀, 취업지원팀, 사회서비스팀, 여성지원팀, 주간보호센터, 기획홍보팀,

운영지원팀으로 나뉘며 각각의 세부 사업내용들을 가지고 있다. 이중 주간 보호센터는 하나의 팀에서 센터로 2006년에 독립하였다고 말씀해 주었고 20~50대 성인 장애인 분들을 주간 보호하고 있는데 특징이라면 성인을 주간 보호해 주는 곳이 많지 않다고 한다. 따라서 이곳만의 특징이라고 할 수 있다. 내가 관심을 두고 본 곳은 사회서비스팀이었는데 이곳에서는 중증장애인에 대한 활동 보조 지원사업과 치료바우처 사업을 진행하고 있었다. 치료바우처에 대한 설명도 전해 들을 수 있는 좋은 시간이었다. 또한 민간재원(삼성카드, 벽산엔지니어링, 육군사관학교, 한국보훈복지의료공단)과 파트너십을 통해 스포츠지원센터를 운영하고 여성장애인 및 가족을 지원하며 취업활성화 사업을 진행하는 등 특화사업에 대해서도 알 수 있었다.

두 번째 방문한 곳은 바로 옆에 위치한 서울시립상이군경복지관이다. 이곳은 국가를 위해 희생한 국가유공자들의 상이치, 퇴화 방지 및 기능회복을 위한 재활서비스와 역전의 용사로서 생사를 같이 한 옛 전우들과의 만남의 장을 제공함으로써 국가유공자들의 자긍심을 제고하고 지역사회와 더불어 하는 사회통합에 기여하고자 설립되었다. 정보화교육실인 별관과 본관 3층으로 이루어졌다.

총무팀장이 교육을 진행해 주었는데 복지관의 여러 가지 사업 중에 소개할 만한 두 가지 사업을 재활 목욕사업과 무료급식사업이라고 꼽아주었다. 실제로 라운딩을 통해 목욕시설을 둘러볼 기회를 가졌는데 일반적인 고급의 대중 사우나 시설만큼 상당히 시설이 잘 갖춰져 있어 놀랐으며 상당히 많은 수의 대상자분들께서 이용하신다고 하셨다. 또한 무료급식사업의 1일 이용자는 380명 정도로 상당히 많은 편이며 재원은 법인에서 전액 지원해 준다고 한다. 그 외에도 물리치료사업, 보건소 순회진료, 각종 행사 등을 통해 상이군경들을 대상으로 한 여러 가지 서비스가 제공되고 있었다.

기관 라운딩을 통해 음악 치료실, 물리치료실, 고스톱 방, 장기바둑 방 등을 둘러보았는데 상이군경분들이 남성이고 고령자분들이 많아 그들이 좋아할 만한 내용을 갖고 서비스 시설을 갖추고 있다는 생각이 들었다. 물론 개인적인 생각으로는 담배 연기 가득한 방안에서 고스톱과 장기바둑을 즐기는 모습이 썩 긍정적이지는 않았으나 대상자분들은 상당히 즐거운 모습이었다.

교육 말미에 총무팀장이 사회복지와 사회복지사로서의 미래의 일에 대해 설명해 주고 질문에 대한 답변 시간도 따로 할애해 주었다. 이렇게 선배님들에게 실천 현장의 이야기를 들을 때마다 느끼는 것이지만 쉬운 길은 아닌 것 같다고 항상 느낀다. 그렇지만 쉬운 일은 없다고 생각하고 도전할 것이며 오늘의 두 기관에 대한 방문이 예비 사회복지사로서 실천 현장에 대한 상당히 많은 정보를 얻게 된 계기가 되었다고 생각한다. 백문이 불여일견이란 말이 있듯이 교과서에서만 보는 것보다 실제로 기관을 방문하고 선배님들을 통해 다양한 정보를 얻고 더 나아가 사회복지사로서 일하고 계신 분들의 고충까지 전해 들음으로써 미래의 직업에 대한 다양한 정보를 수집하며 분위기를 체험하는 좋은 기회가 되었다고 생각한다. 나에게 좋은 영향은 물론 선배님들의 고충을 들으며 여러 가지 걱정이 앞서기도 한다. 하지만 분명한 것은 이분들이 좋은 일을 하고 있으며 이 사회에 없어서는 안 될 분들이란 것이고 내가 그런 일을 해 나아갈 것이라는 점이다. 사회복지현장실습이란 과목과 기관방문을 통해 한 단계 실무에 더 다가서는 나의 모습을 느낄 수 있어서 상당히 긍정적인 시간이 되었다고 생각한다.

7 장애인복지의 향후 과제

장애인이 가치 있는 사회 구성원의 권리를 주체적으로 행위를 하기 위해서는 장애인복지 이념이 충분히 강조되어야 하며, 장애인복지 전달체계가 구축되어 국가와 지방자치단체, 국민, 그리고 장애인 본인과 가족들이 적극적으로 장애인복지에 참여할 수 있어야 한다.

현실적으로 드러난 장애인복지의 문제는 실직과 무노동으로 기본적 생활보장이 이루어지지 않는 경제적 빈곤, 경쟁교육과 능력교육의 강화로 인한 장애인 교육의 차별화, 건강보험의 열악성으로 인한 의료접근성의 제한, 사회적 자원에 대한 활용성을 제한하는 접근성의 문제, 무엇보다 장애인을 무능력자로 평가하고 그들의 능력을 적정하게 보장하지 않는 사회문화적 환경과 의식은 반드시 해결되어야 한다.

따라서 장애인복지의 목표달성을 위하여 기본적으로 해결되어야 할 과제는 첫째, 장애인의 인권을 존중하는 사회구조가 형성되어야 한다. 장애인의 인권은 생산성을 중심으로 논의될 수 없으며, 장애인의 존재 의미를 강조하는 형태로 확립되어야 한다.

둘째, 장애인 가족이 우선적으로 보호되어야 한다. 장애인을 둔 가족은 24시간 동안 장애인을 보호하고 도와주어야 하기 때문에 많은 어려움이 있다. 가족이 경제적으로 어려움에 봉착하게 되며, 장애인을 방치하거나 유기하게 되는 경우가 많다. 따라서 장애인 가족에 대한 다양한 지원 방법이 마련되어야 하며, 장애인 가족이 큰 부담 없이 장애인을 보호할 수 있는 정책적 여건이 조성되어야 한다.

셋째, 장애인의 욕구와 문제는 복합적이므로 서비스의 지속적 연계체계가 확보되어야 한다. 장애인의 욕구는 의료, 교육, 훈련, 재활, 복지 등의 다양한 서비스가 동시에 제공되어야 욕구의 충족 가능성이 높다. 따라서 장애인 욕구와 문제를 효과적으로 제공하기 위하여 다양한 서비스 기관이 설립되어야 하며 서비스를 조정하고 통합할 수 있는 기능이 제공되어야 한다.

이러한 것을 중심으로 볼 때 장애인복지의 구체적인 과제는 다음과 같다.

소득보장 현실화, 장애인의 실태와 욕구를 파악할 수 있도록 하는 장애인등록 제도의 내실화, 소득유지와 사회통합을 달성하기 위한 장애인고용의 활성화, 사회통합을 위한 교육의 양적 확대와 질적 개선, 장애로 인한 손상을 최소화할 수 있도록 하는 의료서비스의 접근성 증대, 통합된 지역사회환경에서 리해비리테이션(Rehabilitation)* 과정을 원활하게 진행할 수 있도록 사회복지서비스의 양적 증대와 내용의 다양화, 장애인의 사회참여를 현실적으로 보장해 줄 수 있는 전제로 인적·물적 사회환경의 개선이 필요하다.

그러나 최근에 사회복지 환경의 변화는 장애인복지의 전망을 분명하게 제시하기 어려운 상황이다. 사회복지 관련 사업을 비롯한 중앙정부의 사업이 지방정부로 이양되고 있으며, 지방화와 분권화의 강화로 지방자치단체의 역할이 증대되고 있다. 지방정부는 단체장의 관심도와 업무 담당자의 역량에 따라 많은 차이를 보여 줄 것으로 예상되며, 노인장기요양보험도 장애인복지에 많은 영향을 미칠 것이다. 더불어 정보화의 가속화로 정보의 격차가 심화될 것이며, 빈부의 불평등이 심화하여 이러한 격차는 더욱 증가할 것이다.

따라서 지방정부의 역할이 강화되어 지역적 특성에 부합되는 프로그램을 실시하며, 중앙과 지방정부의 기능을 보완하기 위한 지역사회의 자원을 적절하게 활용할 수 있는 네트워크를 구축하여야 한다. 또한 장애인의 자립생활을 촉진하기 위한 다양한 프로그램이 개발되고 장애인의 권리를 존중하며 장애인의 가치가 있는 생활을 보장하기 위한 다양한 운동이 활발히 전개될 것이며, 사회참여를 증진할 수 있도록 이동권과 접근권이 완전하게 보장되어야 한다.

그러므로 장애인복지의 발전에서 가장 중요한 것은 장애인이 보살핌과 보호의 대상이 아니라 그들이 선택과 결정의 당사자이며 삶의 주체로서 능동적으로 사회참여할 수 있는 사회적 환경을 조성하는 것이며 그들을 차별하지 않는 사회문화적 여건을 조성하는 것이다.

* Rehabilitation(재활): 심신에 장애를 가지고 있는 한 사람이 사회인으로 생활할 수 있도록 또는 회복될 수 있도록 충족시키는 종합적 접근방법이다.

CHAPTER **05**

노인복지 실천 분야의 이해

UN은 노인의 정의를 65세 이상의 인구로 규정하고 있다. 또한, 총인구에서 7% 이상의 노인비율을 가진 사회를 '고령화사회', 노인 비중이 14% 이상인 경우는 '고령사회', 총인구의 20% 이상의 노인비율을 가진 사회를 '초고령사회'로 규정하고 있다. 우리나라는 2017년 기준으로 65세 이상의 노인의 비중이 14.2%로, 고령사회로 진입하였다. 2024년 현재 노인인구의 비중은 19.4%이며, 2025년에는 20.6%로 우리나라는 1,000만 인구가 고령자인 초고령사회로 진입할 것으로 전망되고 있다. 노인 특유의 신체적·심리적 변화로 인하여 질병, 빈곤, 고독의 삼중고 문제가 증가되어 노년기의 삶의 질이 급격하게 떨어진다. 약화되는 가족부양의 기능, 노인 단독가구의 증가, 고독사 등이 현재의 사회문제로 대두되고 있다.

인구의 구성비와 인구성장률의 문제 또한 매우 심각한 상황이다. 통계청(2022)에 따르면, 우리나라는 2022년부터 향후 10년간 생산연령인구(15~64세)가 332만 명 감소하고, 고령인구는 482만 명 증가할 것으로 전망했다. 총인구는 5,167만 명에서 2072년에는 3,622만 명으로 감소할 것으로 추계되었고, 2025년 이후 10년간 연평균 −0.16%수준, 2072년에는 연평균 −1.31%로 떨어질 것으로 전망되고 있다.

주요 연령층별 인구구성비

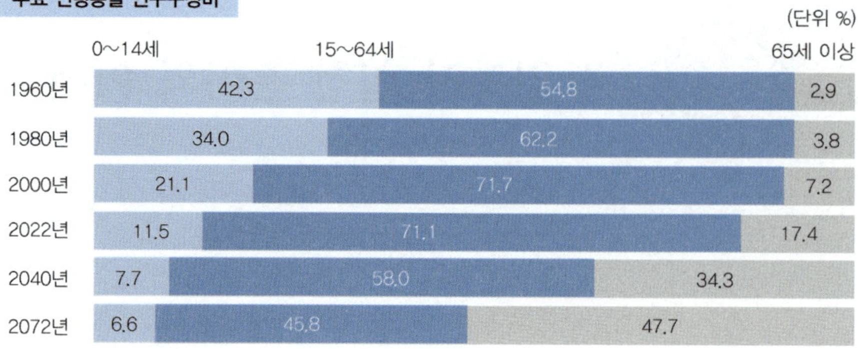

자료: 「2022 장래인구추계: 2022~2072년」 통계청 자료를 바탕으로 저자 작성

1 노인복지의 개념

1) 노인복지의 정의

노인복지란, 노인이 복리적인 상태를 유지하도록 하는 사회적 활동으로 사회복지실천의 한 분야이다. 보다 구체적으로 정의하면, 노인복지는 "노인이 인간다운 생활을 영위하면서 자기가 속한 가족과 사회에 적응하고 통합될 수 있도록 필요한 자원과 서비스를 제공하는 데 관련된 공적 및 사적 차원에서의 조직적 제반 활동"이라고 할 수 있다.

다시 말해 노인복지란 "대부분의 노인이 노년기에 직면하게 되는 신체적 질병과 경제적인 빈곤, 사회적 역할 상실과 심리적인 고독감의 문제를 해결하기 위한 노인복지정책을 수립하고 각종 서비스를 제공하며 필요에 따라 지역사회의 자원을 동하는 조직적인 활동"을 의미한다.

여기에서 인간다운 생활이란 노인이 속한 국가사회의 발전적 수준에 비추어 의식주의 기본적인 욕구를 충족하고 건강하고 문화적인 삶을 사는 것을 뜻하며, 가족과 사회에 적응하고 통합되는 것은 노인이 그가 속할 수 있는 사회적 조직망에서 사회적 및 심리적으로 소외감을 느끼지 않게 되는 것을 의미한다.

자원과 서비스를 제공하는 것은 이용할 수 있는 인적 및 물적 자원을 찾아 연결해 주거나 또는 보충하여 주며, 또한 사회적 적응문제를 해결해 주고, 나아가서 개인의 발전을 위한 욕구충족에 필요한 서비스까지 제공해 주는 것을 의미한다(권중돈, 2019).

2) 노인복지의 목적

'인간은 빵만으로는 살 수 없다'라는 말이 있듯이 단순한 육체적 생존만이 생활의 전부는 아니다. 노인도 사회적 존재이므로 사회적 활동과 욕구충족을 가능하게 함으로써 가정이나 지역사회에서 정상적인 대인관계를 유지하게 하여야 한다. 그들도 일정한 사회적 역할을 수행함으로써 만족감과 인생영위의 의의를 가질 수 있으며, 개인으로서나 가정에서나 사회의 일원으로서 떳떳한 역할을 담당하여야 할 권리와 의무를 지니고 있다.

이와 같은 의미에서 노인생활은 경제적 측면, 육체적 측면, 정신적 · 사회적 측면 등의 다양한 측면을 내포하고 있기 때문에 이를 감안하여 노인생활 일부만의 충족을 위한 것이 아니라 생활 전부 측면에서의 욕구를 충족할 수 있도록 노인복지서비스와 그 시책이 계획되고 종합적인 것으로 파악 · 이해되어야 한다.

2 노인복지의 대상

노인복지의 대상은 장애노인, 요보호노인 등을 포함한 모든 노인으로 개념과 특성은 다음과 같다.

1) 노인의 개념

노인이란 생리적, 신체적 기능의 감퇴와 더불어, 생리적 변화가 일어나 개인의 자기유지 기능과 사회적 기능이 약화하여 있는 사람, 65세 이상인 자(노인복지법, 1981)를 일컫는다.

① 생물학적 및 생리적 측면에서 퇴화기에 있는 사람
② 심리적 측면에서 정신기능과 성격이 변화하고 있는 사람
③ 사회적 측면에서 지위와 역할이 상실되어 가는 사람

2) 노년기의 특징(권중돈, 2019)

① 신체적 노화현상: 탈모, 시력약화, 체력감퇴, 기억력감퇴
② 심리적 노화현상: 의심이 많고 불신을 한다. 강한 호기심, 계속되는 불평, 과거에 대한 집착, 희로애락의 극심한 허영심이 강함, 소외와 고독감
③ 사회적 노화현상: 지위와 역할 구조의 변화에 따라 가장권과 사회생활의 영역이 축소
④ 경제적 노화현상: 고용 생산 면에서의 후퇴로 인해 임금 중심의 사회 적응이 곤란

3) 노인의 욕구

경제적 안정, 직업적 안정, 가족 관계 안정 및 주택의 보장, 의료와 건강의 보장, 교육적 기회, 사회적 협동의 기회, 문화와 오락의 기회

4) 노인 인구의 증가

국민 소득과 생활수준의 향상 및 사망률의 저하에 따른 평균 수명의 연장, 고령화 경향 가속화

5) 도시화의 영향

인구 도시 집중화 현상으로 인한 이웃 간의 단절, 젊은이들 사이에서의 노인 경시 풍조의 확산

6) 산업화의 영향

급격한 산업화로 인해 새로운 산업구조의 요구가 증대되면서 노인들이 과거에 터득한 기술이나 경험을 비능률적이라는 이유로 배제하는 풍조의 확산, 노인의 취업이 어려워지면서 노인의 경제적 지위가 저하되었다.

7) 핵가족화 경향의 심화

현대사회로 접어들면서 핵가족화 경향이 심화됨에 따라 부모에 대한 부양의식이 저하되어 젊은 세대들이 노인을 부양하는 데 있어서 더욱 부담을 가지게 되고, 이에 젊은 세대 사이에 노인 부양 기피 현상이 확산되었다. 노인 부양가족이 줄어들면서 노인 단독 세대가 증가하게 되고 노인 보호에 대한 사회적 부담을 가중시키는 결과를 불러일으키게 되었다.

3 노인복지의 방법 및 내용

1) 재가노인복지

재가노인복지는 급증하는 노인인구의 욕구 충족과 가족의 부양부담 감소를 위해 생활시설이 아닌 가정이나 지역사회를 기반으로 제공되는 서비스 형태를 의미한다(권중돈, 2019).

재가노인복지서비스란 일상생활의 도움이 필요한 치매·중풍 등 심신이

허약한 노인에게 가정봉사원을 가정으로 파견하거나 재가노인복지시설로 통원하게 하여 지역사회 내에서 생활하면서 다양한 프로그램을 제공한다.

(1) 목적

정신적, 신체적인 이유로 독립적인 일상생활을 수행하기 곤란한 노인과 노인부양가정에 필요한 각종 서비스를 제공함으로써 노인이 가족 및 친지와 더불어 건강하고 안정된 노후 생활을 영위할 수 있도록 함과 동시에 노인부양으로 인한 가족의 부담을 덜어주기 위한 것이다.

(2) 종류

- 가정봉사원파견사업: 정신적·신체적인 이유로 혼자서 일상생활을 영위하기 어려운 노인이 있는 가정에 가정봉사원을 파견하여 노인의 일상생활에 필요한 각종 서비스를 제공하는 시설
- 주야간보호시설: 부득이한 사유로 가족의 보호를 받을 수 없는 심신이 허약한 노인과 치매·중풍 등의 장애노인을 낮 또는 밤 동안 시설에 입소시켜 필요한 각종 서비스를 제공하는 시설
- 단기보호시설: 부득이한 사유로 가족의 보호를 받을 수 없어 일시적으로 보호가 필요한 심신이 허약한 노인과 장애노인을 시설에 단기간 입소시켜 보호가 필요한 각종 서비스를 제공

2) 노인장기요양보험제도

고령이나 노인성질병 등으로 인하여 혼자서 일상생활을 수행하기 어려운 노인 등에게 신체활동 또는 가사지원 등의 장기요양급여를 사회적 연대원리에 의해 제공하는 사회보험 제도이다.

노인장기요양보험제도는 수급자에게 배설, 목욕, 식사, 취사, 조리, 세탁, 청소, 간호, 진료의 보조 또는 요양상의 상담 등을 다양한 방식으로 장기

요양급여를 제공하며, 이미 오래전부터 고령화 현상을 겪고 있는 선진국들은 우리나라보다 앞서 다양한 방식으로 장기요양서비스를 제공 중이다.

*선진국 사례 제공 방식
- 국가 제정방식(국가+지방자치단체): 영국, 호주, 스웨덴, 노르웨이
- 사회보험 방식: 독일, 일본, 네덜란드, 룩셈부르크
- 건강보험의 급여 일종으로 제공하는 방식: 미국, 캐나다

제1조(목적) 이 법은 고령이나 노인성 질병 등의 사유로 일상생활을 혼자서 수행하기 어려운 노인 등에게 제공하는 신체활동 또는 가사활동 지원 등의 장기요양급여에 관한 사항을 규정하여 노후의 건강증진 및 생활안정을 도모하고 그 가족의 부담을 덜어줌으로써 국민 삶의 질을 향상하도록 함을 목적으로 한다.

'07. 4. 2 「노인장기요양보험법」이 국회 본회의를 사실상 만장일치로 통과 후 4. 27일 공포됨으로써, '08. 7. 1부터 노인장기요양보험제도가 시행되었다.

- 노인장기요양보험제도는 그간 가족의 영역에 맡겨져 왔던 치매·중풍 등 노인에 대한 장기간에 걸친 간병, 장기요양 문제를 사회연대원리에 따라 국가와 사회가 분담한다.
- 노인장기요양보험제도는 노인뿐만 아니라 장기요양을 직접 담당하던 중장년층과 자녀 등 모든 세대에게 혜택을 주는 제도이다.
- 노인들은 더 이상 자식들에게 부담을 주지 않고 계획적이고 전문적 장기요양서비스를 받을 수 있어 더욱 품위 있게 노후를 보낼 수 있다.
- 장기요양을 직접 담당하던 중장년층은 정신적, 육체적, 경제적 부담에서 벗어나 경제, 사회활동에 전념할 수 있다.
- 자녀들도 장기요양 부담이 해소된 가정에서 더 나은 교육과 보살핌을 받을 수 있을 것이다.

등급판정은 "건강이 매우 안 좋다", "큰 병에 걸렸다" 등과 같은 주관적인 개념이 아닌 "심신의 기능상태에 따라 일상생활에서 도움(장기요양)이 얼마나 필요한가?"를 지표화한 장기요양인정점수를 기준으로 한다.

장기요양인정점수를 기준으로 다음과 같은 6개 등급으로 등급판정을 한다(정종화, 2018).

등급판정기준

등급	심신의 기능상태	장기요양인정점수
1등급	일상생활에서 전적으로 다른 사람의 도움이 필요한 상태	95점 이상
2등급	일상생활에서 상당 부분 다른 사람의 도움이 필요한 상태	75점 이상 95점 미만
3등급	일상생활에서 부분적으로 다른 사람의 도움이 필요한 상태	60점 이상 75점 미만
4등급	일상생활에서 일정 부분 다른 사람의 도움이 필요한 상태	51점 이상 60점 미만
5등급	치매(제2조에 따른 노인성 질병에 해당하는 치매로 한정한다) 환자	45점 이상 51점 미만
인지지원 등급	치매(제2조에 따른 노인성 질병에 해당하는 치매로 한정한다) 환자	45점 미만

3) 기초연금제도

노인에게 기초연금을 지급하여 안정적인 소득기반을 제공함으로써 노인의 생활안정을 지원하고 복지증진을 하는 제도로서, 소득 하위 70% 노인에게 기준연금액과 국민연금의 급여액 등을 고려하여 급여액을 산정한다.

2024년 기초연금 선정기준액은 단독가구 213만 원, 부부가구 340만 8,000원으로 결정되었다. 노인 가구별 월 소득인정액이 해당 선정기준액 이하이면 기초연금을 받을 수 있다.

* 선정기준액: 65세 이상 노인 중 기초연금 수급자가 70%가 되도록 소득, 재산수준, 생활실태, 물가상승률 등을 고려하여 보건복지부 장관이 정하여 고시하는 금액(법 제3조)
* 소득인정액: 노인가구의 근로소득, 연금소득 등 소득과 일반재산, 금융재산, 부채 등을 소득으로 환산한 금액을 합산한 금액

4) 노인취업알선센터

근로능력이 있는 노인에게 능력에 알맞은 직종을 선택하여 취업할 수 있도록 취업상담과 취업알선을 제공한다.

5) 노인공동작업장

노인들이 여가를 선용하고 용돈도 마련할 수 있도록 하기 위해 설치하는 작업장으로, 노인들에게 알맞은 일거리를 제공하여 일정한 소득이 보장될 수 있도록 하는 노인 소득보충사업으로 실시되는 프로그램이다.

6) 노인건강진단

노인질환을 조기에 발견하고 건강지도와 보건교육을 실시하여 노인의 건강증진을 도모하고자 국공립병원 또는 보건소에서 노인들에게 무료로 건강진단을 실시하는 사업이다. 1983년부터 65세 이상의 저소득 노인을 중심으로 실시하는 사업이다.

7) 치매전문요양시설의 운영

최근 치매질환 노인의 급증으로 가정이나 일반 노인요양시설에서 보호하기 어려운 중증의 치매환자에게 맞춤형 서비스를 제공하고 있다.

8) 방문간호사업

노인복지법에 규정되어 있지는 않으나 노인복지서비스에 있어서 핵심적인 의료보장제도라 할 수 있으며, 이것은 노인의 가정을 간호사가 직접 방문하여 질병을 진료하거나 간호서비스를 제공하는 것을 말한다.

[참조] 노인복지와 관련법

- 노인복지법: 노인복지법은 1981년 6월 5일 법률 제3453호로 확정 · 공포되었고, 동법 시행령은 82년 2월 17일, 대통령령 제10731호로, 동법 시행규칙은 동년 9월 20일에 보건사회부령 제714호로 공포되어 노인복지법이 완성되었다. 그 후로 변화하는 시대적 상황에 대응하기 위해서 수십 차례 개정되었다. 이 법의 특징은 노인복지서비스의 전반적인 내용을 규정하고 있는데, 특히 복지서비스의 조치권을 행정이 가지고 필요에 의해 노인을 상담, 지도하고 복지서비스의 제공과 입소시설에의 입소 또는 입소를 위탁한다.
- 고령자고용촉진법: 이 법의 목적은 고령자가 그 능력에 적합한 직업에 취업하는 것을 지원 · 촉진함으로써 고령자의 고용안정과 국민경제의 발전에 이바지하는 것으로(제1조), 사회 환경의 변화에 따른 노인의 고용을 촉진하기 위해서 1991년 12월 31일에 법률 제4487호로 제정되어 1994년 1월 7일에 법률 제4733호로 직업안정법과 관련하여 개정되어 오늘에 이르고 있다.
- 국민기초생활 보장법: 이 법은 생활유지 능력이 없거나 생활이 어려운 자에게 필요한 지원과 이들의 최저생활을 보장하고 자활을 조성함으로써 사회복지의 향상에 기여함을 목적으로 하는(동법 제1조) 법으로 헌법 제34조의 인간다운 생활을 할 권리의 구체적인 수단으로서 국민 구빈정책의 최후의 방패이다.

9) 노인일자리와 사회활동 지원사업

노인이 활기차고 건강한 노후생활을 영위할 수 있도록 다양한 일자리 · 사회활동을 지원하여 노인복지 향상에 기여하는 사업이다. 이러한 사업을 통하여 노인들의 소득보전, 건강증진, 사회참여를 통하여 노인들의 삶의 질을 높인다.

(1) 사회활동 지원사업의 효과

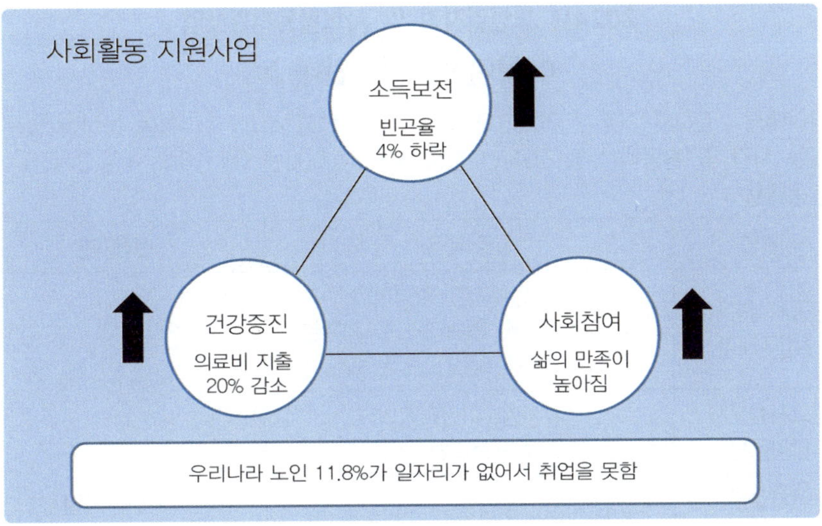

(2) 사회활동 지원사업의 사례들

① 지하철 안전지킴이로 활동: 역사 내부에서 지하철을 이용하는 시민들의 안전과 질서 및 편의증진 활동

② 실버복지지원단으로 활동: 저소득 독거노인 도시락 및 밑반찬 지원활동

(3) ○○○노인복지관의 노인일자리 및 사회활동지원사업 안내

2024년 노인일자리 및 사회활동지원사업

〈 참여자 모집 안내 〉

1. **참여대상** : OO시 거주 / 만 65세 이상 / 기초연금 수급자 / 활동 능력이 있는 자
2. **활동 시간 및 활동비** : 월 30시간 활동 시 270,000원 (월 10회, 1일 3시간)
3. **활동내용**

사업명	활동 내용	신청기간
공공시설봉사 수지투게더	OO노인복지관 환경미화, 시설물(북카페, 안내데스크, 행복한 식당, 장기바둑실) 관리 보조	9개월 사업 2월 1일(목)~6일(화) 10:00~17:00 "주말제외"
공고시설봉사 아이러브	유치원, 어린이집의 보육 프로그램 보조	
공공시설봉사 아이스쿨 (환경지킴이)	초등학생의 외부환경 미화활동 및 교통지도(운동장, 놀이터)	
공공시설봉사 아이푸드 (급식도우미)	초등학생 급식실에서 배식 및 이후 뒷정리	
노노케어 9개월 실버복지지원단	취약노인 가정방문을 통한 안부확인, 말벗활동, 생활상태 점검. 외부활동 지원	

4. **제출서류**

서류			비고
① 주민등록 등본	(2021년 서류)	1부	구청, 동 주민센터 발급
② 기초연금 확인서	(2021년 서류)	1부	
③ 본인 통장 사본	(2021년 서류)	1부	본인 지참 서류
④ 참여 신청서			자필 작성 서류 (기관 비치)

5. **선발 제외 대상(신청불가)**
- 국민기초생활 보장법에 의한 수급자(기초생활수급자-생계급여, 의료급여)
- 장기요양보험 등급판정자(1~6등급)
- 정부부처 및 지자체에서 추진 중인 일자리 사업 참여자(중복참여 불가)
- 국민건강보험 직장가입자(예 : 직장이 있는 사람, 공공근로 하고 있는 사람)

4 노인복지현장의 노인복지시설에 대한 이해

1) 노인복지시설의 종류와 구분

- 노인복지시설은 노인복지(생활)시설, 노인여가복지시설, 재가노인복지설로 분류된다.
- 노인복지(생활)시설은 노인주거복지시설과 노인의료복지시설로 구분된다.
- 노인주거복지시설은 일상생활에 지장이 없는 노인을 대상으로 급식과 그 밖에 일상생활에 필요한 편의를 제공하여 노후의 안정된 생활을 영위하도록 하는 시설이다.
- 노인주거복지시설은 양로시설, 실비양로시설, 유료양로시설, 실비노인복지주택, 유료노인복지주택으로 분류되었다. → 현재에는 양로시설(입소정원 10명 이상)과 노인공동생활가정(5명 이상 9명 이하), 노인복지주택으로 분류된다.

> - 양로시설은 노인을 입소시켜 급식과 그 밖에 일상생활에 필요한 편의를 제공함을 목적으로 하는 시설
> - 노인공동생활가정은 노인들에게 가정과 같은 주거여건과 급식, 그 밖에 일상생활에 필요한 편의를 제공함을 목적으로 하는 시설.
>
> (노인요양공동생활가정)
> 치매 · 중풍 등 노인성 질병으로 수발을 필요로 하는 노인을 가정과 같은 환경 속에서 일상생활에 필요한 편의 제공 및 기능훈련과 공동생활을 통해 자립된 생활을 영위하도록 지원하는 시설, 특히 타인들과의 공동생활을 통해 치매노인들의 문제행동과 행동장애 완화를 목적으로 하는 시설
>
> - 노인복지주택은 노인에게 주거시설을 분양 또는 임대하여 주거의 편의 · 생활지도 · 상담 및 안전관리 등 일상생활에 필요한 편의를 제공함을 목적으로 하는 시설

- 노인의료복지시설은 치매, 중풍, 노인성질환 등으로 치료와 요양을 필요로 하는 노인이 이용하는 시설이다.
- 노인의료복지시설은 노인요양시설, 실비노인요양시설, 유료노인요양시설, 노인전문요양시설, 유료노인요양시설로 분류되었다. → 현재에는

노인요양시설(입소정원 10명 이상)과 노인요양공동생활가정(5명 이상 9명 이하)으로 분류된다.

- 노인여가복지시설은 노인들이 건강하고 건전한 여가 활동을 할 수 있도록 제반 서비스를 제공하는 시설
- 노인여가복지시설은 노인복지회관, 경로당, 노인교실, 노인휴양소로 분류되었다. → 현재에는 노인복지관, 경로당, 노인교실 등이 있다.

> 1. 노인복지관: 노인의 교양 · 취미생활 및 사회참여활동 등에 대한 각종 정보와 서비스를 제공하고, 건강증진 및 질병예방과 소득보장 · 재가복지, 그 밖에 노인의 복지증진에 필요한 서비스를 제공함을 목적으로 하는 시설
> 2. 경로당: 지역노인들이 자율적으로 친목도모 · 취미활동 · 공동작업장 운영 및 각종 정보교환과 기타 여가활동을 할 수 있도록 하는 장소를 제공함을 목적으로 하는 시설
> 3. 노인교실: 노인들에 대하여 사회활동 참여욕구를 충족시키기 위하여 건전한 취미생활 · 노인건강유지 · 소득보장 기타 일상생활과 관련한 학습프로그램을 제공함을 목적으로 하는 시설

- 노인재가복지시설은 정신적, 신체적인 이유로 독립적인 일상생활을 수행하기 곤란한 노인과 노인부양가정에 필요한 각종 서비스를 제공하는 시설
- 재가노인복지시설의 서비스는 방문요양, 방문간호, 방문목욕, 주야간보호시설, 단기보호시설로 분류됨(교재의 가정봉사원파견시설은 방문요양, 방문간호, 방문목욕에 해당됨).

1. 방문요양서비스
가정에서 일상생활을 영위하고 있는 노인으로서 신체적 · 정신적 장애로 어려움을 겪고 있는 노인에게 지역사회 안에서 건전하고 안정된 노후를 영위하도록 장기요양요원(요양보호사)이 가정을 방문하여 신체활동 및 가사활동 등 필요한 각종 서비스를 제공

2. 방문목욕서비스
목욕장비를 갖추고 재가 노인을 방문하여 목욕서비스를 제공

3. 주야간보호서비스
부득이한 사유로 가족의 보호를 받을 수 없는 심신이 허약한 노인과 장애노인을 주간 또는 야간 동안 보호시설에 입소시켜 필요한 각종 편의를 제공하여 이들의 생활안정과 심신기능의 유지 · 향상을 도모하고, 그 가족의 신체적 · 정신적 부담을 경감

4. 단기보호서비스
- 부득이한 사유로 가족의 보호를 받을 수 없어 일시적으로 보호가 필요한 심신이 허약한 노인이나 장애노인을 보호시설에 단기간 입소시켜 보호함으로써 노인 및 노인가정의 복지증진을 도모하기 위한 서비스 제공
- 보호기간은 월 9일이며, 수급자의 특별한 요청이 있는 경우 연간 2회에 한하여 월 9일 초과 이용 가능함. 특별한 요청에 해당하는 것은 가족 등의 외유 · 외출, 집안 경조사 등 갑작스러운 사정으로 인해 수급자를 돌볼 수 없는 경우, 주거환경의 일시적인 변화(이사, 시설 설비 등) 등

5. 방문간호서비스
- 간호(조무)사 의사, 한의사 또는 치과의사의 지시서(방문간호지시서)에 따라 수급자의 가정 등을 방문하여 간호, 진료의 보조, 요양에 관한 상담 또는 구강위생 등을 제공하는 서비스

6. 재가노인지원서비스
- 재가노인에게 노인생활 및 신상에 관한 상담 제공, 재가노인 및 가족 등 보호자 교육, 각종 편의 등을 제공하는 서비스

2) 노인복지시설 통계

(단위: 개소, 명)

		2023	2022	2013	2014
노인주거복지시설	소계	297	308	435	443
	양로시설	175	180	285	272
	노인공동생활가정	82	89	125	142
	노인복지주택	40	39	25	29
노인의료복지시설	소계	6,139	6,069	4,585	4,841
	노인요양시설	4,525	4,346	2,497	2,707
	노인요양공동생활가정	1,614	1,723	2,088	2,134
노인여가복지시설	소계	70,455	69,786	64,983	65,665
	노인복지관	438	366	319	344
	경로당	68,792	68,180	63,251	63,960
	노인교실	1,225	1,240	1,413	1,361
재가노인복지시설	소계	15,896	13,272	2,832	2,797
	방문요양서비스	7,192	5,808	1,042	992
	주야간보호서비스	3,397	3,035	848	913
	단기보호서비스	60	70	110	96
	방문목욕서비스	4,070	3,394	603	588
	재가지원서비스	342	363	229	208
노인보호전문기관	노인보호전문기관	38	37	25	28
노인일자리지원기관	노인일자리지원기관	211	206	-	0
합계		92,201	89,076	72,860	73,774

출처: KOSIS, 노인복지 생활시설 수 및 생활현황(2024)

5 실천 현장의 사례조사

1) 시립도봉노인종합복지관

- 시 설 명: 시립도봉노인종합복지관
- 시 설 장: 이 은 주
- 소 재 지: 본관) 서울특별시 도봉구 쌍문2동 19-12
  별관) 서울특별시 도봉구 쌍문동 20 제3층 301호(벽산프라자 상가 3층)
- 설립연도: 2000. 10. 1
- 운영법인: 사회복지법인 밀알복지재단
- 전화번호: 02-993-9900 / FAX: 02-993-0511
- 이용현황: 등록회원: 13,390명(2010. 4. 30 기준), 1일 평균 이용인원: 1,000 여 명
- 시설규모: 본관) 대지 1,708.00㎡(517.6평), 건평 2,757.37㎡(835.6평) 지하1층, 지상4층 별관) 면적 284.9㎡(전용면적 68평) 체력단련실 158.4㎡(48평), 도봉고령자취업알선센터 66㎡(20평)

(1) 시설 개요

노인복지 발전을 위해 서울시가 건립하였고 사회복지법인 밀알복지재단이 수탁 운영하는 전문적인 노인복지기관으로서 재활치료/복리후생/사회교육/여가지도/건강진단 등 다양하고 체계적인 서비스를 실시하여 보람 있고 편안한 노후생활을 보장하고 저소득 노인들의 자활자립을 도와 지역노인의 복지 향상을 도모하고 건강한 사회건설을 유도하는 데 그 목적이 있다.

① 운영미션

노인이 건전한 몸과 긍정적인 생각으로 생산적인 활동에 참여하는 성공

적인 노후를 만들어 갈 수 있도록 최선을 다한다.

② 운영비전

사랑과 봉사로 섬기는 복지관

③ 운영방침

- 이용자 고객 중심
- 전문복지 실천: 프로그램의 특성화, 전문성 확보, 교육훈련 및 연구강화
- 사회통합 추구: 재가, 장애어르신 참여우대와 평등 추구, 세대 간 통합 유도 및 고령화 사회변화 대응
- 지역사회 연계협력: 복지기관, 유관기관 연계협력, 인프라 구축 및 시너지 창출, 자원봉사 중심의 지역사회 조직형 복지실현

(2) 재단 소개

밀알복지재단으로서 사랑과 봉사, 섬김과 나눔의 기독교 정신으로 장애인의 복지증진과 사회복지 발전에 기여하고자 한다.

- 설립목적: 사랑과 봉사, 섬김과 나눔의 기독교 정신으로 장애인의 복지증진과 사회복지 발전에 기여

(3) 사업내용

① 노인일자리사업

노인복지법 제23조의2에 근거하여 일하고자 하는 노인들에게 능력과 적성에 맞는 일자리를 제공함으로써 사회참여 기회 확대 및 삶의 질 향상을 도모하고자 한다.

- 참여대상: 만 65세 이상 어르신
- 주요 사업 내용
  - 거리환경지킴이: 지역 내 불법부착물 제거 및 쓰레기 줍기 등 깨끗하고 쾌적한 환경을 만들어 지역사회에 공헌하며 경제적 소득 보전 및 사회적 역할을 부여하는 사업이다.
  - 밥상예절교육지기: 관내 초등학교 저학년을 대상으로 어르신을 파견하여 배식활동 및 식사예절을 지도할 수 있게 하여 학부모의 경제적인 부담을 덜어주고 학교에서는 아이들의 인성을 기를 수 있도록 도모한다.
  - 아파트거점택배: 택배회사와 연계하여 경로당 및 복지관에 택배거점을 마련하고, 거점으로부터 인근 아파트 지역 택배물을 배달함으로써 주민의 편의 및 어르신의 소득 보장의 기회를 제공하는 사업이다.

② 데이케어센터(Day Care Center: 주간보호센터)

노인성질환으로 인해 가정 및 사회적으로 고립된 생활을 하고 있는 어르신 및 가족을 대상으로 주야간보호와 전문프로그램 실시를 통해 노인의 사회적 고립을 예방하고 사회통합을 유도한다.

- 이용대상
  - 노인장기요양보험 1~3등급 판정 어르신 및 등급외자 경증 치매어르신
  - 주야간 동안 시설에서 보호가 필요한 어르신 또는 일상생활 및 사회적응에 어려움을 겪는 어르신
  - 보행 및 화장실 출입이 독립적으로 가능한 어르신(치매, 중풍, 파킨슨병, 심신허약 어르신)

(4) 고령자취업알선센터

고령자취업알선센터에서는 조기정년퇴임, 개인적인 사정 등으로 인해 경력단절된 어르신들의 선호직종, 능력, 경험, 적성 등을 고려하여 맞춤형 일자리를 알선함으로써 일을 통해 삶의 보람을 느끼며 사회참여를 지원한다.

① 이용안내

- 구직신청방법: 서울시에 거주하는 60세 이상의 취업희망자
- 준비서류: 주민등록등본 1통, 이력서 1통, 증명사진 1매
- 구인신청방법: 구인조건을 포함한 구인신청카드 작성

② 구직서비스

- 맞춤형 구직상담 및 등록
- 직업정보 및 취업정보 제공
- 상담을 통해 희망자 동행 면접
- 취업 후 직장생활 및 관련 상담 및 사후 관리

③ 구인서비스

- 구인상담 및 등록
- 구인조건에 맞는 인재 알선
- 고령자 취업 관련 정보제공

(5) 경로당활성화사업

경로당은 한국적인 정서가 담겨 있는 노인들의 여가문화공간이며 노인문화의 한 흐름을 읽을 수 있는 곳이다. 이에 도봉노인종합사회복지관에서는 경로당의 눈높이 복지서비스를 이용함으로써 경로당을 이용하는 어르

신께 즐거움과 쉼이 있는 노인들의 문화공간으로 자리하도록 돕고자 하는 데 목적을 두고 있다.

① 실버센터

도봉실버센터는 도봉구청으로부터 사회복지법인 밀알복지재단이 위탁하여 사랑과 봉사, 섬김과 나눔의 정신으로 어르신들의 든든한 버팀목이 되어 한마음 한뜻으로 케어를 실시하고 있다.

150명의 어르신과 70여 명의 직원들, 46명의 사회복무요원 그리고 3000명이 넘는 자원봉사자와 후원자로 구성되어 어르신을 섬기고 있다.

노인요양시설의 모델로 어르신께 맞는 케어서비스의 방식을 표준화하여 실천함으로써 보다 그 사람다움, 인간다움, 존중과 배려 등이 어르신에게 전달될 수 있도록 노력한다.

② 사업소개

- 장애인 기관(시설) 및 재가 장애인 지원사업
- 그룹홈, 장애인복지관 등 장애인복지 시설 운영
- 장애인복지에 대한 계몽 및 홍보사업
- 노인복지회관, 노인전문요양원, 시니어클럽 운영
- 종합사회복지관 수탁 및 설치 운영
- 어린이집 설치 운영
- 특수학교 설치 운영
- 특수교육 및 장애인복지연구소 운영
- 건강가정사업수행
- 국내외 유관단체와의 교류사업
- 의료사회복지
- 그 밖에 이 법인의 목적 달성에 필요한 사업

③ 기독교 복지기관의 모델

- 하나님을 섬기는 재단
- 투명하고 정직한 운영
- 이웃사랑의 실천

④ 전문적 복지서비스 실천

- 친절한 서비스
- 편리한 서비스
- 전문적 서비스

⑤ 사회통합추구

- 장애인복지 중점
- 사회통합 및 정상화
- 더불어 사는 사회건설

⑥ 서비스방침

- 개별 케어플랜(Care Plan-KOMI Chart)을 작성, 지원
- 고객 지향적 맞춤서비스 실시
- 진실된 섬김과 헌신적 봉사
- 가정과 같은 생활환경 조성으로 Joy of home 식 케어
- 어르신의 건강한 입소생활을 위한 인간관계 유지를 위한 생활환경 조성
- 어르신의 남아 있는 힘, 가지고 있는 힘 유지 및 향상
- 질환별 맞춤영양서비스 지원
- 어르신이 선택할 수 있는 자율적인 생활 지원
- 어르신과 지역주민과의 교류 촉진

⑦ 실버센터 특징

- 5인 1실(20개), 6인 1실(1개), 4인 1실(1개), 2인 1실(1개) 등 23개의 침실로 나누어져 있고, 호스피스실을 운영하여 가족과 어르신이 마지막 여정을 보낼 수 있도록 지원한다.
- 각 층에서 밥을 지어 식사를 제공하여 식욕 촉진을 돕고, 주 2회 직접 찌개, 고기구이 등을 실시하는 가정식 식사를 지원한다.
- 당뇨어르신의 거실 구분과 별도의 당뇨식을 제공해 드린다.
- 행복릴레이란 모토 아래 직원 호실 담당제를 실시하여, 친절하고 책임감 있는 케어를 지원하고, 1일 3회 기록과 보고를 통해 어르신의 욕구 및 상황에 대해 의사소통을 공유한다.
- 직원교육을 주 1회 각 층별로 실시하여 직원의 전문성을 향상시킨다.
- 임종서비스: 가족과 함께 임종을 나눌 수 있는 호스피스실을 제공한다.
- 각층담당 사회복지사를 통한 사례관리를 실시하여 개별 맞춤서비스를 실시한다.
- 모바일서비스(홈페이지 가족게시판)를 통해 매일매일 건강상태 확인이 가능하다.

⑧ D실버센터의 층별안내

- 옥상(미소정원): 각종 꽃과 나무를 심어 녹지 확충을 통한 도심 열섬화 방지 등 환경개선을 위하여 조성한 정원이다. 어르신들의 휴식공간으로 활용되며, 도봉산의 하늘과 햇빛이 손틈 사이로 지나간다.
- 지하 1층: 어르신 면회실, 직원 및 자원봉사자 식당으로 운영하고, 맛있는 밥, 반찬과 국을 지원하며, 어르신 세탁물을 청결하게 해드린다.
- 1층: 주 · 야간보호(강당) 및 운동치료실을 운영하고 있으며, 가족분들의 면회 장소, 자원봉사자실, 상담실, 휴게실, 사무실 등으로 구성되어 있다.

- 2층: 뇌졸중 어르신 중심으로 물리치료실, 작업치료실, 프로그램실을 운영하고 있고, 호스피스룸 운영을 통하여 가족과 어르신의 편안한 입소생활을 지원한다.
- 3층: 경증치매어르신 및 뇌졸중 어르신 중심으로 각종 사회재활서비스를 실시하여 잔존기능향상 및 유지를 도와드린다.
- 4층: 중증치매어르신 및 와상어르신을 대상으로 발마사지, 여가정서지원 프로그램 등을 제공하고, 매일 일광욕을 실시하여 자연친화적 환경 조성에 힘쓴다.

6 노인복지의 향후 과제

1) 노인복지의 향후 전망

(1) 개인의 욕구수준의 향상

생활수준의 전반적인 향상으로 노인들은 적어도 기본적 생존욕구인 생리적 욕구 및 안전의 욕구는 상당한 수준에까지 해결할 수 있을 것이므로 보다 높은 수준의 사회적 및 심리적 욕구 즉, 소속과 사랑의 욕구, 자존심의 욕구, 나아가서는 자기실현의 욕구를 만족시키는 데 보다 더 관심을 갖게 될 것으로 보인다. 이와 같은 욕구수준의 향상은 사회적 서비스 발전의 필요성을 강화시키는 요인이 될 것이다(권중돈, 2019).

(2) 서비스급부로의 전환

① 시설복지에서 재가복지로

최근 사회복지사업이 정상화 이념, 지역복지이념, 탈시설화 이념의 대두로 시설수용보호에서 점차 이용시설 서비스, 재가복지 서비스로 바뀌어 가는 추세에 있다. 시설수용보호사업에 대한 반성은 소위 시설병(Hospitalism)에 대한 논의가 있고부터인데, 이것은 1901년 아동복지에 관한 White House Confrence에서 최초로 Cottage System을 제시할 때 시설병의 논의가 있었다. 일본에서는 1950년대부터 수용시설 중심의 사업에 관한 반성이 일어나기 시작하였다.

오늘날 시설수용보호는 사회복지사업에 있어서 최종적 수단(Last resort)인가, 아니면 단지 하나의 사회복지 자원(resource)인가 하는 문제는 지금까지 널리 실시되어 온 시설수용 중심의 처우방법에 대한 반성에서 제기되었다. 그뿐 아니라 사회복지 수요의 증대에 따른 재정이나 인적 자원 면에서 시설수용보호의 한계 또는 비효율성에 대한 반성이 나타나고 있다.

수용보호는 이와 같은 시설병이 아니라도 다음과 같은 단점이 지적되고 있다. 첫째로 수용시설에서는 개인의 자립성이 약해지고 의존성을 증대시킨다. 둘째로 수용보호는 개인의 사생활(privacy)이 침해 받는다. 셋째로 지역사회로부터 폐쇄된 생활을 하게 된다는 것 등이다. 이러한 단점들을 피하고 서비스를 제공하는 방법으로 이용시설, 중간시설, 재택복지서비스 등의 방법이 고안된 것이다.

시설의 역사적 변천과정을 보아도 최초에는 모든 대상자를 대규모시설에 혼합수용했으나 점차 보호대상별로 분류화 및 전문화가 이루어졌고, 대규모 시설에서 점차 소규모 시설로, 나아가서 시설의 사회화와 중간시설이 강조되는 오늘에 이르렀다. 이것은 마침내 거택복지와 지역사회복지에로 이어지고 있다. 영국의 지역사회보호와 북구의 정상화(normalization)도 지역사회를 중시하고 사회적 약자의 처우를 지역사회 속에서 일반인과 조금도 차별 없이 하려는 생각을 바탕으로 하고 있다.

재가복지서비스제도의 목적은 가정에서 보호를 요하는 장애인, 노인 및 질병으로 거동이 곤란한 불우한 소외계층에게 진료, 간병, 급식 등 일상생활에 필요한 제반 서비스를 제공하는 재가복지서비스센터를 설치하고 지역의 자원봉사자를 활용하여 사회복지서비스를 보편화하는 것으로 되어 있다.

② 수용시설서비스에서 이용시설서비스로

종래의 노인복지사업이라면 양로원을 연상할 만큼 노인복지에 있어서는 시설수용보호가 전부였으나 앞으로는 재가복지서비스와 함께 노인들의 여가선용문제가 노인복지에서 차지하는 비중이 매우 높아질 것이다. 그리고 노인들의 노화를 방지 또는 지연시키기 위한 운동 또는 물리치료서비스를 제공하는 이용시설이 더욱 필요하게 된다. 수용보호시설도 완전 의존적 시설 보다는 반의존적 시설, 즉 필요에 따라 시설에서 제공하는 서비스를 받기도 하고 경우에 따라서는 스스로 일상의 생활문제를 해결하기도 하는 반수용, 반이용시설이 생겨날 것이다. 노인복지주택이 대표적인 예가 된다.

(3) 금전급부에서 서비스급부로

앞에서 보았듯이 앞으로의 노인들은 절대빈곤에서 탈피하여 어느 정도 금전적인 여유를 가지게 된다. 그러나 노인으로서의 사회적 · 심리적 · 신체적 특성에서 오는 여러 가지 욕구는 더욱 강해질 것이다. 따라서 이러한 욕구충족을 위한 서비스가 개발될 전망이다. 서비스급부의 내용은 재가복지서비스의 내용과 같다. 이러한 서비스에 대한 국가의 부가급여가 실시될 전망이다(권중돈, 2019).

(4) 중앙정부 주도에서 지방정부 주도로

지방자치시대에 사회복지의 지방화를 말한다는 것은 너무나 당연한 것이지만, 오늘날 사회복지의 이념이 국가복지에서 또다시 사회복지를 강조하는 이념으로 바뀌어 가는 추세에 비추어 보더라도 예견되는 일이다. 이것은 사회복지의 정상화 이념이나 지역복지 이념과도 상통하는 것이다.

(5) 실버산업의 확산

우리나라는 유료노인복지시설이 개설되었으나 그 호응도는 낮다. 이러한 현상의 원인에 대한 조사결과 "비싼 입소비용"이 압도적으로 많이 꼽혔고, 다음으로 "노인 자신의 거부감", "가족의 반대"의 순이었다. 특히 "비싼 입소비용"을 지적한 응답자의 연령별 분포를 보면, 고연령층으로 갈수록 높아져 현재 65세 이상인 응답자 가운데는 무려 79.0%나 "비싼 입소비용"을 낮은 호응도의 원인으로 꼽고 있다. 그러므로 현재 유료양로원의 호응도가 낮은 것은 무엇보다도 현재 노인들에게 입소비용이 과중하게 느껴지기 때문으로 보인다.

응답자들은 노인복지시설의 이상적인 운영방안에 대해 63.6%가 유료노인산업과 저렴한 노인복지시설을 양립시켜 각자의 형편에 맞게 이용할 수 있도록 해야 한다고 응답하였다. 정부, 기업, 민간단체들에 의한 실버산업 및 실버타운 건립의 필요성과 정부지원에 의한 양로원 시설 등의 확충이 중요하게 제기된 단면으로 볼 수 있다. 이렇게 볼 때 앞으로의 사회복지급여는 서비스급여로 이전되어야 할 것이다. 동시에 시설보호서비스의 내용도 질적으로 다양화되어야 할 것이다.

2) 노인복지의 과제

(1) 노인복지서비스의 질적·양적 확충

노인복지시설의 현대화, 다양화와 수적 증대는 불가피하다. 서비스 수준과 비용 부담문제에 따른 다양한 시설보호의 수요가 증가되고 있고, 시설보호서비스의 수준은 아직도 초보적이어서 이에 대한 정책적 관심은 계속되어야 할 것이다. 노인복지시설 수의 증가는 경로효친의 가치관 유지를 저해할 것이라는 주장은 크게 우려할 바가 못 된다.

국가 또는 지방자치단체는 노인복지시설을 종류별로 설치해야 한다. 노인이 보호내용에 따른 적절한 보호를 받을 수 있는 시설이 없어서 보호를 받지 못한다면 국가는 책임을 다 한다고 볼 수 없을 것이다. 이러한 요구는 최근 대구 시민을 대상으로 하는 한 조사연구에서도 밝혀졌다.

노인복지가 잘 안 되어 있는 원인에 대해 질문해 본 결과 응답자들 중 43.2%가 노인 개개인의 연령과 건강상태에 따라 각기 다른 복지혜택을 받을 수 있는 노인복지 정책의 개발을 듦으로써 현재 실시되고 있는 일괄적인 노인복지 시설 및 프로그램의 한계를 나타내 보였다. 그리고 26.2%가 노인복지시설이 질적, 양적으로 미흡하다고 응답하였고, 현행 경로우대제도가 다양한 종목으로 확대되어야 한다는 지적은 17.6%를 보였다.

응답자들은 노인복지시설의 이상적인 운영방안에 대해 63.6%가 유료노인산업과 저렴한 노인복지시설을 양립시켜 각자의 경우에 맞게 이용할 수 있도록 해야 한다고 응답하였다. 정부, 기업, 민간단체들에 의한 실버산업 및 실버타운 건립의 필요성과 정부지원에 의한 양로원 시설 등의 확충이 중요하게 제기된 단면으로 볼 수 있다(권중돈, 2019).

(2) 은퇴시기의 연장에 따른 서비스의 다양화

평균수명의 연장, 즉 노령화가 은퇴시기의 연장을 초래할 것이다. 실제로 우리나라의 경우 55~58세 사이의 정년퇴직(강제)이 광범위하게 존재하고 있고, 국민연금의 혜택은 60세부터 받게 되어 있어 인구노령화가 진전되기 시작하는 가까운 장래에도 개인의 은퇴시점이 크게 연장되지는 않을 것이다. 그러나 장기적으로는 각 개인들의 자발적 선택에 의한 은퇴시기의 연장이 이루어져야 할 것이고, 이에 따라 정년연령의 연장, 국민연금의 최초 수혜시점의 연장 등의 제도적 변화가 따라야 할 것이다.

아울러 60세 또는 65세 이후에도 근로를 하는 노인들에게는 일정한 한도 내에서의 근로소득세 감세혜택을 주든가 퇴직 후 연금수급액을 증가시키는 조치를 고려할 필요가 있다.

고령자고용정책을 통해 일할 의욕이 있는 노인들에게 일할 기회(정규직, 비정규직 포함)를 갖게 한다면 어느 정도의 소득보장과 더불어 성취감을 준다는 두 가지의 효과를 동시에 얻을 수 있을 것이다.

(3) 의료서비스의 강화

일반적으로 노인들은 건강이 불가피하게 악화되어 자신에게 뿐만 아니라 사회적으로도 문제를 야기시키기 마련이다. 따라서 노인의 특성은 쇠퇴, 외로움, 손실, 무용성 등이며 바로 이러한 특성이 사회문제가 되고 있다. 이러한 것들은 모두 노인의 건강과 관련된 것으로 노인에게 있어서 건강악화와 함께 의료비의 부담이 매우 심각한 문제가 되고 있다. 따라서 노인의료비는 사회보장기능을 확대하여 부담하도록 해야 한다. 그 방안으로는 세 가지 방안을 고려해 볼 수 있다.

첫째, 노인들에 대해서는 본인부담율을 낮추는 방법이다.

둘째, 노인들을 의료보험에서 분리시켜 국가재정으로 의료비를 부담하는 방법이다.

셋째, 보험료와 조세의 복합적인 재정을 강구하는 것이다. 노인들의 의료비 부담을 경감시키기 위한 복합적 재원조달정책은 병의원 이용에 대해서는 의료보험에서 재원을 조달하되 현재보다 본인부담율을 다소 낮추고, 병의원에 대한 대체서비스인 중간시설에 대해서는 정부가 이를 설립하여 운영함으로써 보험재정의 부담을 줄이는 방법이다. 이것이 가능하기 위해서는 노인의료전달체계를 다양화시킬 필요가 있다.

첫째, 노인전문병원의 필요성이다. 노인전문병원은 노인재활시설, 노인정신병원, 노인병원 등과 같이 의료적 서비스 이외에 생활기능의 유지 및 회복을 위한 서비스가 제공되어야 할 것이다.

둘째, 가정과 병원, 그리고 사회복지시설인 양로원의 개념이 복합적으로 작용하는 중간시설이 필요하다.

셋째, 지역사회에 살고 있는 재가노인을 위하여 가정을 중심으로 서비스가 제공되는 체계로서 먼저 치료중심의 가정간호, 재활요법치료, 작업치료와 같은 중간서비스, 개인요양이나 수발을 위한 기본서비스로 분류할 수 있다. 또 이러한 서비스를 제공하기 위해 가정간호사제도, 가정간병인제도, 가정봉사원제도를 둘 수 있다.

3) 결론

우리나라는 현재 고령사회에서 2025년 초고령사회에 들어설 것으로 예상하고 있다. 이에 따라 국민들의 복지욕구 수준도 향상될 것이다. 이에 따라 국가재정부담도 커질 것이다. 또한 앞으로의 노인들은 경제적 능력을 가지게 될 것이므로 서비스 내용도 최저생활보장 수준의 소득보장에서 생활의 질 향상을 위한 다양한 서비스가 요구될 것이다. 그러나 이러한 고복지 욕구를 가정에서 충족시킬 수 없어 국가가 그 책임을 대해야 한다는데 서구 복지국가와 같은 위기의식을 앞당겨 걱정하는 것이다. 물론, 이런 문제를 우리는 미리 걱정하면서 해결책을 찾고자 노력해야 하겠지만, 이제 막 복지를 시작하려는 마당에 고복지에 따른 위기의식으로 복지를 포기할 수는 없다. 다만, 서구와 같은 위기를 미리 예방한다는 차원에서 민간자금의 동원과 자원봉사자의 활용방안 등을 강구할 필요가 있을 것이다. 이런 일들을 위해 국민의식의 개혁운동이 필요할 것이다.

한국 사회는 2023년 성별 고령인구(65세 이상) 비중이 여성 20.6%, 남성 16.2%이고, 70세 이상 성비는 여자 48.1%, 남자 44.7%로 여성노인이 남성노인 보다 많은 것을 알 수 있다.

이처럼 여성노인의 상대적 증가는 미망인으로서 고부관계, 생계문제와 더불어 가정생활에 어떠한 변수가 나타날 것인지에 대해 많은 연구 과제를 제시해 주고 있으며, 이러한 노인층의 성별 불균형 상태는 성문제, 노혼문제, 그리고 노후의 고독, 외로움 등의 여러 문제들과 관련되어 있다. 이러한 노인인구의 변화와 더불어 출생력의 저하, 여성의 경제활동의 증가, 공적 서비스욕구의 증대 등 가족부양 능력에 영향을 미치는 변화도 예견되고 있다. 이혼의 증대와 출생력의 감소 등으로 인하여 가족의 가용성이 저하될 것이며, 이는 가족의 가족부양의지의 저하와 엇물려 가족만으로는 노화와 함께 발생할 다양한 부양에의 부담을 감당하기 어려워질 것이다.

(1) 전망

- 후기노인인구의 증가에 따른 장기요양보호정책 확립
- 노인의 노동시장에의 참여 증가와 고령자 창업지원정책의 강화
- 노인복지와 정보화
- 실버산업의 확대
- 노인에 대한 가족부양기능 강화

(2) 발전과제

- 건강한 노후생활: 많은 사람이 노년시기에 오랜 삶을 유지함에 따라 중요하게 인식하는 것은 건강하게 긴 기간 동안 삶을 유지할 수 있는 성공적인 노화라고 할 수 있다.
- 생산적인 노후생활: 노인들의 빈곤문제를 해결하고 자립생활을 하게 함으로써 노인의 자존감을 높이고, 생산적인 활동을 하기 위해 지역사회 시니어클럽사업, 고령자의 생활협동조합과 같은 방안을 볼 수 있다.
- 사회통합적 노후생활: 노인들의 사회적, 심리적 욕구를 충족시키고 노후생활의 고독과 소외감 방지를 위해 OECD 국가에서는 노인들을 사회적으로 통합시킬 수 있는 프로그램을 시도하고 있다. 21세기에는 이러한 사회통합 모형이 더욱 발전할 것으로 전망된다.

CHAPTER 06

아동복지 실천 현장의 이해

1 아동복지의 개념

① 카두신(Kadushin): 부모가 아동 양육의 책임을 충족시킬 수 없거나 또는 그 지역사회가 아동과 가족이 요구하는 보호와 자원을 제공할 수 없을 때 아동에게 제공되는 사회적 서비스와 관련되어 있다. 따라서 아동복지서비스는 부모들이 그 역할수행에 어려움을 겪고 있는 기능들을 지지, 보조 혹은 대리하거나 현존의 사회제도를 수정하거나 새로운 제도를 조직함으로써 아동과 그 가족의 생활 조건을 향상하는 데에 목표를 두는 것이다.

② 프리드랜더(Friedlander): 아동복지는 단지 빈곤, 방치, 유기, 질병, 결함 등을 지닌 아동 혹은 환경에 적응하지 못하는 비행 아동들에만 관심을 두는 것이 아니며, 모든 아동이 그의 신체적, 지적, 정서적 발달 과정에서 안전하며 행복할 수 있고, 위험으로부터 지켜지고 보호될 수 있도록 공사의 여러 기관에서 실시하는 사회적, 경제적, 보건적 활동의 총칭이다.

③ 메이어(Mayer): 아동의 복지를 증진하기 위한 사회제도이며 하나의 전문직이고, 사회복지의 한 분야이다.

④ 미국사회복지연감: 아동들이 행복하게 살며 그들의 생활에서 잠재능력을 최대한 발휘할 수 있고, 건강하고 건전하게 성장, 발달할 수 있도록 하는 것을 목적으로 하는 광범위한 노력이다.

⑤ 사회복지백과사전(Encyclopedia of Social Work, USA)*: 아동 및 청소년의 복지와 안녕에 관계되는 모든 활동들을 포함하며 아동의 건전한 발육과 보호, 권리의 존중, 장애물의 제거 등을 통하여 최대한으로 성장하게 하는 육체적, 사회적, 지적, 정서적인 방법의 총칭이다.

⑥ 장인협: 특수한 장애를 가진 아동은 물론이고 모든 아동이 가족 및 사회의 일원으로서 육체적으로나 정신적으로 건전하게 성장, 발달할 수 있도록 지역사회나 사회복지 분야와 관련 있는 공사 단체나 각 기관이 협력하여 아동복지에 필요한 사업을 계획하며 실행에 옮기는 조직적인 활동이다.

⑦ 코스틴(Costin): 아동복지는 가족생활을 강화하기 위한 사회복지의 한 분야로서, 아동과 그 가정의 안녕을 위한 것이다.

⇒ 아동복지는 복지 추구뿐만 아니라 아동들의 권리나 욕구가 보장되거나 충족될 수 있는 제요소들, 즉 안정된 가정생활, 적절한 가족수입과 주거, 영양, 보건, 의료보험, 교육, 노동, 종교, 오락, 특수보호 등에서 권리나 욕구 등이 충족될 때 아동복지의 의의가 확립될 수 있을 것이다.

2 아동복지의 대상

아동복지는 아동의 욕구와 문제를 해결하기 위한 서비스이기 때문에 그 대상도 아동의 욕구와 문제라고 볼 수 있다. 아동의 욕구는 소득, 노동, 교육, 보건 등과 같은 기본적인 것과 레크리에이션, 스포츠 참여와 같은 2차

* 이 백과사전은 National Association of Social Workers(NASW)와 Oxford University Press(OUP)가 공동으로 출판한 것으로 사회복지사, 학자, 학생들에게 유용한 정보를 제공하고 있다.

원적인 것으로 볼 수 있다. 따라서 이러한 욕구가 결핍된 아동이 아동복지의 대상이 된다(김영모 편, [현대사회보장론], 현대복지정책연구소출판부, p.183.).

한편 아동의 문제는 빈곤, 실업과 같은 사회불평등과 결손가정, 홍등가와 같은 사회해체, 그리고 범죄, 정신장애와 같은 사회부적응의 문제를 지적할 수 있다. 따라서 이러한 사회문제를 지니고 있는 아동이 아동복지의 대상이 된다.

그러면 이러한 욕구와 문제의 아동이 구체적으로 어떠한 것이 있는가를 살펴보면 다음과 같이 지적할 수 있다("아동복지의 일반이론", [현대아동복지론], 한국복지정책연구소, 1984, p.13.).

1) 욕구결핍아동

① 소득욕구: 빈곤아동, 실업아동
② 건강욕구: 영양실조아동, 질병아동, 장애아동
③ 교육욕구: 미취학아동, 재수생
④ 주거욕구: 시설아동, 가출아동, 탁아
⑤ 문화욕구: 문화실조아동, 자폐아

2) 문제아동

① 구조적 문제: 빈곤아동, 근로청소년
② 해체적 문제: 결손가정, 저소득층 아동, 기아, 가출아동
③ 탈선적 문제: 범죄, 비행아동, 성격결함 아동

또한 아동복지 대상에 특수아동은 물론 모든 일반아동이 포함된다. 그러나 주요 대상은 최적의 발달을 가로막는 가정이나 지역사회에서 자라는 아동이 될 것이다. 여기서 최적의 발달을 가로막는 상태란 ① 사회적, 경제적 또는 파탄된 가정생활과 관련되는 정서적 문제, ② 수입보장, 교육,

고용기회, 보건서비스 등과 같은 사회적 대비의 결함, ③ 부모들이 평소에 대처할 수 없는 특수한 문제와 특별한 욕구를 가진 아동을 말한다.

3 아동복지의 실천방법

사회복지의 한 분야로서 사회복지의 방법을 원용할 수 있는 아동복지는 그 접근방법으로서 크게 사회구조의 현실적 분석에 중점을 둔 정책적인 접근방법과 환경조건의 개선과 퍼스낼리티의 개발에 중점을 두어 문제를 해결하고자 하는 전문적인 접근방법으로 나눌 수 있다.

1) 정책적인 접근방법

(1) 사회보장제도

사회복지는 국가적인 차원에서 '사회보장제도'라는 통로를 통해 실천된다. 사회보장제도란 국가가 전 국민을 대상으로 국가의 정치, 경제, 사회, 문화의 모든 영역에 걸쳐 국민을 보호하고 국민의 최저 생활을 보장해 줌을 제도화한 것이다. 이는 자력으로 생활이 어려운 사회층을 대상으로 하는 공공부조와 생활상 위험으로부터 구제하기 위한 사회보험으로 구성되어 있는데, 아동과 직접 관련되는 것으로는 가족수당, 질병수당, 출산수당 등이 있다(정종화, 2018).

우리나라의 사회보장제도의 성립은 1944년 조선구호령, 1953년 근로기준법, 1960년 공무원연금법, 1961년 생활보호법, 아동복리법, 1963년 산업재해보상법 및 의료보험법, 1970년 사회복지사업법, 1977년 의료보험법 개정, 1981년 아동복지법 제정 실시로 오늘에 이르고 있다.

그러나 이는 그때그때 상황에 따른 산발적인 대책이었으므로 제도 간의 마찰과 모순을 동반하였다. 따라서 우리나라 사회보장제도의 제반문제는

'사회보장 원칙'과 합리적인 계획하에 제도의 정비와 통합화를 이루어 사회보장제도의 체계화를 이루어야 하는 것이다. '사회보장의 원칙'은 1953년 개최된 국제노동기구 ILO(International Labour Organization)의 국제사회보장회의에서 결정, 그 구체적 내용을 밝히고 있다. 오늘날 사회보장은 점차 소득보장에서 생활보장으로, 최저개념에서 평등개념으로 대체되고 있다.

(2) 사회복지행정

사회복지행정이란 사회정책을 사회적 서비스로 옮기는 과정이다. 행정의 기능을 귤릭(Gulick, 1937)*은 기획(planning), 조직(organization), 인사(staffing), 지휘(directing), 조정(coordination), 보고(reporting), 예산(budgeting)의 7개로 나누었다.

사회복지기관에선 전문적인 직원과 자원봉사자들의 협력하에 사업전개가 이루어지는 것이 특징이다. 사회복지에 그 무한한 가치를 부여함은 이를 전개하는 이들의 인도주의에 입각한 숭고한 정신과 이를 수행하는 과정의 책임감 때문이다.

우리나라의 아동복지행정은 아동복지법을 배경으로 하여 보건사회부를 중심으로 이루어진다. 아동복지서비스를 제공하기 위하여 아동상담소 설치문제(제8조), 아동 보호 위탁문제(제11조) 등, 제반사항을 담당, 해결해 나가고 있다. 그러나 많은 아동 단체나 기관들이 아동의 복지증진을 목적으로 활동하지만, 이를 수행하는 전문 인력이나 설비는 대단히 부족한 실정이다. 따라서 전문기구와 전문 인력을 주체로 하는 제반활동을 전개하도록 아동복지제도의 합리화, 서비스 전달체계, 행정 책임의 확립을 이룩해야 할 것이다(정종화, 2018).

* Gulick, Luther Halsey(1937). "Papers on the Science of Administration"
: POSDCORB 개념을 포함하여 행정의 다양한 기능을 설명함.

(3) 사회행동

사회행동이란 행정, 정책 및 입법의 조직에 전문적, 의식적으로 관여하는 사회복지의 한 방법이다. 즉, 사회행동은 국민에게 사회복지활동의 필요성을 인식시켜서 사회복지활동에 직·간접적으로 참여케 함으로써 사회적 책임감과 연대의식을 고취해 준다. 빈민실태를 파악, 빈민들의 생활을 개선하고자 한 인보사업(Settlement work)은 사회행동의 촉매작용을 한 사업이다.

사회행동은 문제의 성질파악, 조사결과에 대한 대책수립, 여론의 지지를 받기 위한 선전계몽, 국회 및 정부에서의 건의 등이 실천과정에 포함된다. 따라서 '사회복지조사'가 우선적으로 이루어져야 한다. 사회복지조사의 성격은 사회개량적 성격, 사회복지 방법의 기존자료, 제공적 성격, 사회복지의 결과측정의 성격, 사회복지의 과학화 등을 들 수 있다.

2) 전문적인 접근방법

(1) 개별아동복지사업

개별아동복지사업이란 개별사회복지가 아동복지에 적용되면서 사용된 것으로, 아동과 관련되는 사회환경 간의 개별적이고도 의식적인 조정을 통해서 문제를 해결하고 아동의 전인적인 인격발달을 꾀하려는 제반 과정을 말한다. 개별사회사업(case work)에 대한 지식을 최초로, 체계적으로 조직화한 사람은 1910년대의 메리 리치몬드(Mary Ellen Richmond, 1917)이다. 그 후 개별사업은 징계적 단계, 사회학적 단계, 심리학적 단계를 거쳐 통합적 단계의 사업전개가 이루어지면서 큰 발전을 보았다.

일반적으로 제2차 세계대전 이전에는 환경·사회적 요인이, 2차 대전 후에는 심리적 요인이 강조되었으며, 근래에는 통합적 방법이 활용되고 있다.

① 원칙: 개별화 원칙, 감정표현 허용의 원칙, 정서적 개입의 원칙, 수용

의 원칙, 비심판적 태도의 원칙, 자기결정의 원칙, 비밀보장의 원칙

② 면접: casework의 진행은 면접의 연속이다(관찰, 경험, 질문, 대화, 사적질문에 대한 대답, 통솔과 지도, 해석).

③ 과정: 인테이크, 조사, 진단, 치료

(2) 집단아동복지사업

집단아동복지사업이란 집단사회복지사업이 아동복지에 원용된 것으로, 전문 사회복지사가 개입하여 아동들에게 의도적이고 계획적인 집단 경험(사회복지사에 의한 각종 프로그램)을 제공하여 아동 개인의 사회 기능능력을 향상하고, 또 아동 개인과 집단 및 지역사회에 제반문제를 효과적으로 처리할 수 있도록 도와주는 것을 말한다. 이는 YMCA, YWCA, 인보사업운동 등에서 발전되었다.

① 원칙: 집단 내에서의 개별화, 집단의 개별화가 강조되는 이 사업의 원칙은 코노프카(Konopka)가 제시한 14가지의 원칙이, 사업전개의 배경이 되고 있다.

② 워커의 기술: 워커(worker)는 집단에 대한 모든 이해와 프로그램의 원칙을 바로 알고 활용해야 한다. 또한 프로그램 작성기준에 근거하여 효과적인 프로그램을 작성할 수 있어야 한다.

③ 실천모델: 사회성 향상모델(social goal model), 치료모델(remedial model), 상호작용모델(reciprocal model) 등이 있다.

(3) 지역아동복지사업

지역아동복지사업이란 지역사회복지를 아동복지에 원용한 것으로 아동이 신체적, 정신적으로 건강하게 성장하기 위해 아동이 살고 있는 지역의 환경개선을 목적으로 전개해 나가는 사회복지이다. 이는 자선조직협회운동, 인보사업운동, 노동운동에서 발전되었다.

① 원칙: 자주적·자발적 원칙, 계획과정의 원칙, 조정의 원칙, 합의의 원칙
② 방법: 계획, 프로그램의 운영, 사실발견과 조사, 공적 관계, 기금확보와 배당, 지역사회개발, 근린집단사업, 사회행동 등
③ 기관: 공동모금회, 사회복지협의회, 지역복지협의회, 사회복지시설연합회, 종별 사회복지시설연합회, 사회봉사교환소, 각종 사회복지회의 등

4 아동복지의 내용

아동의 권리나 욕구가 보장되고 충족되기 위해서는 대체로 ① 안정된 가정생활 ② 경제적 안정 ③ 영양·보건·의료보호 ④ 교육 ⑤ 노동 ⑥ 종교 ⑦ 오락 ⑧ 특수보호 등의 요소들이 전제되어야 한다. 그리하여 이러한 모든 분야에서 아동의 기본적 욕구가 충족될 때 비로소 아동복지의 기반이 확립될 수 있다.

1) 안정된 가정생활

아동은 가정을 일차적인 매개체로 하여 그 사회에 있어서의 기본적인 생활습관이나 행동의 기준 및 가치판단의 척도를 습득하면서 점차 사회적 인간으로서 성장해 나가는 것이다. 따라서 가정은 모든 아동의 성격형성과 사회화의 기본이 되므로 아동에게 있어서 안정된 가정생활의 중요성은 재론을 요하지 않는다.

경제발전과 사회체계의 구조적 변화에 따라 전통적 가족구조가 변모하여 새로운 부부중심의 핵가족구조를 나타나게 되었고, 가정의 유대관계를 희박하게 하여 아동들에게 정서적 긴장이나 갈등을 고조케 하고 있다. 특히 부모가 무능력 하거나 무책임할 경우 또는 부모가 직업 전선에서 활동해야 할 경우, 아동들은 가정에서 소외되거나 또는 과보호적 상태하에서 건전한 사회적 과정을 밟지 못하게 될 수도 있는 것이다. 부모의 사망, 이

혼, 신체적 · 정신적 질환이나 방임, 유기, 학대 등의 경우에는 가정을 대리할 수 있는 대리 보호적 제도나 서비스가 고려되어야 한다(한국복지정책연구소, 1984).

2) 적절한 가족의 수입과 주거

아동의 건전한 성장발달을 위해서는 안정된 가정생활에 필수적인 최저 한도의 물질적 욕구, 즉 의 · 식 · 주 문제가 해결되어야 한다. 인간이 유아 때부터 충분한 영양을 공급받지 못할 때는 신체발육뿐 아니라 정서적 성장에도 장해를 받고 인격발달에도 좋지 못한 영향을 미치게 된다. 또한 간과할 수 없는 것은 빈곤, 즉 경제적 불안정이 문제아동의 성향과 밀접하게 관련되어 있음이 많은 연구조사에서 지적되고 있다는 사실이다. 따라서 일차적으로 충분한 경제부조제도가 보완되어 빈곤의 악순환을 제거할 때 아동복지의 모든 프로그램이 효율화될 것이다.

3) 영양 · 보건 및 의료보호

아동의 영양 · 보건 및 의료분야는 아동의 건전한 성장과 발달의 기본이 아닐 수 없다. 아동의 건강관리를 위해서는 모자보건, 즉 어머니에 대한 건강관리(임신 중, 분만전후의 보호와 서비스), 유아에 대한 정기적 건강진단과 의학상의 지도 · 감독, 전염병에 대한 방역 및 예방 대책, 위생에 관한 법률이나 규정의 실시, 좋은 영양, 적절한 병원보호나 외래환자서비스, 보건소 서비스 등이 마련됨으로써 비로소 아동복지적 상황이라고 말할 수 있다. 아직까지도 저소득 계층의 아동들은 적절한 영양의 혜택을 받지 못하고 있는 데 반하여 부유층의 아동들은 영양과다로 비만아의 현상을 나타내고 있다. 또한 보건상의 보호와 의료를 자력으로 받지 못하는 가족이 상당하며, 더욱이 소도시 · 농촌 · 어촌의 경우는 많은 어려움을 겪고 있다. 따라서 보건의료시설이나 인력의 확충 등의 공중보건과 위생관리 및 생활환경

개선에 대한 제정정책수단이 마련되어야 한다(한국복지정책연구소, 1984).

4) 교육기회

'모든 국민은 균등하게 교육을 받을 권리가 있다. 적어도 초등교육은 의무적이며 무상으로 한다'라고 헌법 제31조에 명시하고 있다. 즉, 이것은 모든 아동에게 교육의 기회를 부여해 주는 것이 국가의 의무이며 책임임을 인정하는 조항이라 한다.

학교는 단순한 지식의 전달뿐 아니라 전인적 교육을 목표로 하는 만큼 아동들의 학교생활은 밝고 명랑한 것이 되어야 한다. 또한 아동복지의 견지에서 볼 때 학업을 중단하는 아동, 특수 장애아동(정신장애아, 신체장애아), 벽지 아동, 장기 결석아동 등 교육의 기회를 상실할 우려가 있는 아동이나 근로 청소년에 대하여는 학교나 사회의 긴밀한 유대 하에 특별 프로그램이나 서비스를 설정하여 모든 아동들에게 교육의 기회를 보장해 주어야 할 것이다.

5) 노동

모든 아동은 연소노동과 유해노동에서 보호되어야 함은 아동복지의 기본전제인 것이다. 우리나라 근로기준법을 살펴보면, 13세 미만인 사람(「초·중등교육법」에 따른 중학교에 재학 중인 18세 미만인 사람을 포함한다)은 근로자로 사용하지 못한다(제64조). 사용자는 임신 중이거나 산후 1년이 지나지 아니한 여성(이하 "임산부"라 한다)과 18세 미만자를 도덕상 또는 보건상 유해·위험한 사업에 사용하지 못한다(제65조). 15세 이상 18세 미만인 사람의 근로시간은 1일에 7시간, 1주에 35시간을 초과하지 못한다(제69조).

이와 같이 규정되어 있음에도 불구하고 충분히 시행되지 않고 있다. 그리하여 많은 근로 청소년들이 장기적 노동, 저임금, 비위생적인 작업, 환경, 집단 수용적인 기숙사 생활, 영양실조 등으로 인해 많은 곤란을 겪게 된다.

그러므로 과중한 연소노동은 신체발달을 저해하여 건강을 위태롭게 할 뿐 아니라 지능 발달과 인격발달에도 악영향을 미치게 된다. 따라서 이들을 위해서는 직업훈련 및 보도의 기능 강화와 여가 활동의 기회를 제공하여야 하며, 공단지역 내 학교운영 및 산업 카운셀링제도 확립 등의 복지대책이 강구되어야 한다.

6) 여가와 오락 활동

여가 선용이란 개인의 휴식과 오락을 위하여 모든 의무로부터 벗어나 구속됨이 없이 스스로 자신의 부족한 능률을 향상하며, 새로운 힘을 회복하는 기회를 얻는 적극적인 시간을 의미한다.

오락(recreation)이란 원어가 뜻하는 바와 같이 여가를 건설적으로 활용함으로써 개인에게 재창조의 힘을 키워 주어 어떠한 압력이나 긴장에서도 벗어날 수 있게 한다.

모든 아동은 놀이를 통해서 신체적 · 지적 관심을 추구할 기회와 자기충족감을 누리게 된다. 규칙적인 가정생활이나 긴장감을 주는 학교 생활만으로는 이들에게 능동적이며 사회적인 참여를 기대할 수 없을 것이다.

오락활동이 아동의 건전한 성장발달에 크게 기여할 뿐만 아니라 또 다른 한편으로는 비행과 매우 밀접한 관계를 맺는 기회도 제공하게 된다. 따라서 건전한 유희나 오락 프로그램을 적극적으로 개발하여야 할 뿐 아니라 시설 및 지도자를 위한 대책도 수립해야 할 것이다.

7) 특수보호

아동 중에는 특수한 문제나 요구를 지니고 있어서 특수한 법적 · 사회적 보호를 요하는 아동들이 있다. 신체장애아동, 지적장애아동, 정서장애아동, 비행 아동들에게는 특수한 보호와 치료의 기회를 부여해 주어야 한다. 그리하여 그들의 부자유함을 보충해 주어 자신을 가지고 사회에 적응할 수 있도록 필요한 시설적 제반서비스를 제공해야 한다.

또한 사회적 변천과 함께 많은 문제아동 특히 행동이나 정서장애아동이 증가하고 있는 바, 이들을 위해서는 아동상담, 치료시설을 통한 서비스가 절실히 요청된다. 요컨대, 아동복지는 이와 같은 모든 아동의 건전한 성장발달에 필수적인 기본요소들이 단독으로나 보완적으로 또는 포괄적으로 활용될 때 그 의의가 실현될 것이다.

5 아동복지 실천 현장의 사례

장흥군은 "우리의 미래는 아이들에게 있다. 아이들의 꿈과 희망을 We Start(위스타트)와 함께 합니다."라는 슬로건으로 지역사회 생활여건이 어려운 아동들이 건강 · 복지 · 교육의 측면에서 공정한 기회를 누리고 미래에 대한 희망을 가지고 자랄 수 있도록 맞춤형 통합 서비스를 제공하는 'We Start 대덕아동행복마을'이 유엔총회의 아동권리에 관한 국제협약 20주년을 맞이하여 보건복지부가 주최하고 어린이재단이 주관하는 아동권리 옹호 우수 실천사례 공모에 우수기관으로 선정되어 보건복지부 장관상을 수상하였다.

공모에 제출한 사례는 건강분야의 "향기로운 몸 만들기"의 프로그램으로 매월 1회씩 대덕읍여성적십자회원의 자원봉사 협조로 50여 명의 아이들을 목욕탕에서 목욕을 시키고 미용실에서는 무료로 두발정리를 하여 아동들의 개인위생 관리와 기초 건강관리 교육 등을 병행하여 진행하는 프로그램이다. 최근 신종 인플루엔자 등의 새로운 질병이 날로 증가하고 있는 반면, 농촌의 바쁜 일상생활에서 아동의 방임과 무관심 등은 아동 자신의 자기 몸 관리가 중요하며 이용 중인 아동들의 인기 프로그램 중의 하나이다. We Start란 여러 선진국에서 자국의 특성에 맞추어 Start 운동을 부르듯, 우리나라의 Start 운동을 뜻하며 We는 우리 모두 힘을 합치자는 의미로 Welfare(복지)와 Education(교육)의 영문 첫 글자를 합쳐 만든 다중적인 의미이며, Start는 외국에서 사용하는 저소득 아동지원사업의 일반 명칭으로 '시작한다'의 의미다.

6 향후 과제

우리나라는 아주 단시간에 선진국의 모습을 갖추어 왔다. 그러나 이런 급격한 변화로 인한 여러 가지 문제, 즉 가족해체, 가족의 핵가족화, 기혼 여성의 취업률 증가 현상, 팽배해진 소비성향으로 빈부 간의 계층확대, 소외집단의 확대 등과 같은 것들이 나타났다. 하지만, 이런 문제점에 대해 능동적으로 대처하고 나아가 복지국가 실현을 위해서 특히 아동복지서비스에 관한 개선노력이 절실히 필요하다.

특히나 아동복지서비스는 요보호아동, 비행아동, 심신장애아동 등 특수한 보호가 필요한 아동은 물론 일반 전체 아동 및 그 가정의 행복과 안녕까지 사회의 대상이 됨으로써 아동복지서비스의 역할이 매우 다양하고 그 범위가 넓게 확산하고 있음을 알 수 있다.

그러므로 앞으로의 아동복지서비스는 아동이 건전한 사회인으로 자립할 수 있도록 프로그램 개발과 제도적 지원을 하여야 하며 합리성과 예방성 및 전문성을 위한 아동복지의 방향과 아동을 시설보호에서 가정보호로 전환해 나가는 방향으로 적극 추진해야 한다.

그리고 현대를 사는 아동들이 불평등한 출발점에서 인생을 시작하고 있다는 것을 알 수 있는데, 이러한 불평등을 해결하기 위해서는 국가나 사회가 적극적으로 나서려는 자세가 필요하다. 그리고 가족이나 이웃의 기능이 약화함으로 인하여 아동의 성장에 필요한 욕구와 현대사회이기 때문에 아동에게 요구되는 새로운 욕구를 충족시키기 위해 아동이 속해 있는 가정에 대한 보충적 노력이 필요하다. 그중에서 특히 현대사회가 조성하는 위해 환경에서 아동을 보호하는 노력이 필요하다.

CHAPTER 07

정신건강 사회복지 실천 분야의 이해

1 정신보건의료의 개념 및 대상

1) 개념

정신보건 사회복지는 정신보건에 관한 사회 복지적 개입을 의미하는 것으로 다양한 활동들이 포함된다. 정신장애를 예방하며, 정신장애에 노출되지 않고 정신적으로 건강하게 생활을 영위하는 정신건강의 함양을 촉진하는 것이 사회복지사가 개입하는 일차적 활동이다. 정신장애인에게는 정신장애의 증상을 완화하고 조절하며 조절된 상태를 유지하도록 돕는 치료와 보호가 이차적 활동이다. 마지막으로 정신장애의 증상에 대한 조절 및 유지와 함께 정신장애인의 발병 이전의 상태로 돌아가서 가급적 정상적인 생활을 할 수 있도록 돕는 재활과 사회복귀가 3차적 활동이다.

2) 대상

(1) 정신장애

① 정의

1999년에 장애인복지법이 개정되기 전까지 장애인복지법은 신체장애인을 주 대상으로 하였으며, 정신 지체인을 제외한 정신장애인의 경우에는 사회서비스의 수혜 대상이 되지 못하고 정신질환자로 취급되어 장애라기보다는 질환의 측면에서 다루어졌다. 그러나 선진국의 경우에는 일찍이 신장, 심장 등 각종 내부 기관의 장애가 있는 사람들과 정신장애를 가진 사람들을 장애인으로 간주하여 장애인복지서비스를 제공하고 있다.

독일의 경우 장애 판정의 근거가 되는 '사회적 손해보상청구권과 장애인법에 따른 의사 판정을 위한 지침'에 규정되어 있는 장애 종류는 장애가 있는 부위별로 대분하여 머리와 얼굴, 신경계통과 정신, 시각기관, 청각 및 평형기관, 코, 구강과 상부기도, 흉곽과 심층 기도와 폐, 심장과 순환계, 소화기관, 비뇨기계, 생식기관, 신진대사 및 내분비기관, 혈액 및 혈액생성기관, 피부, 지지기관 및 운동기관 등 16가지 나뉘며, 이 중 신경계통 및 정신에 속하는 장애로서 뇌 손상, 뇌전증(간질) 발작, 수면발작, 학습장애, 정신지체, 행동장애, 유아자폐증, 조울증, 조현병, 노이로제, 비정상적 성격발달, 알코올 중독, 약물중독 등을 포함하고 있다.

일본의 경우에는 1993년 장애인복지법이 개정되면서 장애인이란 '신체장애, 지적장애 또는 정신장애를 가진 자'라고 규정하여 장애인의 정의가 더 포괄적으로 바뀌면서 정신장애라는 개념을 명시하였으며, 우리나라보다 경제수준이 낮은 중국의 경우에도 지적장애 이외의 각종 정신장애를 장애 범주에 포함하고 있다.

정신장애는 어떤 조건에 의하여 영구적이거나 반영구적인 정신적 장애를 갖게 되거나 질병으로 인하여 이전의 정신적 기능 상태로 되돌아갈 수 없는 것을 말한다. 즉, 정신장애라고 할 때는 우선 시간상으로 영구적 또는 반영구적인 것으로서 장기간 지속되어야 하며, 이에 따라 일상적 활동에 제약을 받아야 한다.

정신장애는 영어의 mental disorder를 번역한 것이고, 정신질환은 mental illness를 번역한 것인데 영어의 'disorder'와 한국어의 '장애'는 어감이 약간 다르다. 한국어의 '장애'에는 영구불변하는 불구의 의미가 너무 강하다. 또한 장애인복지법에서 규정하고 있는 지적장애만을 생각하게 되며, 역시 지적 장애인의 IQ의 수준을 변화시킬 수 없듯이 정신장애인도 전혀 변화시킬 수 없는 것을 의미한다고 생각하기 쉽다.

또한 '장애'는 사회적 불리(social handicap)의 개념으로 오해되기 쉽다. 세계보건기구가 규정하고 있는 사회적 불리는 물리적 손상(physical impairment)이나 기능적 결함(functional disability)에 의하여 개인에게 초래된 손해로서 연령, 성, 사회 또는 문화적 요소에 관련된 역할 달성의 제거 또는 방해를 의미한다. 그러나 더 이상 장애는 사회적 불리라는 등식으로 연결되지 말아야 하며, 한 영역에서의 장애가 그 사람 전체에 장애가 있음을 의미하는 것이 아니므로 손상을 입은 부분에 초점을 두기보다는 손상을 입지 않은 다른 측면을 바라보아야 할 것이다.

예를 들어 지적장애의 경우, IQ는 정상 수준까지 높여 놓을 수 없어도 사회적인 기능의 측면에서 충분히 정상적인 기능을 할 수 있게 된다면 더 이상 사회적 불리의 상태로 차별되어서는 안 될 것이다. 물론 이때 '정상'의 범위를 어느 정도까지로 보느냐는 문제가 될 수 있으나 장애가 모든 사회적 지능상의 장애, 불리, 불구 등을 의미하는 것이 아님은 확실하다.

이제 정신장애는 정신질환과 거의 상호 대체되게 사용되면서 영구불변의 불구를 의미하지 않게 되었다. 세계 보건 기국의 물리적 손상(physical impairment), 기능적 결함(functional disability) 그리고 사회적 불리(social handicap)로 분류하는 장애분류 차원에 따라 정신장애를 정리해 본다면 다음과 같다. 사회적 불리는 앞서 정의한 바와 같고, 물리적 손상이란 정신적 기능의 상실 또는 그 이상을 의미하며, 이는 신체 생리학적인 이상을 의미하기도 한다. 또한 기능적 결함은 정신적 기능 상실에 의해 초래된 정상적인 일상생활의 제한을 의미한다. 따라서 '장애'란 치유 가능 또는 불가능의 차원이 아니며 또한 어떤 영구불변의 상태를 의미하는 것도 아니다. 정의 어디를 보아도 상태가 변하지 않거나 더 좋아질 수 없다거나 하는 어휘는 없다. 질병이 사람에게 영향을 주어 제약을 초래하는 상태를 장애(disorder)의 상태라고 할 수 있을 것이다. 따라서 정신장애란 생각, 느낌, 행동에 있어 병리학적으로 특징지을 수 있는 상태로, 그 상태의 흔적에 의해 이전 기능의 수준으로 완전히 돌아갈 수 없는 상태를 말한다고 할 수 있다. 다른 신체적 질환과 달리 정신장애의 경우 증상의 발병, 진행 과정과 회복에 있어 장기간이 요구되는 경우가 많기 때문에 장애의 개념은 더욱 중요하게 부각된다.

② 급성과 만성

대부분의 질병은 일반적으로 발병 상태, 증상의 진행 과정, 치료에의 반응, 그리고 회복에 걸리는 시간 등 광범위한 차원에서 급성과 만성으로 구분하게 된다. 미국정신의학협회의 정신장애 분류 DSM-Ⅲ-R에서는 발병일을 기준으로 하여 2년 이상 경과된 상태를 만성으로 규정하고 있다.

앤더슨(Anderson, 1984)은 급성과 만성은 병 자체의 진행 속도에 달려 있음을 강조하였다. 급성 환자는 빨리 회복하거나 또는 일찍 사망하는 데 반해, 만성 환자는 오랜 시일에 걸쳐 어려움을 겪는다는 것이다. 이러한 어려움들에는 신체 능력의 감소, 사회적 지위의 상실, 병 증세의 악화와 완화의 반복, 항상 존재하는 재정적 곤란 등이 포함된다.

한편, 슈트라우스(Strauss)는 만성 환자들의 이러한 문제들에 대해 의료전문가들이 이들의 총체적인 욕구를 충족시킬 만한 적정한 보호를 할 수 없을 때 만성 환자들에게도 급성 환자의 치료패러다임에 입각한 이른바 '치료'를 고집하는 압도적인 경향이 있음을 지적하고 있다. 급성환자의 빠른 질병 진행속도에 맞추는 치료와 만성환자의 오랜 기간 지속되는 병의 진행에 맞추는 치료에는 차이가 있어야 한다.

급성 환자에게는 응급상황에 조속한 조처를 하는 것이 강조된다면, 만성자에게는 장기간의 보호와 지지가 더 강조될 것이다. 따라서 급성은 병이고 만성은 장애라든지, 급성은 좋고 만성은 나쁘다든지, 급성은 치료가 되고 만성은 치료가 절대 불가능하다든지 등의 이분법적인 논리 속에서 만성을 이해한다기보다는 만성질환의 특성을 이해하는 것이 더 바람직하다고 하겠다.

③ 만성적인 정신장애

만성적인 정신장애에 대한 정의를 내리기란 쉬운 일이 아니다. 왜냐하면 정신장애에 대한 정의 자체도 명확하지 않은 데다 만성의 상태에 대한 정의가 단순하지 않기 때문이다. 따라서 정신장애 중에서도 거의 항상 만성적인 상태를 초래하는 진단 중 앞에서 설명한 앤더슨의 만성 조건을 만족시키는 상태를 만성적인 정신장애라고 할 수 있을 것이다.

골드만 등(Goldman et al., 1981)은 만성 정신장애인이란 어떤 정신적 또는 정서적 장애(기질적 뇌증후군, 조현병, 반복성 우울증, 조울증, 망상증, 기타 정신 신경증적 장애)로 인하여 일상생활의 기본적 측면(개인위해 및 자기 보호, 자기 지시, 대인관계, 사회적 교류, 학습과 오락 등) 중 세 가지 이상에서 기능적 능력의 발달과 경제적 자립이 저해되는 사람을 말한다고 하였다.

밍코프(Minkoff, 1978)는 만성 정신장애인, 만성 정신병 환자 등 세 가지로 나누었는데, 첫 번째 것은 진단명을 기준으로 한 것이고, 두 번째 것은 기능적 역할 수행상의 장애를, 세 번째 것은 입원 기간과 입원 횟수 같은 입원과 관련된 특성을 기준으로 한 것이다. 이러한 밍코프의 분류에 의하면 정신장애인은 특히 두 번째 개념, 즉 기능적 역할 수행상에 장애가 있는지를 중시한 개념이다.

우리나라에서 만성 정신장애를 정의하고 있는 것은 밍코프(Minkoff, 1978)의 정의를 인용한 이규항의 정의이다. 밍코프는 만성 정신장애를 진단 기준, 기능의 손상, 그리고 시설 입원 기간에 의해 정의할 수 있다고 하였다. 진단 기준에 있어 밍코프가 포함한 만성적인 상태를 유발할 수 있는 진단명에는 조현병, 조울증, 알코올중독, 기질적 뇌증후군, 지적장애, 그리고 약물중독 및 인격장애가 있다.

기능의 손상 여부를 가늠해 보기 위한 기능 영역에 포함되는 것은 사회생활을 하는 데 필요한 여러 가지의 도구적 기술들이 있다. 직업을 갖기 위한 작업 기술, 일상생활을 하기 위한 집안일 하기와 기타 사회생활 기술 등을 들 수 있다. 그리고 이 기능들에서는 기능수행 자체뿐 아니라 사회적 부적합성의 정도를 동시에 고려하게 된다. 그뿐만 아니라 기능의 손상을 정의할 때는 치료 요법, 보조 및 지지의 필요 정도, 그리고 잘 짜인 구조적 환경의 필요성을 같이 고려하여 만성의 상태를 정의한다.

시설 입원 기간에 의한 정의 기준은 1~2년인데 이는 약간 모호한 점이 있다. 물론 기능의 손상 정도를 결정하는 것도 그렇겠지만 정신병원에의 입원 여부는 더 주관적이다. 주변 사람들의 일탈에 대한 인내력의 정도에 따라 입원하거나 입원하지 않거나 하는 등 많은 영향을 받을 수 있으므로 매우 가변적이다. 또한 지역사회 정신건강 개념의 확산에 따라 입원 기간이 전체적으로 짧아졌음을 감안해 볼 때 이 기준은 적합하지 않을 수도 있다.

슈트라우스(Anselm L. Strauss, 1975)는 앞에서의 기술적인 정의에 대한 동의와 함께 더 나아가 만성적인 상태의 정신장애인이 경험하는 일상생활의 많은 문제들을 평가하기 위한 기본 구조를 제시하였다.

① 의학적 위기의 방지와 위기 발생 시 관리와 처리
② 증상 조절
③ 처방된 치료 요법의 시행과 관리
④ 타인과의 접촉 감소에 의한 사회적 고립의 방지
⑤ 병의 호전과 악화의 과정에 적응
⑥ 생활방식과 대인관계에 있어 정상화 시도
⑦ 치료 및 직업 상실에 따른 수입 상실을 메워줄 최소한의 자금

이 중에서 처음 두 가지만이 의학적인 것이고, 나머지 5가지는 정신장애를 갖게 됨에 따라 그 영향으로 발생하는 개인적·대인 관계적·경제적 그리고 사회적인 문제들임을 알 수 있다. 이들은 소외계층 중의 소외계층의 취약성, 사회 지지망의 협소, 빈곤, 의존성, 차별 대우 그리고 고립 등이 이를 증명해 준다.

결론적으로 여러 가지 다양한 만성 정신장애인의 정의나 속성을 통해서 발견된 사회심리적 특성은 다음과 같다. 첫째, 정신장애는 유병 기간이 최소한 2년을 지난다. 둘째, 입원 기간이 90일 이상이 되고 재입원의 악순환이 반복된다. 셋째, 병이 장기화함에 따라 정신장애인 자신의 능력 상실로 인해 개인 생활 및 가정생활에서 기능이 약화한다. 넷째, 단기간의 치료보다는 장기 보호의 성격이 강하므로 가족의 보호 부담이 커지고 그에 따른 욕구들이 강하게 나타난다. 다섯째, 정신장애의 장기화 현상으로 인하여 경제적 파탄이 초래된다. 여섯째, 사회로부터의 편견과 낙인으로 인해 사회 적응 기회가 상실된다. 일곱째, 만성과 정신장애의 복합적 요소로 인해 사회복지 대책이 요구된다는 점 등이다.

이상과 같은 측면들을 고려할 때 만성 정신장애인의 보호와 치료를 위해서는 예방-치료-재활-사회복귀의 다양한 사회적 대책이 강구되어야 함을 알 수 있다.

2 정신 보건의료의 방법

1) 사례 관리

(1) 사례 관리의 정의 및 주요 개념(김통원 외, 1998)

사례 관리(case management)는 도움을 얻고 이용하는 데 있어서의 어려움을 포함하여 복합적이고 동시다발적인 문제를 경험하는 개인과 가족을 돕는 것을 목표로 하는 인간 서비스로 사용되는 유일한 방법(only method)이다. 그러나 대부분의 기술·전략들이 새로운 것이 아니며 단지 새로운 것은 이러한 기술들이 어떻게 선택·조직되었냐가 다를 뿐이다.

특히 지역사회 정신건강 개념의 실천을 위해 가장 핵심적이고 중추적인 역할을 하는 방법이다.

① 주요 개념

㉠ 클라이언트 수준(client level), 즉 클라이언트의 욕구에 따라 개별화하는 것이 중요하다.

㉡ 서비스나 기관들이 상충하는 목적을 가지지 않고 서로 조화롭게 활동하도록 서비스를 조정(coordination of services)하는 것이 중요하다.

㉢ 서로 다른 조직적 권위 아래에서 제공되는 여러 서비스를 하나의 계획 속으로 합류돼도 통합(integration)해야 한다.

㉣ 보호의 연속성(continuity of care)이 있어야 한다.

보호의 연속성은 두 가지 차원으로 먼저 지금 시점의 다차원적 연속성(↔)을, 다음으로는 계속적 시각의 연속성(↓)을 포괄하여야 한다는 것이다.

② 사례 관리자의 역할

㉠ 직접적 서비스 역할

역 할	내 용
이행자	implementer로서 사례 관리자는 클라이언트를 위해 많은 방향 제시를 해야 한다. 이 역할은 주로 위기 상황에서의 클라이언트 혹은 기능이 매우 제한되어 스스로 문제 극복이 어려울 때 제한적으로 사용한다.
교육자	교육과정은 ① 기술의 명확화, ② 모델화 ③ 역할 연습, ④ 환류, ⑤ 훈련 이전의 단계를 거친다.
안내자 협조자	이 역할 수행의 단계는 ① 클라이언트와 만나고, ② 서비스와 지원을 위한 결정에 함께하고, ③ 서비스 및 지원 전문가, 사회망 구성원과 계속 만나며, ④ 지원 전문가, 사회망 구성원을 위한 급부를 위해 만나 게 된다.

역 할	내 용
진행자	자신이 스스로 도울 수 있는 기본적 능력을 갖추고 있을 때 클라이언트에게 도움이 될 수 있는 적절한 서비스 선택 과정을 돕고 지지한다. 전체과정을 같이 할 수도 있고 전문 지식을 전달할 수도 있다.
정보 전문가	이 역할을 위해서 사례관리자는 지역사회에서 클라이언트가 이용할 수 있는 대인 서비스, 급부 체계, 기회 등에 대한 전문적 지식이 필요하다.
지원자	직접 서비스 역할 중 가장 최고점이며 이때 클라이언트는 자기 옹호를 충분히 할 수 있어야 한다. 이 역할을 위해 사례 관리자는 ① 지식, ② 기술, ③ 자기분석 및 인식을 모두 갖추어야 한다.

㉡ 간접적 서비스 전략

전 략	내 용
중 계	클라이언트 욕구를 위한 서비스 유무를 명백히 밝히고 기관을 선정하는 전략으로 효과적 중계 역할은 자원목록이라는 전문 지식에 달려 있다. 구체적으로 자원목록에는 ① 서비스에 대한 이용성, 적절성, 수용성, 접근성, ② 서비스를 위한 자격 기준, ③ 과거 서비스의 질 평가, ④ 서비스 제공자의 능력, ⑤ 특수한 클라이언트를 위한 서비스, ⑥ 기관의 주요 서비스 등에 관한 지식이 포함된다.
연 결	특정 기관의 서비스와 클라이언트를 연결하는 것으로 대표적 방법의 한 가지는 의뢰 서비스다. 효과적 의뢰를 위한 기준은 ① 의뢰해야 할 욕구를 클라이언트 혹은 보호자에게 분명히 알린다. ② 의뢰를 통해 획득할 수 있는 변화를 분명히 알도록 한다. ③ 의뢰기관과는 클라이언트가 많이 관여하도록 한다. ④ 의뢰기관 서비스에 대해 클라이언트와 함께 사정한다. ⑤ 클라이언트의 접근/비접근성 문제를 알아야 한다. ⑥ 필요시 사회망 구성원이 클라이언트와 같이 가도록 한다.
조 정	상호적 기관만의 매력에서 적합한 방법으로 서비스를 획득하는 노력으로 조정 촉진을 위한 전략은 ① 클라이언트의 욕구를 강조한다. ② 조정 노력을 한다. ③ 조정되어야 할 부분을 구체화한다. ④ 조정 시 이점을 밝힌다.
옹 호	서비스 제공을 거부한 기관을 상대로 도움을 주도록 동기화하는 전략으로 옹호 전략 수행 시 수준은 ① 직접 담당자에게 항의하는 것, ② 특수한 지식을 활용하는 것, ③ 담당자의 상관에게 항의하는 것, ④ 공식적 민원 신고를 이용하는 것, ⑤ 외부 권위에 항의하는 것, ⑥ 법적 대응을 하는 순서로 발전시켜 나간다.
조 력	상호 보호 수준을 발전시키기 위해 원조자들에게 조력하는 것으로 이를 위한 사례 관리 활동은 사회망 구성원들을 위한 교육, 그들을 위한 이차적 지원(예: 스트레스 관리, 야유회 등), 대안적 지원체계의 확립 등을 마련하는 것이다.
협 의	타 조직이나 기관의 변화와 혁신을 장려하는 전략으로 이를 수행하기 위해 사례관리자는 전문적 지식과 기술이 바탕이 되어야 한다. 협의를 위한 단계는 ① 지지에 대한 기관의 요청에 반응하는 것, ② 기관 대표와 만나는 것, ③ 클라이언트의 욕구와 특성을 기관에 교육하는 곳, ④ 서비스 전달상의 문제를 위한 접근법을 개발하는 것, ⑤ 실용적 대응 방법 고안에 참여하는 것, ⑥ 실용적 대응이 이행되도록 기관을 지지하는 것이다.

ⓒ 통합적 역할

역 할	내 용
상담가 (counselor)	상담가로서 사례 관리자의 역할은 자신의 클라이언트를 이해하고 클라이언트가 자신을 위해 자원망을 개발하고 유지하기 위해서 알아야 할 것을 가르치는 것이다. 때로 그들은 새로운 지식과 기술이 필요하다. 또한 스스로에 대해 새로운 것을 배울 필요가 있다. 사례 관리자는 자기 행동에서 역기능적인 패턴을 발견하게 해주고 더 유용한 패턴을 개발시키게 해주는 클라이언트와의 신뢰 관계를 개발하여야 한다.
조정가 (coordinator)	이 역할에서 사례 관리자는 클라이언트의 문제와 타인으로부터 보조를 필요로 하는 욕구를 사정한다. 계획을 세우고 원조자들과의 효과적인 만남을 갖도록 돕는다. 필요시에 사례관리자는 또한 원조자들 사이의 갈등을 줄이기 위해 의사소통을 촉진하고 자원망의 효율성을 증가시킨다.
옹호자 (advocator)	때로 필요한 자원이 부재하거나 특정 클라이언트로부터 철회되는 상황이 발생한다. 옹호자로서 사례 관리자는 필요한 자원을 얻을 수 있도록 일한다. 또 다른 경우에는 사회가 클라이언트에게 지나치게 과한 것을 요구하는 상황도 발생한다. 이 경우 사례관리자는 그 요구를 moderate 하거나 비용을 낮추어 요구를 충족시킬 수 있도록 옹호자로서의 역할을 한다.

3 집단치료 및 집단활동

1) 집단치료

(1) 집단치료의 정의

흔히 집단치료로 부르고 있는 집단정신 치료(group psychotherapy)는 정신치료의 한 형태로서 집단의 개인들이 상호성과 상호작용을 통해 정서적 문제나 장애, 사회적 부적응을 자발적으로 치료하도록 하는 것이다(Barker, 1987). 이는 집단이라는 개입 단위에 정신 치료적인 기술을 응용하는 것이다. 집단장면에서 일어나는 환자와 치료자 간의 상호작용과 환자와 환자 간의 상호작용 모두가 각 집단구성원의 부적응적 행동 변화를 위해 사용되며, 훈련된 치료자에 의한 전문적인 기술과 치료적 중재뿐만 아니라 집단 자체가 변화를 위한 도구로 제공된다(박민철, 1996). 또한 집단치료는 집단과정을 통해 대인관계와 심리적인 발달을 촉진하고 교정하며 집단 내부의 결속력을 경험하는 기회를 제공한다.

집단구성원 개인은 자신들의 문제를 집단의 다른 성원들과 공유하며 문제를 해결하는 방법을 논의하고 문제해결을 위한 자원과 기술에 대한 견해와 정보를 상호 교환한다.

이와 같은 과정은 전문가의 조정하에서 이루어지며 그들의 정서적 경험과 어려움이 집단 내에서 고유하고 지속적으로 훈습(working through) 되게 한다.

집단치료의 전형적인 형태는 주 1회 시설에 6~8명의 성원이 모여 치료자가 진행하며 각 실무자가 지향하는 이론적 접근과 세팅 대상에 따라 다양한 형태가 사용되는데 정신분석, 행동주의, 교류 분석, 가족치료, 형태치료 등이 있다(김통원 외, 1998).

(2) 집단치료의 구조화(김영숙, 2008)

① 집단치료의 범위

집단치료 범위는 입원 환자집단과 외래환자집단으로 나누어 볼 수 있는데 그 특징은 다음과 같으며, 목표 및 실행 구조에 대한 자세한 사항은 표 7-1과 같다.

㉠ 입원 환자집단

- 정신과 병실에서 실시한다.
- 매일 만난다.
- 다양한 급성 정신과적 문제가 있는 환자로 구성된다.
- 강제적이다.
- 단기 입원 기간으로 집단구성원의 이동이 빠르다.

㉡ 외래환자집단

- 안정된 구성원으로 자발적인 집단이다.
- 정신과 외래진료소에서 매주 한 번 실시한다.

• 안정되고 비슷한 기능 수준의 환자군으로 구성된다.

표 7-1 입원 환자집단과 외래환자집단

장면		집단의 예	목표	시간 체계
입 원 환 자	급 성	매일 높은 기능 수준	기능회복	1~2일에서 몇 주
	만 성	매일 낮은 기능 수준	재활	몇 주에서 몇 달
외 래 환 자	개인진료실 / 일반 정신과 외래	매주 / 상호작용집단	증상 제거, 성격 변화	1~2년
	정신과 약물진료소	매달 / 일시적인 약물진료소 집단	교육, 기능 유지	부정 기간
	행동치료 진료소	매주 / 섭식장애 집단	분명한 행동 변화	2~3개월
	약물남용 치료센터	매일 / 초기 알코올 회복집단	부정의 대면, 단주 유지	3개월
	특수병원	당뇨병 지지집단	교육, 지지, 사회화	부정 기간
	상담센터	매주 / 사별 집단	지지, 감정 정화, 사회화	2~3개월

② 사회화하는 기술의 발달

가르치는 기술의 성질이나 과정은 집단의 형태에 따라 상이하나 사회적 학습은 모든 집단치료에서 작용하는 치료적 요인이다.

상호작용이 강조되는 집단에서는 성원들이 정직하게 피드백해 줌으로써 부적응적인 사회행동이 사회화되게 된다.

③ 모방적 행동

집단치료를 통해 성원들은 자신과 비슷한 문제를 가지고 있는 다른 성원을 관찰학습 또는 대리 학습(vicarious learning)함으로써 자신들의 문제해결에 도움을 얻곤 한다.

④ 감정적 정화

감정의 정화(catharsis)는 집단의 다른 과정인 보편성이나 결속력과 연결되어 있는 하나의 복잡한 치료적 요인이다. 감정 정화는 그 자체가 정서적 안도감을 수반하기는 하지만 환자에게 영구적인 변화를 촉진하는 경우는 드물다. 가장 중요한 것은 다른 구성원들에게 자신의 내적 세계를 정서적으로 나누며, 다른 성원들은 이를 수용하는 것이다.

이런 과정은 감정적으로 교정 경험(corrective emotional experience)을 가져오며 이는 현실과 실제를 인지하는 주춧돌이 되기도 한다.

⑤ 최초 가족 집단의 교정적 반복

대개의 환자는 가장 중요한 집단이 가족과의 초기 경험에 대해 불만족스러운 역사를 가지고 집단치료에 참여하게 된다. 집단치료는 그런 경험을 반복하는 가능성을 제공하므로 부모와 형제자매들과 상호작용을 했던 것처럼 치료자나 다른 성원들과 상호작용을 하기 일쑤이다.

모든 행동 양상은 초기 가족과의 경험의 반복으로 나타나며, 집단치료에서는 반복 상황을 통해 갈등을 재현할 뿐만 아니라 교정적으로 반복하도록 도와야 한다.

⑥ 집단결속력

집단결속력(group cohesiveness)은 성원들이 집단과 다른 구성원들에게 끌어당기는 힘으로 간주하며, 서로를 수용하고 지지하며 집단에서 의미 있는 관계를 형성하게 한다.

결속력 있는 집단이 치료적으로 더욱 효과가 있다는 연구가 보고되고 있으며, 대체로 정신과 환자들의 경우 집단의 소속감이 결여되어 있는 과거를 가지고 있기 때문에 순수하게 성공적으로 결속된 집단치료의 경험은 그 자체로 치료 효과를 가질 수 있다.

⑦ 대인 관계적 학습

대인 관계적 학습은 작은 사회로서 기능하는데, 대인 관계적 강점과 약점이 소규모로 펼쳐지는 하나의 실험실이 되는 셈이다. 감정의 정화나 교정 경험 이외에도 이 작은 사회를 통해 성원들은 자신들의 부적응적 행동을 수정하고 변화하는 기회로 삼으며 사회 구성원의 기능을 학습하고 수행하게 된다. 그 구체적인 내용은 병리의 표현, 피드백과 자기 관찰, 반응의 공유, 반응을 공유하는 것의 결과, 자신에 대해 견해, 책임감, 변화에 영향을 주는 자신의 힘에 대한 이해 등이다.

2) 집단활동

(1) 집단활동의 정의

입원환자들에게 치료적 활동을 제공하여 사회적 퇴행을 예방하고 그들로 하여금 자신의 환경을 받아들이며 사회적 적응을 할 수 있도록 격려하고 지지하여 보다 나은 인격의 통합을 가져오게 하는 치료 방법이다. 이런 활동 요법은 전문화되어 있지 않으나 세팅별로 여건에 맞추어 사회복지사나 간호사가 실시하고 있다(김영숙, 2008).

(2) 집단활동 기대 효과 및 기획과 실행 원칙

① 집단활동의 종류

집단활동의 종류에는 다음과 같은 것들이 있다(안향림, 박정은, 1997).

㉠ 예술치료(art therapy)

- 미술: 회화, 공작, 낙서 등
- 음악: 음악감상, 연주, sing along
- 무용: 포크댄스, 댄스파티
- 연극: 심리극

- 작문: 시, 편지 작성, 미완성 문장 완성
- 서예

ⓛ 작업치료(occupational therapy)

ⓒ 놀이치료(play therapy): 이완 요법, 적극적인 놀이치료

ⓔ 독서요법: 시 낭송, 독후감 나누기

ⓜ 산책 요법: 산책, 외출(야유회, 캠프, 가정방문)

ⓑ 종교활동: 정기적인 활동(묵상, 기도, 수련회)

ⓢ 기타: 가족치료 기법을 활용한 활동 요법(family sculpture, genogram)

3) 집단치료와 집단활동의 비교

구분	집단치료	집단활동
개요	집단 역동성과 구성원을 통해 상호작용 활성화	활동 프로그램을 매체(media)로 하여 상호작용 활성화
강조점	• 증상 감소 및 관리 • 대인관계 경험 • 정신 역동적 이해와 치료 활용	• 일상생활의 사회적 퇴행을 예방 • 사회적 적응력 향상 • 대인관계 기술 향상
과정	구성원들과의 상호작용이나 관계를 통해 자기 노출 및 인식	매체를 통해 자기 노출 및 인식, 그리고 관계 형성
목적	증상 치료, 사회적 역량(competence) 증가, 상호작용 활성화	

4 사회기술 훈련

1) 정신장애와 사회기술 훈련

사회기술은 넓게는 사회생활이나 대인관계에서 자신이 원하는 것을 성취하기 위해 필요한 모든 기술이라고 할 수 있고 좁게는 대인관계에서의 의사소통 기술이라고도 할 수 있다.

사회기술에는 자기 보호, 영양 섭취, 취업, 금전 관리, 교통수단 등과 같

이 생존에 필요한 수단적인 기능과 친교, 지지, 우애, 온화함 등 사회·정서적 기능이 모두 포함되어 있다.

많은 정신장애인은 사회적 행동 착수의 어려움과 문제해결을 위한 대처방안에 한계가 있다. 즉, 자신이 처한 사회적 행동 착수의 어려움과 문제해결을 위한 대처방안에 한계가 있다. 즉, 자신이 처한 사회적 상황을 파악하고, 그 경과를 예측하는 것에 어려움이 있을 수 있다. 또한 정신장애인들의 사회적 철퇴와 정서적 거리감 학습 기회를 감소시키고, 잦은 증상 발생과 재입원으로 인하여 다양한 사회적 상황에서 더욱 무능력하게 된다.

정신 사회 재활의 한 형태인 사회기술 훈련은 재활에 있어서 중요한 요소로 인정되고 있다.

직접적이고 적극적인 학습 원칙을 적용하고 있으며 문제해결 능력을 증진하고 정신 증상에 대한 방어력을 부여한다. 개인, 집단, 가족, 환경치료 및 직업훈련 상황 등 많은 영역에서 효과적이라는 사실이 인정되고 있다.

2) 사회기술 훈련의 모델들

(1) 기본 훈련 모델

이 모델은 가장 널리 알려지고 활용되고 있는 모델이다. 훈련 과정에는 참가자들에게 교육 및 지시(instruction), 행동 시연, 시범, 격려하기, 환류, 및 사회적 강화, 과제 부여 및 일반화 시도 등을 포함한다.

(2) 문제해결 모델

기본적인 문제해결 기술의 결여를 향상하기 위해서는 정보처리 과정의 준거 틀에 근거한 훈련이 필요하다. 이 훈련에서 각 개인은 대인관계 상황에서 입수되는 자극 감지력을 향상시키고 그 의미를 파악하며, 적절한 언어적·비언어적 반응을 보이도록 교육한다.

대인관계 상황은 기본 훈련 모델에서와 같이, 역할 시연 기법으로 전개되며 대인관계 장면을 비디오로 녹화한다. 훈련자는 정신장애인의 입수 기술을 사정하기 위한 질문을 하고 처리 과정 기술의 능력을 평가하기 위한 질문과 반응 대안을 산출한다.

(3) 주의집중 모델

심하게 퇴행한 환자들의 기본적인 의사소통 기술을 훈련하기 위한 방법으로 주의집중 절차를 활용하는 방법이 개발되었다(Lilberman et al., 1986: 631-639). 훈련 내용의 체계적인 반복, 단계적인 격려, 즉각적인 강화법 등을 적용하여 보통 1회에 20분 정도 하루 2회를 반복해서 실시한다. 만약 적절한 반응을 보이면 칭찬하거나 먹을 것으로 강화하고, 부적절한 반응을 보이면 재반응을 요구하거나 시범을 보인다. 이 훈련의 일차적 목적은 환자가 상대에게 적절한 반응과 질문을 하도록 가르치는 것이다.

(4) 사회기술 훈련의 모형(김영숙, 2008)

① 운동 기술 모형(motor skills model)

복잡한 사회행동을 세분화하여 그것을 반복훈련 함으로써 학습시킨다. 세분된 기술이 통합될 때 사회적 능력이 향상될 수가 있다.

② 문제해결 모형(problem solving model)

운동 기술과 문제해결 기술을 동시에 훈련함으로써 일반화를 향상시키는 것이 목표이다.

스스로 문제해결 기술을 습득해야 사회기술의 일반화가 가능하다는 가정을 가지고 있다.

③ 모듈식 모형(module model)

사회생활에 필요한 사회기술을 책과 비디오로 패키지화한 것이다.

07

이 방법은 손쉽게 사용할 수 있는 장점이 있으나 모든 사회기술 영역을 패키지화하기가 어렵다는 한계를 지니고 있다.

3) 인간관계 훈련

(1) 인간관계와 만남의 훈련

인간관계 훈련이란 인간 간의 만남, 즉 상호작용을 강화하고 체험을 통해 서로를 깨닫게 하는 것으로서, 대화의 훈련, 인간성의 체험, 자각(self-awareness)을 중심으로 한 만남의 훈련인 것이다.

(2) 인간관계 훈련의 단계화 프로그램

인간관계 훈련은 실험 실적 성격을 띠고 있는 훈련 집단의 형태를 사용함으로써 경험을 통한 학습효과를 최대화하기 위해서 다음과 같은 몇 가지 요소들을 필수적으로 갖추어야 한다(이형득, 1984: 55-59).

첫째, 이 훈련은 모호한 상황하게 비조직적으로 시작되어야 한다.

둘째, 심리적 안정을 취할 수 있는 허용적 분위기가 조성되어야 한다.

셋째, 학습의 자료는 현재의 행동, 즉 'here and now'에 치중해야 한다. 지금 바로 이 자리에서 참여자들이 어떻게 느끼고 있는가에 초점을 두어야 한다.

넷째, 참여자들에게 관찰자적 참여(observational participation)의 태도를 유지하도록 해야 한다.

다섯째, 상대방의 행동에 대해 상호 간에 정직하고 솔직하게 도움을 주는 반응, 즉 피드백의 교환이 있어야 한다. 따라서 효과적인 피드백을 장려하고 비효과적인 피드백 과정을 중지시킬 수 있는 규칙을 만들도록 도와야 하는 것이다.

4) 가족 교육

(1) 가족 교육의 정의와 목적

① 가족 교육의 정의

"가족 교육이란 단일 가족 혹은 여러 가족(혹은 환자 포함)을 대상으로 일정 기간을 체계적으로 진행하고, 병에 대한 정보(information)와 지식(knowledge), 구체적인 대처 기술(coping skills)을 제공하며 동시에 상담(counselling)과 지지(support)를 해주며, 반드시 가족 교육의 효과를 평가하는 변인이 분명하게 설정되어야 하는 한 가지 치료 기법"이라고 정의한다(이영호, 1998: 44). 그러므로 가족 교육의 용어는 가족 정신교육, 가족심리교육, 정신 교육적 가족치료, 행동적 가족치료 등의 용어와 개념을 포괄하는 개념으로 본다.

② 정신건강사회복지사의 지식체계와 역할

'정신보건법'이 '정신건강증진 및 정신질환자 복지서비스 지원에 관한 법률(약칭: 정신건강복지법)'로 개정되면서 '정신보건사회복지사'의 명칭이 '정신건강사회복지사'로 변경되었다.

㉠ 가족 교육 실천가로서의 지식체계

가족 교육 실천가로서 정신건강사회복지사가 갖추어야 할 지식은 다음과 같다(이영호, 1996: 101-119).

- 생리 · 심리 · 사회적 재활 모델에 관한 이론적 지식
- 사례 관리에 관한 지식
- 정신과 재활치료에 관한 지식
- 정신과 직업재활에 관한 지식
- 조현병의 병리와 증상 단계에 따른 제반 치료 방법에 관한 지식
- 사회 복지적 지식을 응용한 정신의학적 면담에 관한 지식

- 집단사회복지에 관한 지식 중 치료 모델에 관한 지식(집단치료)
- 지역사회조직에 관한 지식(특히 자원 활용)
- 조현병 환자 가족들의 심리와 극복 과정에 대한 지식
- 가족 교육 및 상담, 치료와 관련된 지식
- 정신건강복지법, 장애인복지법 내의 정신장애인 복지 관련 내용과 전달체계에 대한 지식

㉡ 가족 교육 실천가로서 정신건강사회복지사의 역할

가족 교육 실천가로서의 정신건강사회복지사의 역할은 다음과 같이 정리할 수 있다(이영호, 1996).

- 가족 상담 및 치료자
- 교육 프로그램 조정자의 역할
- 환자의 사례 관리자의 역할
- 가족 옹호자로서 역할
- 심리 · 사회적 재활 모델의 실천자, 강조자, 교육자로서 역할
- 재활 프로그램 안내자로서 역할

㉢ 가족 교육을 실천할 때 정신건강사회복지사의 자세

첫째, 가족에게 교육받을 것을 권유하고 안내할 때 가족들은 조현병 자체를 부정(denial)하고자 하고 병의 실체를 알게 되는 것을 두려워하기 때문에 이를 충분히 이해하고 가족에게 부담을 주지 않으면서 교육 자체가 도움이 많이 된다는 사실(중요성과 필요성)을 강조하며 교육에 대한 많은 기대를 가지도록 해주어야 한다.

둘째, 조현병이라는 풍랑 속에서 같이 노를 저어 가는 동반자의 입장에서야 한다. 권위적인 자세나 지식을 자랑하는 태도를 결코 취해서는 안 되며 가족들의 고통을 공감하며 이제는 이인삼각 게임의 파트너라는 인식을 가져야 한다.

셋째, 참여 가족들의 대다수가 사용하는 언어나 용어를 사용하여 편

안하고 알기 쉽게 예를 들어가며 설명해 주며 참여 가족들에게 교육의 필요성에 대한 강한 인식과 참여동기를 부여해 주는 적극적인 자세를 가져야 한다.

넷째, 가족의 자조 모임을 활성화하고 이들이 사회운동이나 정책개발에 적극적으로 참여할 수 있도록 의식 개혁가·사회운동가로서의 자세를 가져야 한다.

5 정신건강 사회복지의 주요쟁점 및 향후 과제

한국 정신건강 사회복지의 근거 기반으로 1995년 정신보건법 제정과 1998년 보건복지부 '정신보건 사업 안내'를 통해 사업의 방향성이 시작되었다. 2020년 정신건강복지법 개정과 2020년 정신건강 사업의 추진 방향, 제4차 국민 건강 증진 종합계획 HP2020(제3, 4차 국민 건강 증진 종합계획 2011~2020), 한국건강증진개발원 정신건강 분야 및 제5차 국민건강증진 종합계획 HP2030(제5차 국민건강증진종합계획 2021~2030), 한국건강증진개발원 정신건강분야의 중점과제를 함께 조망하면서, 정신건강 사회복지의 향후 환경과 변화, 발전에 관한 과제를 다루어보고자 한다. 정신건강복지법의 취지는 정신장애인들이 치료 이외의 목적으로 병원에 장기간 머물지 않고 지역사회에서 사회복귀와 사회통합에 필요한 사비를 지원받으며, 비정신장애인들과 함께 살아갈 수 있도록 돕는 것이다.

2020년 국가 정신건강 증진 사업은 1) 국민 정신건강 증진 2) 중증 정신질환자 지역사회 통합, 3) 중독으로 인한 건강 저해 및 사회적 폐해 최소화, 4) 자살 위험 없는 안전한 사회 구현으로 국민 정신건강의 예방·지역사회 인프라 강화를 중점 방향으로 하였다. 또한, 국가 주도의 제4차·제5차 국민 건강 증진 종합계획 정신건강 분야에서는 자살 고위험군, 치매, 중독, 정신질환의 조기 발견 및 개입 체계 강화와 정신건강 서비스 인식

개선 및 지역사회 지지체계 확립을 다루었다.

이러한 과제 속에서 정신건강 개념과 정신질환자의 인권 개선 예방·개입 등 정신건강 사업에 대한 지역사회 자원의 양적 인프라 구축과 질적 내실화 과제가 공통으로 요구되고 있다. 세계적인 흐름에 맞추어, 중증 정신장애인의 탈 원화와 지역사회 중심 정신건강 정책을 진행하고 있음에도 불구하고, 현장에서는 기존 정신건강 전달체계의 구조적 환경과 지역사회 인식 및 정신건강 전문가의 변화·발전에 대해를 구체적으로 실현되지 못하고 있음을 볼 수 있다. 지역사회 정신건강 전달체계의 인프라 부족으로 탈 원화에 대한 수요에 대한 적절한 공급을 하지 못하여 오히려 정신 병상의 증가, 장기 재원 현상이 반복되고 있다. 그리고 정신건강사회복지사의 지역사회 정신건강 전문가로서 다양한 전문 영역과 서비스 기관 간의 조정 및 중개역할의 개입을 위한 수준 높은 교육이 필요하며, 타 전문직과 차별화되는 지역사회 인식의 부족함이 보임으로 전문화의 정체성이 중요하다. 다양한 정신건강 분야에 대한 니즈(need)에 맞게 정신건강 사회 복지 서비스 영역의 확대와 개발 및 진입이 필요하다.

한국 정신건강 사회복지의 향후 발전에 관한 과제를 아래와 같이 제시한다.

(1) 정신건강사회복지사의 전문직으로서 정체성 확립과 전문성 제고

정신건강사회복지사의 정신건강 현장에서의 사회 복지적 관점을 가지고 사회복지 실천 지식과 기술을 활용하여 정신장애인 삶의 질 향상을 돕는 전문직으로, 전문성 향상을 위한 노력이 필요하다. 정신건강 현장에서 필요한 전문적 지식 및 기술들이 교육과 훈련을 통해 이루어져야 한다. 수련제도를 통해 지속적으로 정신건강사회복지사의 배출이 증가하는 것은 의미 있는 일이지만, 정신건강전문요원 수련 기관들의 지속적인 질 관리가 필요하며, 정신건강 사회복지학회, 정신건강 사회복지사협회 차원에서의 보수교육과 끊임없는 전문성 개발의 노력이 필요하다.

요컨대, 정신건강복지법에서는 정신건강사회복지사의 공통 업무와 규정은 정신건강사회복지사로서의 기본적인 역할에 대한 기대가 있을 뿐인지 각 전문직으로서의 정체감에 혼란을 초래할 가능성이 크다.

정신건강사회복지사가 지니고 있는 고유한 역할이 무엇이고, 인접 전문직과의 차별성과 고유성이 무엇인지에 대한 역할 정립이 필요하다.

(2) 특화된 정신건강 사회 복지 서비스의 개발과 시행

지역별 정신건강 서비스에 대한 수요와 공급이 다르며, 인력, 조직, 재정 등 자원의 조달 및 관리가 다르므로 지역사회 단위의 정신건강 서비스 체계를 지역사회의 특성을 반영하여 구축하는 것이 효과적이다. 생애주기별 정신질환의 조기 발견 체계 구축이 강조되면서 초발(급성기) 정신질환자, 이중 진단 이용자, 15세 이상의 청소년 정신건강 문제를 갖고 있는 이용자 등 욕구에 대해 세분되지 못했던 특화된 대상에 맞는 새로운 지역사회 재활프로그램의 개발이 필요할 것이다. 그리하여 지역사회 내에서 연령대별(생애주기별), 기능 수준별, 초발자, 중복 장애를 가지고 있는 자, 만성 정신장애인을 위한 서비스 등 보다 세분된 형태로서 재활프로그램의 스펙트럼이 더 다양해질 필요가 있다.

요컨대, 지역사회 내에 있는 정신건강증진센터는 공공기관에서 운영하는 경우가 많아서 그곳을 이용하는 사람들의 경우에는 간접적인 혜택이 있다고 할 수 있지만, 지역사회 내에 있는 사회복귀 시설을 이용하기 위해서는 소정의 이용료에 대해서도 재정적 부담을 느끼는 경우가 많다.

기존의 의료급여 재정은 병원 치료 중심의 서비스에 충당되고 있음을 볼 때, 지역사회의 시설의 이용비용을 국가에서 직접 지원한다면 사업을 운영하는 기관이나 그 기관을 이용하는 소비자 모두에게 도움이 될 것이고, 지역사회 중심의 정신건강 사회복지사업도 더욱 활성화될 것이다.

(3) 통합적 사례 관리 서비스 제공을 통한 다기능화 및 사회복지 연계망 구축

다양하고 복합적인 욕구를 가진 정신건강 서비스 영역의 핵심은 사례관리라고 할 수 있다. 이를 위해서는 기존의 개별시설 중심의 지역사회 서비스 제공에서보다 더 포괄적이고 통합적인 사례 관리 서비스를 제공하는 방안이 모색되어야 할 것이다.

특히 정신건강복지법에서는 주로 만성 정신질환자, 알코올 남용자, 더 나아가서는 치매 질환을 일차적인 대상으로 하고 있다.

그러나 사실 정신건강이란 정신적인 문제가 발생한 이후에 개입하는 소극적인 개념이기보다는 예방과 치료, 재활 등 전체적인 영역을 포함하는 개념임을 생각할 때, 문제가 발생하기 전에 개입하는 예방적인 사업에 더욱 힘을 쏟아야 한다.

다양하고 복합적인 욕구를 가진 정신장애인에게 있어 개별시설 중심의 기존 서비스로는 이들의 욕구를 충분히 충족시킬 수 없는 한계가 있다는 것은 명백하다. 정신장애인의 욕구를 충족시키기 위해서는 일반 사회복지 체계와의 연계는 필수적이다. 따라서 기존의 정신건강 관련기관을 중심으로 하는 다기능화 및 사회복지와의 연계망 구축이 더욱더 필요하다.

(4) 정신건강 사회복지 실천 현장의 확장과 다양화

정신건강 사회복지의 실천 현장이 매우 다양해지고 있다. 기존의 전통적인 정신보건 전달체계인 정신과 병원, 정신건강증진센터, 사회복귀 시설 외에도 아동·청소년, 노인 정신건강 분야, 도박 및 알코올, 약물, 게임 중독, 성폭력, 자살 예방 분야 등으로 더 확대되었다. 더 나아가 공공사례 관리 영역, 지역사회복지관, 보호관찰소, 기업의 근로자지원프로그램(EAP), 군 사회복지, 학교 사회복지, 재난 정신건강 등 사람을 대상으로 하는 모든 현장에서 정신건강의 접근을 요구하고 있기 때문에 실천 현장이 확장되고 다양해질 것으로 예상된다.

요컨대, 전반적으로 볼 때 아직도 우리나라 정신건강 사회복지는 주로 치료 중심의 접근이 이루어지고 있는데도 불구하고 정신병원이나 요양시설의 전문 치료진의 수가 환자 수에 비해 매우 열악한 실정이다.

의료기관의 인력 기준을 현실성 있게 강화할뿐더러 지역사회 정신건강 시설의 인력 기준도 현실성 있게 제도화하여 더욱 기능적인 정신건강 사회복지사업이라고 되도록 해야 한다.

이처럼 앞으로의 정신건강 사회복지는 변화와 확장과 발전이라고 요구되고 있고, 효과적인 지역사회 정신건강 서비스체계를 구축하기 위해서는, 공공과 민간의 정신건강서비스 역할 분담을 통한 협업 시스템과 예산 확충을 통한 인프라 증대가 필요하다. 중증 정신질환자들의 증상 악화 전 조기 치료유도, 정신건강 문제 조기 발견 및 조기중재 시스템 마련한 것과, 정신질환에 대한 사회적 낙인과 차별, 편견을 개선하려는 노력이 함께 이루어져야 할 것이다. 그리고 정신건강사회복지사는 전문성을 가지고 정신건강 서비스가 필요한 다양한 기관으로 확대되어야 할 필요성을 갖는다.

CHAPTER 08

여성복지 실천 분야의 이해

1 여성복지의 개념

여성복지의 개념을 한마디로 정의하기는 어렵다. 여성복지의 궁극적 목표와 그 목표를 달성하기 위한 수단에 대한 견해가 논자에 따라 다르기 때문이다.

여성복지의 개념정의에 대한 최초의 노력은 한국여성개발원의 "여성이 국가나 사회로부터 인간의 존엄성과 인간다운 생활을 할 권리를 동등하게 보장받음으로써 여성의 건강, 재산, 행복의 조건들이 만족스러워지는 상태를 의미하며, 동시에 가부장적 가치관과 이에 기초를 둔 법, 기타 사회제도들을 개선하는 것 등으로 여성의 인간다운 삶을 실현하기 위한 모든 실천적 노력을 포함하는 개념"이다.

또한 여성복지란 일상 생활상의 장애가 제기되어 경제적으로나 문화적으로 충족한 가정생활 및 사회생활이 보장되는 것을 궁극의 목표로 하는 제도와 활동의 총칭으로서 사회복지 측면에서 여성들이 필요로 하는 제도를 만들고 서비스를 제공함으로써 여성들의 사회 기능을 증진시키려는 사회복지의 한 전문 분야를 말한다. 즉, 여성복지란 여성이 국가나 사회로부터 남성과 동등하게 권리를 보장받을 수 있도록 가부장적 가치관과 이에 근거한 각종 법, 사회제도를 개선하는 것뿐만 아니라 미혼모, 성매매 여성, 가출 여성, 근로 여성, 저소득 여성 및 학대받는 여성들과 같은 요보호 여성은 물론 모든 여성들이 인간다운 삶을 영위할 수 있도록 정부 및 민간이 행하는 정책적, 실천적 차원의 모든 조직적인 활동이라 할 수 있다. 이러한 여성복지의 실체는 국가와 시대에 따라 다르게 나타난다.

2 여성복지의 대상

일반석으로 여성복지의 대상은 당연히 여성이라고 생각한다. 그러나 여성복지의 대상은 사회가 혹은 가족이 여성에게 기대하는 역할 때문에 단순히 설정하기가 어렵다. 즉, 남성이 가족 밖에서 돈을 벌어오는 대신 여성은 가족을 유지하는 주된 책임자로 인식되고 있을 뿐만 아니라 자녀를 양육하고 보호하는 주된 책임자로 기대되고 있다. 또한 여성은 독립된 인간보다는 남편이나 자녀에 부수된 의존적 존재로 인식되고 있는 것이 현실이고, 이러한 현실 인식은 정부의 여성복지정책에 반영되어 나타나고 있다. 그 결과 정부의 여성복지정책은 여성 개인을 일차적 대상으로 하는 정책의 비중이 약하고, 의존자로 간주한다든지 가족을 보호하는 보호자의 역할을 지원하는 데 많은 비중을 두고 있다. 여성복지의 대상은 크게 여성의 문제, 여성의 역할, 여성의 생애주기를 기준으로 구분할 수 있다.

① 여성의 주요 문제를 중심으로 한 구분: 여성의 특성을 기준으로 볼 때 여성복지의 대상은 일반여성과 요보호여성으로 구분할 수 있다. 이러한 구분은 정부가 여성복지정책을 계획할 때 사용해 온 전통적인 구분이다. 요보호여성이란 누군가로부터 보호를 필요로 하는 여성이라는 의미로서 일반적으로 저소득 모자가정, 미혼모, 가출 여성, 성매매 여성, 학대받는 여성, 저임금 근로 여성을 포괄하는 개념으로 사용된다. 반면 일반여성이란 이들 요보호 여성을 제외한 모든 여성

을 말한다. 그러나 '요보호'라는 말은 나약하고 의존할 수밖에 없는 아동 외에 성인을 대상으로 사용되는 경우는 여성에게 유일하다. 사실상 여성을 하대시하는 성차별적 인식의 반영이라고 할 수 있다. '일반여성'이라는 구분 또한 지나치게 애매하고 포괄적이다. 마치 요보호 여성을 제외한 모든 여성은 욕구에서도 유사하며 별다른 문제를 경험하지 않고 살아간다는 인상을 강하게 준다. 많은 여성이 그들 나름의 다양한 사회적 욕구를 가지고 있는데도 말이다. 따라서 이들 여성이 가지 욕구의 특성을 중심으로 세분화하여 여성복지의 대상을 구분할 필요가 있다. 예를 들면, 사회교육의 욕구를 가진 여성, 노동의 욕구를 가진 여성, 정신보건의 욕구를 가진 여성, 가족기능 강화의 욕구를 가진 여성 등이 그것이다.

② 여성의 역할을 중심으로 한 구분: 여성의 역할에 대한 기대를 중심으로 여성복지의 대상을 구분하면 자녀에 대한 각종 보호적 지원이 이에 해당한다. 특히, 여성 혼자서 가족을 책임져야 하는 편모가정에 대한 다양한 지원이 여성복지의 주된 대상이 되는 것은 바로 이러한 이유에서이다. 따라서 실질적 혹은 형태상의 편모가정 자녀에 대한 교육적, 보호적 지원은 여성복지의 대상이 되고 있다. 이러한 점에서 여성복지는 가족복지 혹은 아동복지와 중복되는 부분이 없지 않다는 것을 알 수 있다.

③ 여성의 생애주기를 중심으로 한 구분: 여성의 생애주기를 중심으로 하여 여성복지의 대상을 구분하는 것은 문제를 중심으로 한 구분보다 여성 삶 연속선상의 다양한 영역을 포괄할 수 있고, 문제를 가진 여성뿐만이 아닌 일반여성들을 포함할 수 있어 여성복지의 대상을 설정하는 데 매우 유용한 기준이다. 생애주기(life cycle)를 중심으로 한 구분이란 여성이 출생에서 사망에 이르는 일련의 과정을 특성에 따라 단계별로 구분하고 각 단계에서의 욕구 및 사건을 중심으로 여성복지의 대상을 선정하는 것을 말한다. 여성의 생애 주기는 그 여성의 가족생활주기를 고려하여 이루어져야 한다.

3 여성복지의 실천 방법

1) 정책적 접근

여성복지에 대한 정책적 접근은 여성복지정책으로 불린다. 여성복지정책은 여성을 위한 정책이나 법, 제도와 관련된 정부의 정책으로서 여성정책의 한 분야로 간주한다. 여성정책은 여성과 관련된 다양한 분야, 즉 교육, 노동, 문화, 복지, 경제, 보건, 인권, 환경, 가족 등에 대한 정부의 정책으로서 사회정책의 한 분야이다. 접근방법으로서의 여성복지에 대한 정책적 접근은 이러한 정부의 제반정책과 법, 제도 등을 개선하고 만들어가는 일련의 거시적 차원의 조직적 활동으로 볼 수 있다. 해당 정책이 목표로 하는 표적이 무엇인가에 따라 여성복지정책은 여성 개인의 욕구 충족을 일차적 표적 대상으로 하는 정책과 여성의 '보호자'로서의 역할을 지원하는 정책, 그리고 '의존자'로서의 여성 차별적 정책으로 구분할 수 있다.

2) 실천적 접근

여성복지를 위한 서비스적 접근은 욕구를 가진 여성에게 필요한 다양한 서비스를 직접적으로 제공하는 것을 의미한다. 여성복지에 대한 서비스적 접근은 여성에 대한 임상적 개입, 여성의 경제·사회적 욕구 충족을 위한 각종 프로그램을 통한 지원, 그리고 시설보호 서비스의 세 가지 유형으로 구분할 수 있다.

3) 여성 운동적 접근

사회복지 분야에서 운동적 접근의 필요성은 일찍부터 인식되었다. 그러나 운동적 접근을 공식적인 사회복지 접근의 방법론으로 체계화하지는 못하였다. 사회복지를 권리로 인식하자는 복지권 운동(welfare rights movement)

이나 사회복지 각 분야에서 이루어지는 운동적 접근이 이를 말해 준다.

여성복지 분야는 다른 어떤 사회복지 분야보다도 그 대상의 폭이 넓을 뿐 아니라 문제의 근원이 성차별적 이념, 가치, 정책, 제도 등으로 인해 생기는 경우가 대부분이다. 이 때문에 오래전부터 이러한 구조적 틀을 변화시키기 위해 여성 운동적 접근이 이루어져 왔다. 여성 운동적 접근은 그동안 사회복지 내에서 충분히 수용되지 못한 것이 사실이다. 그러나 우리나라의 현실을 보면 사실상 그간 이루어진 여성복지 관련법과 정책형성에 여성 운동계의 역할이 가장 컸음을 부인할 수 없다. 이러한 여성 운동계의 사회복지에 대한 기여 측면에서 본다면 시민 운동과 사회복지가 연계하듯이 여성복지와 여성운동과의 연계가 필요하다. 따라서 여성복지의 발전을 위해서는 운동적 방식의 도입이 필요하고 그 실천 모델을 개발해야 한다.

사회적으로 여성에 대한 인식이 점차 변화되고 여성들의 눈부신 활약이 세계적인 추세로 빠르게 발전하고 있다. 이에 여성문제에 대한 관심이 우리나라에서도 본격적으로 거론되고 있다는 점에서 여성과 관련된 사회적 지위와 역할, 기타 문제 등이 여성문제로 부각되고 있다.

오늘날 여성문제는 일반 사회문제의 한 측면에 해당하면서 인식되고 여성을 위한 여성복지의 문제도 달라지고 있다. 이러한 관점에서 볼 때 여성들에게 가장 심각하게 부딪혀 오는 복잡한 문제들이 많으며, 그중에서 불평등 문제, 생활 보장 문제, 요보호 여성의 문제 등을 구체적으로 제시해 보고자 한다.

4 여성복지의 내용

1) 이혼 증가의 요인

이혼 증가의 요인으로 현대의 산업화, 도시화의 특징을 들 수 있다. 현대사회의 산업화, 도시화의 특징은 익명성과 사회적 이동성을 높이고 가족의 안정성에 대한 사회통제를 약화하는 계기가 되었다. 산업화와 현대화가 본격적으로 진행되기 시작한 이후 이혼에 대한 태도가 긍정적으로 변화되기 시작하였고, 이혼 건수도 점차 증가하였다. 산업화 및 도시화와 관련된 요인들을 살펴보면 다음과 같다.

① 여성의 사회경제적 지위 향상: 여성의 교육 수준과 고용기회가 증가하면서 남성에 대한 경제적 의존도는 낮아지게 되었다. 따라서 경제적 독립에 대한 두려움 때문에 결혼 관계를 지속시킬 수밖에 없었던 여성들이 줄어들었다. 또한 여성의 교육 수준이 향상되면서 사회적 지위 또한 향상되었는데, 그 과정에서 여성의 전통적인 성역할에 대한 가치관이 희석되었으며, 평등한 부부관계에 대한 인식이 증대되었다.

② 가족 및 결혼에 대한 가치관의 변화: 사회적, 법적, 도덕적으로 이혼을 억제할 수 있는 사회적 장치들의 약화하고 결혼 및 가족을 중시하는 전통적 가치관의 변화로 이혼 억제 기능이 약화하였다.
결혼 자체가 경제적인 후원과 자녀 양육에 대한 책임을 강조하는 사회적인 제도로서의 결혼에서 부부간의 애정과 평등을 중요하게 인식하는 관계의 결혼으로 변화된 것이다. 이것은 이혼율을 높이는 결과를 낳았다. 가족의 구조는 확대 · 직계가족에서 핵가족 형태로 변화하고 있다. 이와 같이 가족의 형태와 의식의 변화는 가족관계와 정서적 유대 및 정체감 형성에 심각한 문제를 야기시켜 근래에는 가족의 불안정 문제가 심각하게 제기되고 전통적 가족의 해체로 인한 1인 가구가 급격히 증가하는 현상을 보인다.

③ 이혼에 대한 태도의 변화: 우리나라에서도 점차 이혼을 수용하는 경향으로 바뀌고 있다. 이것은 전통적으로 강조되었던 가족의 가치관은 축소되고 개인의 존엄성이 강조되는 경향이 나타나면서 가족 내에서 부부간의 갈등을 해결할 수 없을 때는 이혼도 하나의 해결 방법이 될 수 있음을 의미하는 것이다. 즉, 현대의 이혼은 가족해체와 동일하게 인식되어 문제시되기보다는 불행한 결혼 관계를 해소하는 한 가지 방법으로 인식되고 있다.

2) 이혼 여성의 문제

이혼 여성들은 이혼 과정에서뿐만 아니라 이혼 후에도 수많은 심리·사회적인 어려움을 경험하게 된다. 결혼 실패와 부끄러움이라는 심리적인 문제 외에 자녀와의 문제, 경제적인 문제를 경험한다. 또 혼자인 것에 대한 두려움, 여성으로서의 자존감 상실의 문제, 남성에 대한 적대감, 스스로 자립해야 하는 문제들 때문에 어려워한다. 이혼 여성에 대한 낙인과 이혼의 결과로 나타나는 빈곤의 문제는 가장 어려운 문제들이다.

① 정서적인 문제: 이혼 여성은 대부분 정서적인 혼란과 우울, 불안정한 정서 상태를 경험한다. 시기적으로는 이혼 직후에 심리적 상처를 가장 크게 느낀다. 이혼 여성들은 또한 기억상실의 증상, 일의 효율성 저하, 수면장애의 단계를 시작으로 불안과 식욕상실, 부인, 충격, 분노, 혹독함과 우울의 단계를 거쳐 죄의식, 부끄러움, 배우자에 대한 비난, 실패감의 단계, 그리고 우울과 안도감, 자살 욕구 등의 정서적 고통의 단계로 이어지는 일종의 슬픔과 애도의 시기를 경험한다. 그리고 이혼 이후 가장 오랫동안 지속되는 정서는 외로움이다.

② 역할 변화의 문제: 이혼으로 인해 가족구조가 양부모 가족에게서 한부모가족으로 변하면 이전의 가족구조는 해체되고 가족구성원들은 새로운 역할들을 경험하게 된다. 자녀들과 가사를 공유하게 됨으로써 모자 관계는 기존의 상하관계에서 동등한 협력의 관계로 변한다. 또한 아버지의 부재로 인해 어머니의 역할은 아버지의 역할과 동일시된다. 이런 과정에서 이혼 여성은 자신과 아이들의 생존을 보장해야 하는 가장의 역할을 수행하고 자녀 훈육에 대한 단독의 책임을 지게 된다. 이런 변화는 그들로 하여금 혼자 모든 것을 책임져야 하는 큰 부담을 떠맡게 되고 두려움과 부적절한 느낌이 들게 한다.

③ 자녀 양육의 문제: 자녀 양육의 문제는 이혼자 자신의 적응뿐 아니라 이혼에 대한 자녀들의 심리·사회적 결과를 매개하는 중요한 변수라는 점에서 매우 중요한 의미를 지닌다. 이혼 여성들은 이혼 과정에서

뿐만 아니라 이혼 이후에도 자녀의 문제를 가장 심각하게 생각한다. 자녀 문제는 이혼 과정 동안에 자녀를 양육하고 훈육하는 것과 관련된 것과 이혼 이후에 자녀의 미래와 관련된 것이다.

④ 경제적인 문제: 경제적 문제는 이혼할 것인가 말 것인가 여부에 대한 결정뿐 아니라 이혼 이후의 실제적인 삶을 규정하거나 통제하는 주요 요인이다. 이혼 여성들의 빈곤 문제는 '새로운 빈곤층으로서의 여성' 또는 '빈곤의 여성화'라는 표현이 생겨날 정도로 심각한 편이다. 뿐만 아니라 국가의 서비스 역시도 부족하다. 이혼 여성의 빈곤 현상은 여성의 낮은 임금률이라는 일반적인 문제와 함께 노동시장에서의 성차별, 아동 양육으로 인한 시간제 또는 비정규직 고용의 문제점, 빈약한 공공 수혜의 문제 등이 복합적으로 상호작용을 하여 문제의 해결을 더욱 어렵게 만든다. 즉, 이러한 사회구조적 문제들이 이혼 여성의 적응에 대한 부차적인 장애물로서 그들의 경제적 독립을 저해하고 있다.

⑤ 사회적 관계의 변화: 이혼 이후 많은 여성이 사회적 관계의 변화를 경험한다. 일반적으로 가장 친밀한 사람들은 가족과 친구들이다. 물질적인 면과 정서적인 면에서 많은 도움을 주지만 이혼 후 1년에서 1년 반 정도 지나면 대부분 기혼 친구와의 관계는 긴장 상태에 놓이거나 단절된다. 결국은 이혼 후의 정상적인 삶의 적응을 더 어렵게 한다. 이혼자의 심리 사회적 적응에 영향을 미치는 관계망의 또 다른 요인은 가족이나 가까운 친구들이 이혼한 여성을 인정하고 어떻게 수용할 수 있는지에 따라서 적응에 영향을 미치게 된다. 이것은 이혼에 대한 부정적인 인식뿐 아니라 이혼한 자녀와 아동을 책임져야 할지도 모른다는 부담감에서 비롯되는 것이다.

또 다른 영역으로는 이혼한 전 배우자와의 관계이다. 이 관계로 인해 이혼 부적응을 낳을 수도 있다. 이런 관점에서 전 배우자의 지속적인 관여는 현실적인 관심과 배려이기보다는 별거 스트레스이므로 이혼 적응을 위한 최선의 방책은 모든 유대를 끊는 것이라 할 수 있다. 그러나 이전 결혼에서 생긴 아이 때문에 관계가 지속되는 것은 어쩔 수 없는 현실이다.

3) 이혼 여성을 위한 서비스 현황

이혼 여성들이 이혼 이전의 생활유형에서 벗어나 새로운 생활양식에 적응하고, 별거의 영속성을 정서적으로 수용하며 이혼 전의 지위나 전 배우자에게 의존하지 않고 자신의 정체성을 독립적으로 수립할 수 있도록 원조하기 위해서는 여러 가지 서비스가 필요하다.

① 정부 차원의 사회복지서비스: 한부모가족 증가의 중요한 요인으로 작용하고 있는 이혼 문제는 바로 여성의 빈곤과 직접적으로 연결되어 있다고 할 수 있으며, 이들이 받을 수 있는 서비스 역시 국민기초생활 보장법에 의한 생계비 지원 등의 서비스이다. 이혼 이전에 빈곤했거나 혹은 이혼할 때 재산분할이나 자녀 양육비를 제대로 받지 못한 여성 중 모자보호시설에 입소하게 되는 경우는 국민기초생활 보장법에서 정하고 있는 서비스를 받을 수 있으며, 원하는 경우에는 직업훈련 서비스를 받을 수 있다.

② 여성의 전화: 일 년에 두 번씩 이혼 여성들을 위한 집단상담을 실시하고 있다. 집단상담에서는 이혼 이후 경험하게 되는 심리·사회적인 문제뿐 아니라 독신 성인으로의 생활 전이와 관련된 여러 가지 주제들을 다루고 있다. 또한 집단이 종결된 이후에는 자조 집단을 구성하여 사회적 지지망의 역할을 할 수 있도록 원조하고 있다.

③ 이혼자 클럽: 이혼 혹은 사별로 독신이 된 성인이나 결혼을 연기한 미혼 남녀가 모여 생활 속에서 경험하는 어려움을 공유하고 상호 간에 사회적 지지를 제공할 수 있도록 원조한다. 또 독신 성인들이 외로움을 느끼기 쉬운 명절이나 공휴일에는 레크리에이션이나 등산과 같은 프로그램을 준비하여 친목을 도모하며, 결혼을 원하는 사람들에게 만남의 기회를 제공해 주기도 한다.

4) 이혼 여성을 위한 서비스 대책

(1) 실천적 대책

- 이혼을 예방하기 위한 교육프로그램
- 이혼 상담의 전문화
- 이혼 적응을 위한 집단상담의 활성화
- 여성주의 상담의 활성화
- 부모 교육 프로그램
- 이혼가정의 자녀를 위한 프로그램의 제도화

(2) 정책적 대안

- 이혼 여성의 빈곤화에 대한 예방적 법안의 마련
- 이혼 여성에 대한 사회보장제도의 제도적 개선

5) 미혼모

(1) 미혼모의 원인

① 개인적 요인

개인적 요인으로는 낮은 지능이나 성격장애, 정신 분열 등의 정신적 결함, 성에 대한 태도, 낮은 자아 정체감 등이 해당한다. 첫째, 정신적 문제와 관련된 요인이다. 이것은 미혼모의 성적 요구가 선천적으로 강하거나 지능이 낮아서 무분별한 행동을 통제할 수 없거나 미혼모의 가치관이나 지성이 사회의 일반규범이나 통념을 초월하여 사회적인 통제를 받지 아니하는 경우와 반대로 이런 사회규범이나 가치관 등에 의식적인 부정적 상호 방식으로 반항하는 경우 혹은 성격장애나 조현병 등 정신적 결함을 가진 경우 등이 해당한다. 둘째, 성에 대한 태도와 관련된 요인이다. 이것은 개인이 갖는 성에 대한 의식이나 태도가 미혼모 발생에 영향을 미친다는 것으로, 일반적으로는 성에 대해 개방적일수록 미혼모가 될 가능성이 높다고 인식되어 있다. 그러나 안순덕 등의 연구에 따르면 우리나라의 경우 보수적이며 전통적인 성 가치관을 가진 사람이 미혼모가 되는 경우가 많기 때문에 성 태도와 미혼모 발생과는 관련이 적다고 한다. 특히 성 태도와 행동 사이의 이러한 괴리는 가정에서는 대개 자녀들이 부모의 보수적인 성 윤리를 그대로 받아들이지만, 사회에 나가서는 성 개방 풍조와 친구들 및 상대 남자의 성 태도 등에 의해 성 행동이 유도되기 때문으로 분석하고 있다. 결론적으로 성 의식과 성 태도는 성 행동과 밀접한 관계가 있지만 성 의식이나 성 행동도 결국 사회화 과정에서 내면화된다는 점에서 가족이나 사회에서의 영향이 중요하게 작용한다고 하겠다. 셋째, 자아 정체감과 관련된 요인이다. 안정된 자아 정체감, 특히 성 정체감의 결여는 무분별하고 무계획적인 성 행동을 가져오게 되며 그에 따라 원치 않는 임신을 하게 되어 미혼모가 되는 요인이 된다.

② 가족적 요인

구조적 결손가족이나 기능적 결손가족에서의 갈등과 억압 등은 자녀로 하여금 성을 그들의 적대 감정의 돌파구로 이용하게 하고 때에 따라 성범죄나 무분별한 성관계를 초래하는 요인이 되기도 한다. 그러나 미혼모가 결손가정뿐 아니라 양친이 있는 가정에서도 빈번히 발생하는 최근의 경향을 고려해 볼 때 단지 구조적 결손 문제보다는 가족구성원 간에 애정이 없고 가족관계가 불안정한 기능적 결손이 더 중요한 요인으로 고려되어야 할 것이다. 그리고 가족의 사회경제적 지위 역시 미혼모 발생에 영향을 미칠 수 있다. 열악한 교육환경으로 인하여 성 행동을 억제할 수 있는 다른 심리적 보상이나 유인책을 주지 못할 수도 있고, 똑같이 임신하였다고 하더라도 출산을 막을 기회에 대한 접근성이 낮아 다른 계층에 비해 쉽게 미혼모가 될 수 있다. 마지막으로 부모의 성 태도 및 성교육에 따라 미혼모 발생에 영향을 미칠 수 있다.

③ 친구 요인

청소년기는 가족과의 상호작용이 급격히 줄어드는 반면 친구가 차지하는 영향이 증가한다. 따라서 친구 관계는 청소년기의 적응과 사회적 발달을 좌우하는 절대적인 요인 중의 하나이다. 남자들은 동성 친구에게서 강한 영향을 받는 데 반해 여자들은 성의 상대가 되는 남성에게 반응하여 그가 유도하는 대로 성 행동을 결정하게 되는 경우가 많다고 한다. 또한 친구들을 통해 성과 관련된 지식을 접하기 때문에 왜곡된 성 지식을 습득하기 쉽다.

④ 사회구조적 요인

향상된 소득과 충분한 영양공급으로 신체적 변화의 조숙, 청소년기의 연장으로 제도적으로 성적 욕구를 해결할 수 있는 기간의 지연, 성 개방 풍조의 유입 등은 청소년의 성적 욕구를 증대시키고 있을 뿐 아니라 여성의 사회, 경제적 지위 향상, 성을 상품화하는 향락산업의 팽창, 자극적이고 선정적인 대중매체의 영향들이 복합적으로 미혼모 발생에 영향을 미치고 있다. 또한 가부장적 가족제도에서의 이중적 성 가치관 역시 미혼모 발생을 조장한다. 남성에게는 독립적, 공격적, 이성적이어야 하며 여성은 의존적, 순종적, 감정적이어야 한다는 이중적 성 가치관은 여성이 적극적으로 피임을 계획한다는 것을 부끄러운 일로 인식하게 만들며 피임 계획을 비도덕적으로 생각하기 때문에 피임에 소극적인 자세를 취하게 만든다.

(2) 미혼모의 심리 · 사회적 문제

미혼모의 심리 · 사회적 문제를 이해하기 위해서는 우선 미혼모가 어떠한 단계를 거쳐 미혼모가 되는지, 또 단계별로 해결해야 할 과업은 무엇인가를 이해한다.

- 임신 전 단계: 대개의 미혼모는 무계획적인 성관계로 인해 피임 준비가 되지 않았거나 피임에 대한 무지, 피임의 실패로 예기치 않은 임신을 하게 된다.
- 임신의 인지 단계: 임신의 인지 단계에서는 크게 3가지 반응을 보인다. 임신 사실을 이른 시일 내에 인지하고 적극적으로 수용하는 수용형과 임신 가능성을 은연중에 느끼지만 이를 바로 확인하지 않고 계속 부정하면서 임신을 지속시키는 부정형, 임신 사실을 뒤늦게 인지하게 될 뿐 아니라 임신 사실을 알고 난 뒤에도 아무런 대책 없이 시간을 보내는 무방 비형이 있다.
- 괴로운 임신 과정 단계: 자신이 임신하였다는 것을 수용한 후부터는 임신 사실이 주변 사람들에게 알려지지 않을까 하는 두려움, 쉽게 시작한 성관계에 대한 후회, 임신으로 인해 파생되는 문제 때문에 괴로워하게 된다. 이 단계에서 미혼모는 입덧이나 체형의 변화 등 임신의 징후를 숨기기 위해 옷 등으로 위장하게 되고 급기야는 사람들과의 관계도 멀리한다.
- 임신 지속 여부 결정 단계: 이 시기는 미혼모에게는 가장 중요한 시기 중의 하나로서 임신부는 출산할 것인지 임시 중절을 할 것인지를 결정하게 된다. 그러나 어떤 결정을 하든지 간에 매우 심한 죄책감, 불안, 심리적 갈등을 경험하게 된다.
- 새 생명에 대한 애착 단계: 예기치 않은 임신으로 인해 괴로운 임신 과정을 겪고 있는 미혼모들은 출산을 전후로 배 속의 아기에 대한 마음이 미움에서 애정으로 변하고 생명에 대한 존중심이 생겨나는 경험을 하게 된다. 이 시기에는 태교에도 관심을 가지고 건강한 아기의 출

생을 희망하는 모성이 최대로 발휘되는 시기이다.

- 출산 단계: 이 시기를 전후로 미혼모는 또 한 번의 중요한 결정을 하게 된다. 그것은 아기를 혼자서 키울 것인지 아니면 입양할 것인지에 대한 사항이다. 어떠한 선택을 하든 일정한 시간이 흐르면 모두 그 이전의 생활로 돌아가 더욱 열심히 살겠다는 각오를 가지며 취업 준비, 학업 계획, 이전 생활로의 복귀 등 미래를 위한 다양한 계획을 세우고 새로운 통합의 단계를 맞이한다.
- 자녀 양육 단계: 출산 이후 미혼모는 혼자서 아이를 기르거나 재혼하거나 동거하면서 자녀를 양육하게 되는데, 이때 사회적 소외감, 직업 문제, 양육 문제 등 더욱 복잡한 문제에 직면하게 된다. 그러나 아이를 포기하지 않고 기르고 있다는 자부심과 자신을 냉대했던 미혼부나 사회에 대항하기 위해서라도 최선을 다해 자녀를 양육하고자 한다.

이와 같은 임신 단계를 거치면서 당면하게 되는 심리·사회적 문제는 건강 및 의료적 문제, 취업 문제, 학업 문제, 경제적 문제, 정서적 문제, 주거문제, 소외문제, 자녀 양육 문제 등이 있다.

(3) 미혼모에 대한 사회복지서비스 현황

① 법적, 제도적 측면

현재 미혼모를 위한 사회적 지원은 헌법, 한부모가족지원법, 모자보건법, 성매매 피해자보호법, 의료보호법, 아동복지법, 입양특례법 등을 근거로 산전 산후 보호, 직업보도, 입양, 아동보호 서비스 등이 행해지고 있다.

② 재정적 측면

현재 미혼모 관련 시설은 정부의 보조금, 법인의 전입금, 후원금 등의 재원에 의해 운영된다.

③ 사회복지서비스 측면

미혼모와 관련된 사회복지서비스는 미혼모복지 상담·예방 사업과 미혼모시설, 모자보호시설 서비스, 모자 자립시설, 입양 사업 등이 있다. 미혼모시설은 여성이 임신하였거나 출산을 하였을 경우 안전하게 분만하게 하고 심신의 건강을 회복할 때까지 일정 기간 보호함을 목적으로 하는 시설이다. 모자보호시설은 생활하기 어려운 모자가정을 일시 또는 일정 기간 수용하여 생계를 보호하고 퇴소 후 자립 기반을 조성하도록 지원하는 것을 목적으로 하는 시설이고, 모자 자립시설은 자립이 어려운 모자가정에 대해 일정 기간 주택 편의만을 제공함을 목적으로 하는 시설이다. 그리고 입양이란 법적 절차에 의해 친부모와 아동과의 모든 권리와 의무가 소멸하고 혈통에 의하지 않은 양부모와 아동에게 부모와 자식으로서의 모든 권리와 의무가 부여되는 것으로 정의된다. 여성 상담이나 시설보호 등이 미혼모를 대상으로 하는 정책이라면 입양 정책은 미혼모가 낳은 아동에 대한 정책이라 할 수 있겠다.

(4) 미혼모에 대한 사회복지서비스 대책

- 미혼모에 대한 시각 전환
- 법적, 제도적 정비
  - 미혼모복지에 대한 단일법이 마련되어야 한다.
  - 시설보호 서비스에 대한 지원강화와 더불어 지역사회 내 서비스 프로그램의 개발과 지원이 있어야 한다.

- 성매매여성에 대한 사회복지서비스 현황

현재 우리나라에서 성매매 여성을 위한 사회복지서비스는 크게 상담사업, 건강검진 서비스, 시설보호 등으로 분류될 수 있다. 상담사업은 여성복지상담소와 긴급상담전화 '1366여성상담전화'와 '1388청소년긴급전화'가 있다. 건강검진사업은 성매매 여성들에게 건강진단 수첩을 발급하여 소지케 하고 보건소 등 성병전담기관을 통하여 정기검진을 받도록 하며 특히 성병치료 및 AIDS검진을 통해 국민보건을 저해하는 일이 없도록 하는 것을 목적으로 한다. 이는 엄격히 말하면 성매매 여성의 질병 예방과 건강 증진이라기보다는 성매매 여성들이 국민의 건강을 저해하지 않도록 하는 데 목적이 있다. 시설보호는 선도 보호시설을 중심으로 행해지고 있는 서비스로서 성매매 여성에 대한 서비스의 대부분을 차지한다고 해도 과언이 아니다. 선도 보호시설은 성 산업에 유입된 성매매 청소년의 사회복귀를 지원하는 최일선 기관으로서 매춘 여성 또는 성매매할 우려가 있는 여성을 일시, 또는 선도보호하여 건전한 사회인으로 복귀시키고자 하는 목적으로 보호처분에 의하여 위탁된 자와 선도 보호조치에 의해 입소한 자를 대상으로 선도보호를 행하는 시설로써 윤락행위 등 방지법에 그 근거를 두고 있다. 여기서 선도보호란 상담 및 치료, 개인의 정서 안정과 인격 향상을 위한 교육, 사회 적응에 필요한 기술교육 및 취업안내, 의료보호 · 건강관리 및 생활지도, 기타 선도 목적을 달성하기 위해 필요하다고 보건사회부령이 정하는 사항으로 명시되어 있다.

(5) 성매매 여성에 대한 사회복지서비스 대책

여성들이 성의 매매로 진입하는 것을 막고 한 때 성매매를 한 경험이 있는 여성에게 성매매에서 벗어나 건강하고 정상적인 생활을 영위할 수 있도록 하는 것은 선도 보호시설만으로는 곤란하며 국가적 차원에서의 다양한 대책과 지원이 행해져야 한다.

- 국가책임의 원칙
- 청소년의 성매매 행위에 대한 법 규정 및 서비스체계 마련
- 합리적 재정지원
- 지역사회 내 서비스 개발
- 시설 서비스의 내실화

- 입소자 중심의 운영
- 서비스의 전문성
- 서비스의 개별화
- 유관기관과의 연계 체계 구축
- 시설의 개방화 및 사회화
- 부모 교육의 의무화 등

5 여성복지 실천 현장의 사례

"어려운 여성들, 희망을 잃지 마세요."

"내가 다 안타깝더라고. 몹시 어려운 것 같아. 집주인이라고는 하지만, 나도 형편이 안 좋아서 많이 도와주지 못해서 답답했었지. 여성가족부가 이런 일도 하는군요. 이런 일은 정말 잘하는 겁니다." 12월 2일 오후, 경기도 성남시 상대원 3동 한 골목길에서 집주인 김 씨는 반지하 방에 세 들어 사는 결혼이민여성 지나페바지오안씨에 대해 이야기하며, 자기 일처럼 안타까워했다.

"여성가족부가 어려운 이웃을 돕는 것은 정말 잘하는 일이다."

1999년 결혼한 지나페바지오안씨는 결혼 2년 만에 건설 현장에서 일하던 남편이 사고를 당해 집을 팔아서 고향인 필리핀으로 돌아가 사업을 시작했지만, 또다시 남편이 교통사고를 당하자 2007년 대구의 시댁으로 돌아왔다. 시댁에서는 필리핀에서 사고를 당한 남편이 지나페바지오안씨의 탓으로 돌리며 힘겨운 나날을 보내게 된다. 결국 올해 2월 자녀들과 시댁을 나와 예전에 살던 성남으로 발길을 돌린 지나페바지오안씨는 공장의 사장에게 보증금 100만 원을 빌려 월세 16만 원의 반지하 방에서 3명의 딸을 키우며 생활하고 있다.

이런 딱한 사정은 지난 8월 여성가족부 여성 경제위기 대책추진단이 운영하는 '여성 경제위기 상황모니터링 시스템'에 접수되었고, 이주여성 긴급지원센터 경기지부가 사례를 검토하고 면담까지 이르게 되었다.

여성가족부는 지나페바지오안씨의 딱한 사정을 듣고, 12월 직원들의 보수기부액 전달 대상자로 선정하였고, 12월 2일 백희영 여성가족부 장관이 지나페바지오안씨 집을 찾았다.

쑥스러운듯 여성가족부 장관에게 인사를 건넨 지나페바지오안씨에게 백희영 장관은 "어려운 상황 속에서도 아이들을 씩씩하게 키워줘서 감사하다"며 "여성가족부 직원들의 작은 정성을 모았으니 작지만, 마음을 받아달라"고 말했다. 이에 지나페바지오안씨는 "감사하다"며 짧은 한국어로 대답했다.

작은 단칸방에 세 식구 이외에 사람들이 찾아올 일이 없었던 듯 지나페바지오안씨의 얼굴은 조금 상기되어 있었다.

장관은 "한국말을 아직 잘 못하는가 봐요?"라고 물었고, 지나페바지오안씨는 "한 달 정도밖에 제대로 공부하지 못했는데, 아이들은 한국말을 잘해요"라고 화답했다. 지나페바지오안씨의 아이들은 각각 초등학교 2학년, 1학년 연년생으로 이날은 방과 후 교실과 유치원에서 아직 돌아오지 않았다.

백 장관은 "지금 힘든 상황을 도울 수 있도록 여러 가지 방법을 모색해서 지원할 수 있도록 최선을 다하겠다"며 지나페바지오안씨를 위로했다. 집안을 나서며 백 장관은 "애들을 잘 키우려고 노력하는 것에 대해 다시 한번 정말 감사하다"며 "희망을 가지고 열심히 생활하면 곧 좋은 소식이 있을 것"이라고 말했다.

현재 지나페바지오안씨는 성남시 주거지원 사업인 '해피하우스'에 선정될 수 있도록 여성가족부와 성남시가 노력을 하고 있다.

*해피하우스: 3,000만 원 전세가구 지원(올해 60가구 입주)

이날 여성가족부는 지나페바지오안씨에게 여성가족부 직원 보수기부액 100만 원과 생필품 등을 지원하였다. 여성가족부는 매월 직원들이 보수 일부를 반납하여 지원이 필요한 단체 및 개인에게 기부하고 있으며, 가정경제 불안정으로 인해 빈곤·차별·폭력 피해를 본 여성의 사례를 발굴하고, 이들에게 보건·복지·취업 서비스를 종합적으로 연계·지원하고 있다. 오랜만에 찾아온 손님들과 짧은 만남이 아쉬운 듯 골목길을 나서는 백희영 장관에게 지나페바지오안씨 "여러 가지 많이 도와주셔서 감사합니다. 안녕히 가세요"라고 환한 미소를 지어 보였다.

6 향후 과제

그동안 한국의 사회복지는 선 성장, 후 분배의 정책 지향에 의해 부차적으로 취급되어 왔으며, 특히 여성은 노인, 장애인, 아동과 더불어 복지국가의 중요한 관심 대상임에도 불구하고 사회복지 영역에서 주변화(marginalization)되어 왔다. 즉, 한국의 전통적 남성 우월 가부장적 문화가 남아있어서 사회 전반적인 영역에서 차별적인 지위를 감수해야 하는 여성들이 사회복지 영역에서도 차별되고 있는 것에 대한 문제의 인식은 기존의 가치, 질서, 권력 및 사회구조에 대한 재해석, 재구조화 작업을 지향하는 새로운 움직임으로 나타나고 있다.

그러므로 21세기의 여성복지는 무엇보다도 사회의 기본 구조와 제도가 남성 위주로 되어 있다는 것을 인정하고 평등을 위한 근본적인 제도적 보완책 내지 구조 변경을 위한 장기적 대책 수립이 요구된다는 인식 위에서 출발해야 할 것이다.

① 여성의 빈곤화를 해소하기 위한 소득 지원 정책을 확대해야 한다.

② 여성의 질병 예방과 건강 증진을 위한 의료보험 급여 부문의 확대:

의료보험의 경우, 예를 들어 자궁암 검사, 유방암 검사, 임신 중 초음파 검사 등의 의료보험 급여화를 통하여 여성의 질병 예방 및 건강 증진을 꾀하여야 할 것이다.

③ 여권주의 여성상의 활용: 최근 젊은 모자가정의 여성을 상대로 한 개발 지향적인 집단활동과 여권주의적 집단지도가 그들의 고립적이고 폐쇄적인 성격과 행동을 교정하는 효과적인 성과를 나타냈다고 한다. 여권주의 상담은 여성들이 겪는 어려움이나 문제들이 사회구조 속에서 개선될 필요가 있다는 것을 강조하고 있다. 여성들이 겪는 개인 문제나 적응의 어려움은 남성 중심적 사회에서 여성에게 부과된 제한이나 억압에 기초해 있다는 것을 인식하고 이러한 구조적 개선을 통해서 여성들이 자율적인 삶을 영위해 나갈 수 있다고 본다. 즉, 남성적 특성을 자신 속에 키워나감으로써 남성과의 관계에서도 종속적이 아닌 대등한 관계에서 각자의 능력을 최대한 발휘할 수 있다고 본다.

④ 공동 직장보육시설의 확충: 여성이 가정과 직장을 양립할 수 있도록 공동직장보육시설을 확대해야 한다. 즉, 공동직장보육시설 설치비보조예산을 80%에서 100%로 지원하고, 100인 이상 사업장 내지 50인 이상 사업장으로 직장보육시설 설치 대상을 확대해야 한다. 또 70인 미만의 영세사업장 보육시설 전세 임대료 무상 지원 대상을 늘리고 보육시설 설치비 지원 및 교사 인건비를 100% 지급하여야 한다. 그리고 3년 미만의 영유아를 가진 남녀 근로자가 1년 이내의 유급 육아휴직을 사용할 수 있는 제도를 도입하고 국가 예산에서 육아휴직 비용의 일부를 보조하여야 한다.

⑤ 보육예산의 확충: 보육시설의 교사 인건비를 전액 지원하고, 합리적 보육비용 개선에 따른 국가 부담의 확대와 차등보육료제 실시 등을 위한 예산이 확보되어야 할 것이다. 저소득층 가정의 보육을 재정 지원하여 저소득층 여성의 취업을 장려하여야만 한다. 또 다양한 보육 프로그램(장애아, 영아, 부모 교육, 방과 후 보육, 아동 안전 보육 프로그램 등)의 개발,

보급과 보육 서비스의 다양화(주야간 보육, 주말 보육, 단기 영아 전담보육 등)가 필요하다. 아울러 영아 · 장애아 전담보육시설의 확충을 위하여 국고 보조금 증액 등 특별지원책이 강구되어야만 한다. 그리고 저소득층 여성 가장과 맞벌이부부의 취업생활을 지원하기 위하여 방과 후 아동지도사업의 확대도 필요하다.

⑥ 가정폭력 피해 여성을 위한 지원 강화

⑦ 미혼모를 위한 관계 법령의 강화와 전문 보호시설과 전문요원의 확충

⑧ 재가 여성 노인을 위한 재가복지서비스의 강화

⑨ 일반여성의 복지 증진을 위해 노동시장에의 여성 참여 증대와 동등한 대우 보장

⑩ 성 차별적인 제도의 개선 및 의식의 전환

⑪ 여성의 창업 및 경제활동 적극 지원

⑫ 정책 결정 과정 및 경제적 의사결정 과정에의 여성 참여 기회 확대

⑬ 여성의 단체활동, 지원활동 및 문화 활동의 활성화

CHAPTER 09

의료사회복지 실천 분야의 이해

1 의료사회복지의 개념 및 대상

1) 의료사회복지의 개념

(1) 일반적 개념

의료사회복지는 사회적 요인들과 질병에 관한 사업으로서 질병을 하나의 사회문제로 보고 의료기관에서 사회복지사가 진료팀의 일원이 되어 효과적인 진단과 치료에 지장을 주는 문제들을 해결하도록 환자와 그 가족을 돕는 전문 분야이다(김경우, 2007).

(2) 기술적(전문적) 개념

의료기관에서 치료팀의 일원으로서 사회복지의 전문적인 실천 방법론을 활용하여 환자의 질병 치료와 회복 및 사회복귀 기능을 돕는 목적을 가지고 질병으로 파생되는 환자의 심리적·사회적 및 경제적인 문제를 해결하거나 조정하여 환자 및 그 가족들을 돕는 전문적인 활동이다. 따라서 의료사회복지사는 임상 의료팀의 일원으로서의 위치에 있고 예방, 진단, 치료,

사후지도, 사회복귀 등 광의의 의료에 참여하게 된다.

(3) 정책적 개념

질병의 예방과 건강 증진 및 향상을 지향하는 의료복지를 목적으로 한 영역에서 case work, group work, community organization, 사회조사, 사회복지 정책 등의 광범위한 방법론을 통하여 보건의료의 욕구측정과 의료서비스 전달체계를 평가하고 그 개선과 활용을 용이하게 하며, 의료의 질 향상은 물론 의료보호와 의료서비스 확대 및 질적 향상을 기여하는 데 참여하는 사회복지의 한 과정이다(김경우, 2007).

(4) 통합적 개념

통합적 관점에서의 의료사회복지란 질병에 대한 다각적인 접근방법을 바탕으로, 질병을 가진 개인과 환경과의 상호작용 관계에 초점을 두고 의료팀의 일원으로서 환자 및 가족의 사회기능 향상을 위해 전문적 실천 방법을 활용하여 질병의 예방, 치료 및 재활에 이르기까지 다양한 활동을 수행하는 사회복지의 전문 분야라고 정의 내릴 수 있다.

2) 의료사회복지의 대상

의료사회복지는 다음의 사항들을 대상으로 한다.

① 질병에 따른 심리적 대응 문제: 환자가 질병이 있다는 것을 자각하거나 진단을 받게 되면 다양한 심리적 반응을 하게 되는데 이 반응이 지나치면 질병의 수용이 어려워 진료 과정에 장애 요소로 작용하게 된다. 이와 같은 불합리한 반응에는 전문적인 도움이 요구된다.

② 사회적 문제: 환자의 가족이 경험하는 사회적 문제는 직업에 대한 문제와 사회복귀의 문제이다. 사회복귀에 대한 문제는 환자가 퇴원하게

되면 가족이나 직장의 동료 직원, 그리고 사회관계 면에서 적응 태세를 가지고 퇴원하여야 한다.

③ 경제적 문제: 질병에 따른 경제적인 문제는 진료비와 요양비 문제이다. 의료보험제도가 있으나 갑자기 많은 액수의 비용이 들기 때문에 어려움이 닥칠 수 있다.

④ 정신·신체질환의 문제: 유기체의 항상성 유지를 깨뜨리는 조건 중에는 세균성에 의한 것 외에 정서적, 사회적 가중이나 소위 스트레스에 의한 경우도 허다하다. 스트레스로 정서와 밀접한 관계가 있는 자율신경계의 통제를 받는 내분비샘과 장기 운동의 불균형적인 상황이 오래 지속되면 신체적 질환으로 변환된다. 이와 같은 심인적 요인에 의한 신체장애는 근본 원인이 심리 정서적 요인에 있기 때문에 이러한 요인들이 신체에 부정적 영향을 미치지 않도록 스트레스를 풀어주고 자신의 감정을 솔직하게 표현하고 문제들을 해결할 수 있도록 돕는 것이 중요하다(김경우, 2007).

2 의료사회복지의 방법

1) 의료사회복지의 일반적인 기능

① 의료진과 협력을 위한 의료사회복지의 활용

② 클라이언트에 대한 직접적인 서비스보다는 의사나 의료팀에 대한 원조

③ 클라이언트와 그 가족과의 관계를 통하여 의료와 사회복지서비스 부여

④ 지역사회의 전반 자원을 활용하여 가능한 한 스스로 문제해결에 참여

2) 의료사회복지의 본질적 기능

① 의료팀과의 활동: 의료 사회복지사는 환자의 가족에 관한 정보를 수

집하여 평가하고 이를 의료팀에 보고하며, 환자에 대한 이해를 높이고 효과적인 치료계획을 수립하는 데 협동하여 임상 각 기관의 개입 요청에 따른 지원 업무를 수행해야 한다.

② 환자 및 가족에 대한 직접적인 서비스: 의료 사회복지사는 환자의 진료 과정에서 환자 및 가족에 대한 정보를 수집하고 평가하여 사회복지서비스를 제공한다. 환자의 병원 생활 적응은 물론, 질병으로 인하여 야기되는 심리적 · 사회적 및 경제적인 문제에 관하여 도움을 제공한다.

③ 병원 내 프로그램 계획과 정책 결정에 참여: 효과적인 환자치료를 위하여 병원행정이나 서비스에 대해 새로운 제안을 하며 프로그램 개발에 적극적으로 참여한다.

④ 지역사회자원과의 연결 및 지역사회 보건사업에 참여: 지역사회의 사회복지기관이나 의료기관 및 행정 당국과의 관계를 통해 양질의 서비스를 제공할 수 있도록 지역사회자원을 조직하고 동원한다.

⑤ 교육 및 조사연구 참여: 사회복지 활동이 필요한 수요를 측정하고 요구에 따라 새로운 프로그램을 개발하여 병원 행정이나 정부의 보건의료 정책에 관한 문제점과 개선 방향을 제시한다(김경우, 2007).

3 의료사회복지의 내용

1) 일반의료 사회복지

일반의료사회복지는 환자의 치료 과정에서 파생되는 문제의 해결이나 효과적인 진료를 위한 협력적인 활동이며, 환자의 질환이나 치료 과정에 악영향을 주는 심리 · 사회적인 문제, 빈곤 환자의 재활 문제 등을 대상으로 전문적인 서비스와 자원 활동, 조정의 활동에 중점을 두는 활동이다.

구체적인 활동 내용으로는 개인력 및 사회경제적 배경 조사, 심리 · 사회적 문제 사정 및 지지 격려, 퇴원계획, 의료보장 전환, 간병인 문제, 지역사회 자원 연결 등을 들 수 있다.

2) 정신보건 사회복지

정신적·정서적 장애를 가진 환자나 그 가족을 대상으로 하여 정신과 병의원 및 요양시설 등에서 손상된 심리·사회적 기능의 회복과 동시에 문제 발생을 예방하여 국민 정신건강을 증진하는 치료, 재활 및 예방을 목적으로 하는 사회복지의 한 영역이다.

구체적인 활동 내용으로는 개인력 조사, 사회조사 및 사회복지 지도, 가정방문, 정신과적 재활요법, 작업 및 오락요법 등을 들 수 있다.

3) 재활 의료사회복지

재활 의료사회복지는 장애의 기능 회복과 잠재 능력의 향상을 통한 적극적인 사회참여로 기본욕구의 충족과 자기실현을 할 수 있도록 사회자원을 조직화하거나 동원하여 주로 심리·사회적 진단과 치료 등을 서비스하는 사회복지의 활동 분야이다.

재활 의료사회복지사는 병원에서 제공하는 의료적 치료를 조정·보강하여 사회적·정신적인 인간 내면의 문제들을 해결하도록 돕고, 퇴원 후 정상적인 자신의 사회적 기능을 발휘하도록 사회복지 방법을 활용함으로써 환자의 치료와 재활을 돕는다(김경우, 2007).

4) 자선 의료사회복지

자선 의료사회복지는 빈곤한 환자들에게 무료로 또는 의료비를 지원하여 진료케 하는 일이다. 1953년 아동 자선병원에서 무료 진료가 시작되었으며, 예수병원에서는 극빈 환자를 위한 후원회를 결성하여 문제를 돕는 등 다양한 활동이 전개되고 있다.

5) 지역사회 보건 사회복지

지역사회 보건 사회복지란 지역사회 보건기관에서 지역사회 주민의 건강향상과 복지증진을 목적으로 지역사회자원을 효과적으로 활용할 수 있도록 돕는 의료사회복지의 한 영역으로, 보건소·모자보건센터·병원 및 의원 등의 기관이 업무를 수행하고 있다.

지역사회 보건 사회복지사의 활동 내용으로는 환자의 가정방문과 가정 실태를 파악하여 관계 요원과 협의하고 해당 기관에 의뢰하기, 지역 주민을 대상으로 하는 사회교육을 통한 국민 보건교육, 무의촌의 이동 진료계획과 실천을 통한 질병의 예방과 치료, 계몽 활동 등이다(김경우, 2007).

4 실천 현장의 사례조사

1) 일반적 정보

성명: 홍 길 동	성별: 남	나이: 33	학력: 전문대 졸
직업: 공무원	결혼 여부: 기혼	진단: 급성 골수성 백혈병	경제적 수준: 하

2) 환자의 병력

본 환자는 급성 골수성 백혈병으로 진단받고 두 차례에 걸친 입원 치료를 받았으나 치료 효과를 제고하기 위해 골수 이식수술을 시행 받아야 할 것으로 판단되었다.

3) 가족 및 경제적 배경

아버지 사망 후 어머니가 파출부 등으로 가정을 유지해 왔으며, 경제적으로 곤란한 형편에서 장남인 환자가 전문대를 졸업하고 공무원으로 취직하게 되자 가족들은 환자가 생활비와 학비 등을 지원해 줄 것이라고 기대하였다. 그러나 환자가 일찍 결혼하게 되어 그러한 기대에 부응하지 못하자 환자의 어머니와 동생들은 환자에 대한 불만이 많았다. 이러한 상황에서 가족들로부터 수술비와 관련된 경제적 지원을 받는 데에는 어려움이 있다. 환자 부인의 친정 역시 경제적으로 여유가 없는 형편이므로 도움을 받기는 어렵다. 부인은 남편의 투병 기간이 장기화하고 게다가 사망이 예견될 수 있는 질환임에도 불구하고 포기하지 않고 적극적인 자세로 남편을 간호했으며, 환자가 낙담하고 좌절했을 때 정서적으로 지지하고 격려하는 모습을 지속적으로 보여주고 있다.

환자는 급성 골수성 백혈병 치료의 어려움으로 인하여 주저하다가 적기를 놓치고 재발한 상태였다. 따라서 골수 이식을 하더라도 성공률이 낮을 것이라는 생각 때문에 매우 불안해하였다. 게다가 경제적 여건상 진료비 마련조차 힘들어 과연 수술할 수 있는가에 대한 두려움마저 갖고 있다. 또한 그동안 장남의 책임을 다하지 못한 데 대한 자책감도 있었지만, 어머니와 형제들이 적극적인 관심을 보여주지 않는 것에 대해 원망도 있다.

경제적 상황은 계속된 통원 치료와 두 차례의 입원 치료로 전세금까지 소진하였고 발병하기 전에는 부인의 부업으로 근근이 유지하였으나 그나마 병간호로 부업까지 하지 못하여 환자의 월 평균 소득 80여 만 원(직장에서 휴직 처리하여 월급은 지급되는 상태)이 가계수입의 전부이다. 친가와 처가는 모두 집도 하나 없이 살고 있는 형편이어서 도움을 얻을 처지가 못 된다. 따라서 골수 이식술에 필요한 예상 진료비 3,000여 만 원을 마련하기가 매우 힘든 실정이다.

4) 심리 · 사회적 사정

(1) 환자의 강점

- 치료진에 대한 신뢰감이 있다.
- 부인과의 관계가 좋고 부인이 환자를 포기하지 않고 남편을 격려하는 자세를 보여준다.
- 소속 직장에서 환자의 진료 기간을 지속적으로 급여를 지급하였고 통원 치료를 허용하고 있다. 그리고 직원들의 자발적 모금과 헌혈자 확보 지원 등 적극적인 배려를 해주고 있다.

(2) 환자의 문제점

- 환자는 내성적이고 소극적이어서 수동적이고 의존적인 모습을 보인다.
- 장남으로서 가족의 기대에 부응하지 못했으므로 어머니와 형제들과의 관계가 경직되어 있고, 그들로부터 도움을 기대하기가 어렵다.
- 환자 주변의 가족 상황이 모두 경제적으로 열악한 상태이다.

5) 개입 목표

① 상담과 교육을 통해 수술에 대한 불안과 두려움을 감소시켜 정서적 안정을 유지할 수 있도록 돕는다.

② 진료비 자력 조달이 어려우므로 경제적인 원조체계를 찾아 연결한다.

③ 혈소판 헌혈자 모집이 자력으로 어려우므로 헌혈자 확보에 협조한다.

④ 골수 공여자와 남편에게 객관적인 자료를 제공하여 골수 공여에 대한 결심을 확고히 한다.

⑤ 환자와 어머니, 형제와의 가족 상담을 통해 가족 응집력을 강화함으로써 환자 상태에 대한 이해와 심리적 · 경제적 측면의 지원을 촉진한다.

5 의료사회복지의 향후 과제

1) 법적 규정과 제도의 보완

첫째, 의료사회복지서비스가 있어야만 하는 병의원과 종합병원 내 진료 부서에 전인 진료체제를 의무 규정화해야 한다는 것이다. 사회적 발병과 심인적 요인에 의한 질환, 심리 사회적 문제가 질병 진료에 장애적 요인으로 작용할 수 있는 질환을 취급하는 종합병원 내 진료 부서와 의료보호 환자를 취급하는 요양 기관 등에는 사회복지사에 의한 사회복지서비스가 반드시 있어야 한다는 의무 규정이 필요하다. 현행 규정에는 종합병원에만 두게 되어 있는데 국가적인 복지 정책 차원에서 환자가 어디에 입원해 있던지 복지 수혜 적용에서 제외되는 일이 없도록 제도적인 복지 수혜 균등화를 이루어야 한다(김경우, 2007).

둘째, 사회복지서비스 제공자의 전문자격 기준이 잘못돼 있다. 의료사회복지제공자를 1983년 '사회복지사'로 개정하였는데 이 자격 규정은 사회복지사 1급과 2급이 모두 포함된 규정인데 다행히도 현재는 의료사회복지사라는 협회 자격제도가 있어 1급을 가진 사회복지사가 1년의 연수 과정을 받고 의료사회복지사 자격을 취득할 수 있도록 하고 있는데 향후 전문자격증으로서 국가면허로서 제도화되어야 할 것이다. 최소한 의료사회복지사는 심리사회적 서비스나 정신 역동 치료, 가족치료 등의 임상 서비스는 보다 많은 임상 훈련과 전문적인 교육 수준을 요하고 있기 때문에 의료사회복지사의 담당직무에 따라 전문자격 기준이 마련되어야 한다. 현대 의료 사회복지가 활발히 운영되고 있는 병원에서는 재활의료, 정신의료, 일반의료로 세분하여 서비스하고 있다.

셋째, 현행의 규정은 종합병원의 병상 규모나 취급 환자 수 등과는 무관하게 '종합병원에는 의료사회복지가 1인 이상을 둔다'와 같이 병상 규모나 환자 수에 따라 배치 기준을 달리하는 규정이 필요하다. 의료사회복지사의 직원 산정에 환자 수의 기준이나 사회서비스가 요구되는 진료 부문의 기준에 따라 산정기준이 명시되어야 한다.

CHAPTER 10

교정복지 실천 현장의 이해

1 교정복지의 정의

사회복지의 실천으로 범죄인의 교정과 교화를 위한 특정한 분야의 활동뿐 아니라 범죄예방의 차원에서 각 분야의 전문 인력이 협력하여 이루어지는 포괄적인 활동이라고 할 수 있다. 그리고 사회 적응에 실패한 범죄자 및 비행 청소년들의 갱생을 위해 도와주는 서비스이다.

즉, 교정 사회복지는 교정 현장에서 범죄인이나 비행 청소년을 대상으로 사회복지의 전문적 지식과 실천 방법을 활용하여 그들의 교정 또는 재활을 돕는 사회복지의 실천 분야이다(홍봉선, 2019).

2 교정복지의 대상

교정 사회복지는 교정기관에서 비행과 범죄로 인하여 조사받거나 수용 보호, 또는 처벌 대상자, 그리고 교육 명령, 사회봉사 명령제에 가담하는 교정 수혜자와 그들의 가족으로 정의될 수 있으나 남진열(2002: 390)은 교정복지를 협의와 광의로 구분하여 정의하였는데 협의로는 “사회복지사가 청소년과 성인 범죄인에게 보복이나 처벌을 하기보다는 오히려 재활 또는 지역사회 재통합, 재적응을 할 수 있도록 사회복지의 가치와 지식, 기술을 기초로 사회복지 실천 방법을 활용하여 시설과 지역사회 내에서 범죄인에 대한 처우를 통해 범죄인의 가치와 행동을 지역사회의 가치와 행동에 모순되지 않도록 변화시키는 사회복지의 전문 분야라고 할 수 있다”고 하였다.

그러므로 교정복지는 사회복지의 한 분야로서 그 대상이 성인, 청소년, 재소자, 출소자, 내국인, 외국인 등 범법행위를 한 사람과 그 가족을 대상으로 한다.

3 교정복지의 실천 방법

교정 사회복지는 개인과 가족을 위한 직접적인 서비스, 지역사회를 중심으로 한 간접적인 서비스를 포함하여 사회복지 실천 방법의 일반적인 기술을 활용한다.

교정 사회복지사의 역할은 교정 현장의 클라이언트의 변화 욕구의 파악과 진단, 문제행동의 변화에 도움을 제공하고, 재활을 위한 문제해결 기술의 학습, 정상적인 사회생활에 필요한 방법과 기술을 배우게 하며, 가족에 대한 원조 등의 역할을 수행한다. 마지막으로 교정 사회복지사는 클라이언트가 석방된 후에도 지역사회에서 정상적인 생활을 영위할 수 있도록 지역사회 내의 지원체계를 동원하고, 의뢰하며, 중개하는 역할을 수행한다.

4 교정복지 실천의 내용

1) 비행 청소년과 범죄인의 적응을 위한 도움

비행 청소년과 범죄인의 재활은 먼저 수용시설 혹은 지역사회 내에서 이들이 안정된 생활을 하는 데 중점을 두어야 한다. 특별히 수용시설에 있는 소년원생의 적응은 세 가지 차원에서 볼 수 있다. 이러한 내용이 상호 보완적이므로 순환적으로 잘 이루어져야 수용자의 생활이 안정될 수 있다.

(1) 시설 내 작업과 기타 활동

교정시설에 수용된 범죄인은 특별한 경우를 제외하고 모두 규정된 작업을 해야 한다. 수용자를 각 작업장에 배치하는 기준은 그들의 특성에 따라 알맞게 이루어져야 하는데 이런 일을 교정 사회복지사가 개입하여 재소자가 자신에게 적합한 작업을 선택할 수 있도록 협력해 주어야 한다. 나아가 이들이 각 작업장에서의 작업 활동에 생산적으로 임할 수 있도록 도와야 한다(홍봉선, 2019).

(2) 동료 간 관계

수용자가 교정시설에서 늘 관계하는 상대는 동료 재소자와 교도관이다. 이들과의 관계가 긍정적이고 건설적으로 형성되지 않는다면 수용자의 재활에 큰 장애가 된다. 특히 동료 재소자와의 관계는 서로를 이해할 수 있는 가장 가까운 상대라고 할 수 있기 때문에 이점을 자신들의 재활에 최대로 활용할 수 있어야 한다. 수용자들이 생산적인 상호 인간관계를 유지할 수 있도록 교정 사회복지사는 전문 프로그램을 통해 도울 수 있다.

(3) 실무자와 관계

교정복지 현장의 실무자와 수용자가 지배자와 지배받는 자의 관계를 벗어나 상호 협력자 혹은 동반자와 같이 더불어 사는 관계를 유지해야 수용자의 재활에 유익하다. 이러한 관계 형성은 양자의 공동 노력으로 가능한 것이며 교정 사회복지사는 바로 이들이 긍정적이고 생산적인 관계를 위해 개입해야 한다.

2) 범죄인의 특정 질병 치료에 개입

비행 청소년과 범죄인의 특성이 날로 다양해지면서 알코올중독, 약물중독, 후천성면역결핍증(AIDS), 기타 정신질환 등의 치료가 중요한 과제로 등장하고 있다. 이런 문제로 어려움을 겪고 있는 비행 청소년과 범죄인의 재활이 교정 사회복지사가 팀 또는 단독으로 개입해야 한다. 이들을 전문적으로 대처할 수 있는 인력이 요구되며 수용자들이 스스로 대처할 수 있는 능력을 키울 수 있도록 교정 사회복지사의 개입이 필요하다.

3) 보호관찰 업무에 협력

보호관찰제도의 역사가 깊고 비구금제도가 발달한 나라에서는 전문가로서 사회복지사가 개입하고 있다. 특히 보호관찰제도에서는 사회복지학을 전공한 자가 거의 보호관찰관으로 활동하고 있다. 보호관찰은 어느 부분보다 사회복지학과 밀접한 관계를 맺고 있다.

효과적인 보호관찰 운용을 위하여 교정 사회복지사는 시설 내의 범죄인 혹은 비행 청소년을 충분히 파악해야 한다. 나아가 지역사회로 나와 보호관찰을 받는 비행 청소년과 범죄인의 원활한 적응을 위해 개입해야 하고, 지역사회의 사회복지 관련기관에 근무하는 사회복지사는 이들 기관과 보호관찰소가 협력적인 관계를 바탕으로 공동 프로그램을 실시할 수 있도록 양자의 교류를 주도해야 한다(홍봉선, 2019).

4) 비행 청소년과 범죄인 가족을 위한 도움

교정 현장의 실상을 통해 볼 때 수용시설에 있는 대부분의 비행 청소년과 수용자 그리고 이들의 가족 간 관계가 갈등적인 것으로 나타나고 있다. 그리고 이들 가정의 가족은 친인척을 포함하여 지역사회의 주변인들로부터 범죄인 가족이라는 낙인을 받는 실정이다. 이러한 범죄인 가정과 주변인의 실상을 고려하면 이들 가족이나 주변 사람이 범죄인을 올바르게 이해하고 나아가 포용할 수 있는 환경 조성이 필요하다. 특히 범죄인 가족들 간 유대관계와 사후관리가 강조되어야 하므로 위해 교정 사회복지사가 적극 개입해야 한다.

5) 상담 · 치료자 역할

교정복지 실천 현장에서 사회복지사는 범죄인 혹은 비행 청소년을 위한 상담 · 치료를 할 수 있다. 상담 · 치료자의 역할은 현재 교정시설에서 이루어지고 있는 것과 같이 무분별하거나 비자발적인 만남을 지양해야 가능하다. 이러한 역할은 재소자 어느 한 편의 일방적인 욕구에 의하여 이루어지기보다는 상담의 원칙을 지키면서 정기적이고 지속적으로 수행되어야 한다.

6) 중재자 역할

수용시설의 수용자들 간의 관계와 이들과 실무자 간 생산적인 관계를 위해 나아가 수용자 가족과 갈등 관계를 풀어주는데 사회복지사는 중재자 역할을 할 수 있다(홍봉선, 2019).

7) 안내자 역할

사회복지사는 교정시설이 있는 재소자나 지역사회의 비행 청소년들에게 유용한 정보를 신속히 전해줄 수 있다. 이와 함께 재소자나 비행 청소년들에게 향후 진로 방향에 대해 다양한 대안을 제시해 줄 필요가 있다는 점에서 안내자의 역할은 중요하다.

8) 교정복지 관련 전문 기술과 프로그램 개발

비행 청소년과 범죄인의 개인적 특성을 비롯하여 이들의 비행과 범죄가 날로 복잡하게 변화하고 있다. 이런 현상은 이들의 재활을 위한 한층 전문적인 기술과 프로그램의 필요성을 가져다준다. 그러므로 이 분야에 실무자 혹은 지역사회 내 전문가들은 현장에서 적용이 가능한 전문적인 기술과 구체적인 프로그램을 개발하여 제공해야 한다(홍봉선, 2019).

5 교정복지시설 및 기관과 주요 활동

교정 활동은 다양한 현장 활동이 있다. 먼저 교정기관 및 교정 시설은 물론 교정 대상자를 상담, 훈련 및 교육을 위한 민간 또는 공공 국가기관이 있다.

구분	주요 시설	활동 및 서비스
수용 시설	교도소(구치소)	형의 유무 교정시설에 따라 기결(미결)수용자를 수용, 성별, 연령별, 죄의 경중, 기능별로 분류 수용
	보호감호소	재범의 위험이 있는 자에 대해 특수한 교육, 개선 및 치료가 필요한 경우, 수용 및 교정
	특수교도소	약물, 알코올남용, 나환자 등 특수 처우가 필요한 대상을 수용

구분	주요 시설	활동 및 서비스
보호 시설	보호관찰소	교정시설에 수용하지 않고 일상 사회생활을 영위하면서 재범에 빠지지 않도록 대상자를 지도, 감독하고 원호하는 사회 내 처우(상담, 취업 알선, 학교 복귀, 환경 개선 등) • 사회봉사명령: 지정 시간에 무보수로 근로에 종사함으로써 죄를 반성하고 지역사회에 봉사하도록 하는 형사 제재
	소년원	가정법원소년부에 송치된 비행소년들을 보호, 수용하여 교정 · 교육하는 특수교육기관(학교 교육, 직업훈련, 심성 순화, 심신의 보호, 지도 등)
보호 시설	소년분류심사원	범죄소년에 대한 분류심사를 실시하여 법원 소년부에 자료 제공, 교정처우 지침 제시, 사후지도 권고 등
	치료감호소	범죄를 저지를 장애인 및 약물 중독자의 재활을 위한 보호와 서비스
민간 시설	갱생보호기관 (한국갱생보호공단)	집행유예나 선고유예자, 가석방 처분이나 출소자를 대상으로 정신적 · 물질적 원조 제공, 건전한 사회복귀와 재적응 도모
	소년 보호시설	소년법원에서 4호 처분을 받은 소년들을 아동복지시설 또는 소년 보호시설 등에 위탁하여 감호, 학업 및 직업교육 제공
	종교, 사회기관 및 시설, 지역사회복지관 및 복지시설	다양한 교정기관 및 시설로부터 서비스대상자를 위탁받음

출처: 임동호 · 장영은 · 장은석 · 정하선(2023) 사회복지학개론, 양서원.

6 교정복지 실천 현장의 사례

충북 청주시립정보도서관은 책 읽는 청주 독서 운동의 하나로 청주여자교도소 다목적 홀에서 '아주 특별한 만남 청주여자교도소 수형자 토론회'를 개최한다고 밝혔다.

> 청주시는 이날 책 읽는 청주 선정 도서 '엄마를 부탁해'를 읽은 청주여자교도소 수형자들을 대상으로 선정 도서에 대한 자신의 감상을 함께한 토론자에게 이야기하는 형식으로 진행할 방침이다.
>
> 이날 토론회는 이상범 성공변화연구소 대표의 진행으로 토론을 희망한 수형자와 참

관하는 수형자 등 30명이 참석한다.

특히 선정 도서인 '엄마를 부탁해'가 담고 있는 따뜻한 가족애와 여성 실존에 대한 자성을 통해 여성 수형자들에게 깊은 감동을 줄 수 있을 것으로 기대된다.

수형자 토론회는 역대 처음 시도되는 행사로 독서 운동 관계자와 복지 분야를 비롯한 각계의 주목을 받고 있다.

청주여자교도소 교육 교화과장은 "이번 토론회는 다양한 토론회를 기획하려는 책 읽는 청주추진위원회의 의지와 청주여자교도소의 적극적인 협조로 이뤄졌다"며 "수형자들에게 어떤 교정 프로그램보다도 자신에 대해 성찰하고, 주변과 소통할 수 있는 좋은 기회가 될 것"이라고 말했다.

장정삼 기자 jsjang@newsis.com

청주교도소는 '제30회 장애인의 날'을 맞아 23일 오전 소내 대강당에서 장애인 수형자 49명 및 장기 수형자 18명과 그 가족 등 200여 명이 참석한 가운데 가족 만남의 자리를 가졌다고 이날 밝혔다.

이날 만남은 수형자 가족들이 정성껏 준비한 음식을 함께 나누며 잠시나마 가족의 사랑을 확인하는 소중한 시간이 됐다.

이 자리에서 교도소 측은 신체적 장애에도 불구하고 성실하게 생활하는 장애인 수형자 18명에게 속옷 세트를 전달하고 위로했다.

청주교도소 관계자는 "이들이 출소 후에도 장애를 극복하고 사회에 잘 적응할 수 있도록 이 같은 행사를 마련하게 됐다"고 말했다.

박세웅 기자 swpark@newsis.com

7 향후 과제

1) 교정 현장에의 교정 사회복지사의 활동을 위한 제도의 개선

사회복지학을 전공한 전문 인력이 교정 현장에 근무할 수 있도록 제도적인 개선이 있어야 한다. 제도의 개선이나 새로운 제도의 마련은 국가적인 차원에서 결코 쉬운 일이 아니다.

이런 부분을 고려할 때 법무부의 교회 직 및 분류심사 직 공무원과 협력하면서 사회복지학 전공자를 투입할 수 있으며, 이들 공무원에게 사회복지학을 교육해 활동하게 할 수도 있다. 이러한 작업이 보다 순조롭게 이루어질 수 있도록 관련 전문 분야에서는 연구를 통한 교정 사회복지의 홍보를 부지런히 해야 한다.

2) 교정 사회복지에 대한 교육 및 연구의 활성화

전국적으로 사회복지학과를 포함하여 사회복지학과를 설치한 대학 전체가 교정 사회복지 과목을 개설하고 있지 않다. 특히 이 분야가 대학에서 연구하는 연구자에게 다른 분야에 비해 큰 매력이 없다고 회피하고 있으며, 더욱이 이 분야의 현장 활동이 폐쇄적이다 보니 연구하는 인력이 극소수에 불과하다. 이런 점들을 극복한 성실한 연구와 교육이 현장과 대학의 협력으로 이루어져야 한다.

3) 교정 사업에 대한 시민에의 홍보

교정 발전을 위하여 시민의 참여가 요구되는바 교정 당국에서 내걸었던 교정의 사회화가 행동으로 옮겨져 시민이 참여할 수 있도록 유도해야 한다. 이를 위해 구체적인 방안을 제시한다면 교정 사업에 대한 시민강좌, 시민 운동 등과 같은 것이 가능하다고 하겠다.

여기에는 범죄인 및 비행 청소년의 가족도 함께 참여시켜 이들의 사기를 북돋아 주고 활동에 동참하도록 유도하여야 한다. 이러한 일은 교도소의 실무자가 주부대학에 강사로 참여(광주지역)하고 있는 것처럼 교정 현장의 실무자나 대학의 관련 전문가 혹은 과거에 재소자였던 재활 인사 등이 이끌어갈 수 있다.

8 교정복지의 발전 과제

교정복지는 청소년 비행과 범죄자의 재활을 위한 방안으로써 더 과학적인 범죄인의 재활방안이 요구되고 있다.

첫째, 전문 인력의 양성과 자질 향상이 요청된다. 따라서 전문 프로그램을 수행할 수 있는 사회복지 인력의 선발과 기존 인력의 계속된 재교육이 이루어져야 할 것이다.

둘째, 교정시설의 개방화와 중간 시설의 활성화가 이루어져야 할 것이다. 청소년의 경우 외부와 차단된 시설에서의 생활은 사회복귀와 재활에 악영향을 미칠 것이다. 탈시설화와 지역사회 중심의 교정 활동을 위해 집단 가정이나 중간 처우의 집, 보호관찰제도, 갱생 보호제도 등을 활성화해야 할 것이다.

셋째, 교정 분야의 전문적 자원봉사활동이 활성화되어야 할 것이다. 자원봉사자들은 더 통합화된 체계와 조직 및 운영을 통해 관련 활동을 전개해야 할 것이며, 교정 분야의 전문 자원봉사자로서 적합한 교육 및 훈련을 이수하도록 해야 할 것이다.

넷째, 사회적 연계망의 활용이 요청된다. 비행 청소년의 행동 중 대부분은 부모와 가족과의 상호작용 결과이며, 가정이나 학교 환경 등에 많을 영향을 받은 것임에도 교정기관에서는 당사자 중심의 프로그램을 운영하고 있어 가정과 학교가 개입될 수 있는 프로그램의 개발이 요청된다.

다섯째, 교정 관련 연구의 활성화와 다양한 프로그램의 개발이 시급히 요청된다. 범죄가 존속하는 한 교정에 관한 연구지원과 관심은 증대되어야 하며, 다양한 교정복지 프로그램이 개발되어야 할 것이다.

CHAPTER 11

청소년복지 실천 현장의 이해

1 청소년복지의 개념

청소년기본법에서는 청소년복지의 다음과 같이 정의하고 있다.

> "청소년이 정상적인 삶을 영위할 수 있는 기본적인 여건을 조성하고 조화롭게 성장 발달할 수 있도록 제공되는 사회적 · 경제적 지원을 말한다."

청소년의 욕구나 문제를 충족하고 해결하기 위하여 청소년 복지정책에 기초한 실천을 통해 제공되는 서비스이며, 청소년이 성장하는 동안 겪을 수 있는 여러 가지 개인적 · 가정적 사회적 문제를 예방하고 해결해 줌으로써 청소년의 잠재 능력을 발휘하여 건강하고 책임 있는 사회 구성원이 되도록 돕는 것이다.

청소년(Adolescent)의 어원은 라틴어 동사 'Adolesere'에서 유래되었다. "성장한다", "성숙에 이르다"라는 의미이며, youth, teenager 등의 다양한 용어로 불리고 있다. 청소년의 연령 구분은 다양하게 규정되어 있다. 청소년기본법에서는 "9~24세" 이하로 규정되어 있으며 아동기에서 성인기로 전환해가는 시기이다. 청소년보호법 및 아동·청소년의 성 보호에 관한 법률에서는 19세 미만으로, 아동복지법에서는 18세 미만으로, 근로기준법에서는 15세 미만인 사람으로 각각 규정하고 있다. UN은 15~24세 연령집단을 청년(Youth)으로 범주화하고 있다.

2 청소년기의 특성

에릭슨(Erikson)은 삶의 주기를 8단계로 구분하여 심리 사회 발달 이론을 정립하였으며 청소년기는 14~19세로 자아정체성 형성기에 해당한다고 하였다. 청소년기의 특징은 신체적으로 호르몬 변화, 신장과 체중의 증가, 성적 측면의 성숙이 이루어지고, 심리적으로는 자아 정체감 형성 그리고 사회적으로, 부모로부터 개별화, 동성이나 이성 친구 또래에 몰입하는 특성을 가진다(이인정 외, 2020).

3 청소년 복지정책과 제도

가족기능 약화, 청소년 자살, 청소년 가출, 학교폭력, 인터넷중독 등 적절한 보호를 받지 못하는 환경에서 청소년을 보호하기 위한 법과 제도들이 시행되었다. 청소년 전화 1388, 위기 청소년 복지서비스 두드림존, 청소년 방과 후 아카데미 프로그램 등과 같은 사업들을 시행하고 있다.

1991년 청소년기본법 제정으로 아동복지와 분리하여 청소년복지라는 용어를 사용하였으며 아동과 청소년으로 이원화되었다. 청소년 부분은 청소년 활동과 복지 분야별로 이원화된 구조를 형성하고 있다. 1997년 청소년보호법, 2003년 청소년활동 진흥법과 2004년 청소년복지 지원법을 제정하고 시행되었다. 청소년복지는 여성가족부를 중심으로 통합되어 청소년정책이 수립 · 시행되고 있다.

여성가족부는 정부의 청소년 전담 조직으로 청소년의 복지 및 보호, 여성과 아동, 청소년에 대한 폭력 피해 예방 및 보호, 청소년의 활동 증진 및 역량 개발, 유해환경으로부터 청소년을 보호 · 지원하는 활동을 하고 있다. 여성가족부의 주요 업무는 다음과 같다.

구분	주요 업무
청소년정책과	청소년정책 총괄 · 조정, 청소년정책 연구개발 및 제도개선, 청소년 참여 및 권리 증진 등
청소년활동진흥과	청소년수련활동, 청소년국제교류, 문화 · 예술 체험활동 등 청소년 활동 진흥, 청소년수련시설 건립 지원 등
청소년 자립지원과	청소년 복지정책 총괄, 청소년 치료센터, 특별지원 청소년 지원, 위기청소년 사회안전망 · 상담 · 통합지원 등
청소년활동 안전과	청소년활동 안전 정책 총괄 및 교육 · 홍보, 청소년 유해 약물, 유해업소, 유해 행위 등 유해환경 개선
청소년보호 환경과	청소년보호 정책 총괄, 청소년 유해매체 환경개선, 청소년 유해매체물 심의 · 결정, 청소년 유해매체 물 모니터링, 청소년 인터넷중독 등 매체물 역기능 해소 등
학교 밖 청소년지원과	학교 밖 청소년에 관한 정책의 총괄, 사회적 편견과 차별 예방 및 사회적 인식 개선, 상담 및 교육지원, 취업 및 자립 지원 등

출처: 여성가족부(2020). 「2023 세계잼버리지원단」

4 청소년 관련 법률

- 청소년기본법(일반법): 청소년 육성의 원리와 정책에 관한 기본적인 사항을 규정한 법
- 청소년복지 지원법(특별법): 청소년기본법에 청소년복지에 관련된 규정을 보완한 법으로 법에 규정한 구체적 지원 내용은 다음과 같다.

- 지원 내용:
  - 기초적인 생활 지원: 기초생계비 및 숙식 지원 및 관련 서비스
  - 의료지원: 의료급여 및 관련 서비스
  - 학업 지원: 입학금 및 수업료, 교과서대, 학용품비, 부교재비, 학원비 지원 등
  - 직업훈련 지원: 진로상담, 직업체험비용, 직업훈련비용 지원서비스 및 취업알선 지원 등
  - 청소년활동 지원: 수련 활동비, 교류활동비, 청소년활동 관련 프로그램 및 기관 연계지원 서비스 등

5 청소년복지 현장: 청소년활동시설

청소년활동시설은 문화예술진흥법에 의한 시설로 청소년 수련시설과 청소년 이용 시설이 있다.

1) 청소년 수련시설

지역을 거점으로 청소년들이 지역에서 행복하게 성장하고 자신의 미래를 당당하게 준비할 수 있도록 지원하는 청소년 전용 시설이다. 청소년의 심신을 단련하고 자질을 배양하며 다양한 취미를 개발하고 정서를 함양할 뿐 아니라 필요한 기량과 품성을 함양하는 교육적인 활동으로서 청소년지도자와 함께하는 조직적인 체험활동을 청소년수련활동이라 한다.

청소년수련시설로는 청소년수련관, 청소년수련원, 청소년문화의집, 청소년 특화시설, 청소년야영장, 유스호스텔이 있다.

시설종류	시설 개념 기능 및 특성
청소년 수련관	• 다양한 수련 거리를 실시할 수 있는 각종 시설 및 설비를 갖춘 종합 수련시설 • 입지 조건은 일상 생활권, 도심지 근교 및 그 밖의 지역 중 수련 활동 시행에 적합한 곳으로서 청소년이 이용하기에 편리한 지역 • 시설은 연건축면적이 1,500제곱미터 이상이어야 하며, 둘째 150인 이상을 수용할 수 있는 실내 집회장, 연면적 150제곱미터 이상의 실내 체육 시설, 2개소 이상의 자치활동실, 2개 이상의 특성화 수련 활동 장, 1개소 이상의 상담실, 1개소 이상 휴게실, 1개소 이상 지도자실 이 필수 • 시 · 도지사 및 시장 · 군수 · 구청장은 시 · 군 · 구에 1개소 이상씩의 청소년수련관을 설치 · 운영해야 함(청소년활동 진흥법 제11조)
청소년 수련원	• 숙박 기능을 갖춘 생활관과 다양한 수련 거리를 실시할 수 있는 각종 시설과 설비를 갖춘 종합수련시설 • 입지는 자연경관이 수려한 지역, 국립 · 도립 · 군립공원, 그 밖의 지역 중 자연과 더불어 행하는 수련 활동 시행에 적합한 곳으로서 청소년이 이용하기에 편리한 지역 • 시설기준으로 100명 이상을 수용할 수 있는 생활관, 식당, 실내 집회장, 야외 집회장, 체육활동장, 수련의 숲, 강의실, 특성화 수련 활동 장, 지도자실, 휴게실, 비상 설비, 기타 시설 등을 설치 • 기본적인 기능은 청소년들에게 자연과 더불어 숙박을 하며 단체 수련 활동을 제공하는 것
청소년 문화의 집	• 간단한 수련활동을 할 수 있는 시설 및 설비를 갖춘 정보 · 문화 · 예술 중심의 수련시설 • 다양한 유형의 청소년수련시설 중 가장 작은 규모의 시설로 지역사회에 가장 근접한 지역에 위치하며 청소년들이 일상적으로 이용할 수 있는 시설 • 시 · 도지사 및 시장 · 군수 · 구청장은 읍 · 면 · 동에 청소년문화의 집을 1개소 이상 설치 · 운영해야 함(청소년활동 진흥법 제11조)
청소년 야영장	• 야영에 적합한 시설 및 설비를 갖추고 수련 거리 또는 야영 편의를 제공하는 수련시설 • 입지 조건은 자연경관이 수려한 지역, 국립 · 도립 · 군립공원, 그 밖의 지역 중 자연과 더불어 행하는 수련 활동 시행에 적합한 곳으로서 청소년이 이용하기에 편리한 지역
유스호스텔	• 청소년의 숙박 및 체류에 적합한 시설 · 설비와 부대 · 편익 시설을 갖추고, 숙식 편의 제공, 여행 청소년의 활동 지원(청소년수련활동 지원은 제11조에 따라 허가된 시설 · 설비의 범위에 한정한다)을 기능으로 하는 시설(2014.7.22. 시행) • 입지 조건은 명승고적지, 역사 유적지 부근 및 그 밖의 지역 중 청소년이 여행 활동 시 이용하기에 편리한 지역
청소년 특화시설	• 청소년의 직업 체험 · 문화예술 · 과학 정보 · 환경 등 특정 목적의 청소년활동을 전문적으로 실시할 수 있는 시설과 설비를 갖춘 수련시설 • 입지 조건은 일상 생활권, 도심지 근교 및 그 밖의 지역 중 수련 활동 시행에 적합한 곳으로서 청소년이 이용하기에 편리한 지역 • 사례로는 청소년문화교류센터, 청소년미디어센터, 청소년직업체험센터 등

출처: 청소년활동진흥법(2024). 제10조에 근거한 청소년활동시설.

구분	시설 수	비율(%)
청소년 수련관	202	23.5%
청소년 수련원	153	17.8%
청소년 문화의집	350	40.8%
청소년 야영장	34	4%
유스호스텔	105	12.2%
청소년 특화시설	14	1.6%
합계	858	100%

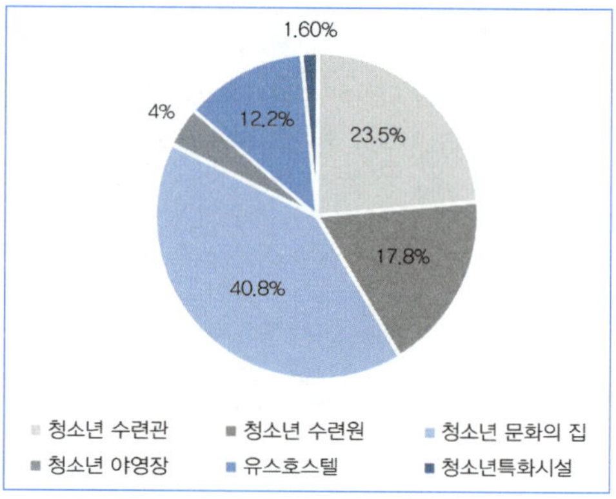

출처: 2024년 한국청소년수련시설협회(http://youthnet.or.kr/?page_id=80)

그림 11-1 **청소년수련시설 현황**

2) 청소년 이용 시설

수련시설이 아닌 시설로서 그 설치 목적의 범위에서 청소년활동의 실시와 청소년의 건전한 이용 등에 제공할 수 있는 시설이다.

제17조(청소년 이용 시설의 종류 등) ① 법 제32조 제4항에 따른 청소년 이용 시설의 종류는 다음 각호와 같다. 〈개정 2015.7.2〉

1. 「문화예술진흥법」 제2조 제1항 제3호의 문화시설
2. 「과학관의 설립 · 운영 및 육성에 관한 법률」 제2조 제1호의 과학관
3. 「체육시설의 설치 · 이용에 관한 법률」 제2조 제1호의 체육시설
4. 「평생교육법」 제2조 제2호의 평생교육기관
5. 「산림 문화 · 휴양에 관한 법률」 제13조, 제14조 및 제19조에 따른 자연휴양림
6. 「수목원 · 정원의 조성 및 진흥에 관한 법률」 제2조 제1호의 수목원
7. 「사회복지사업법」 제2조 제5호의 사회복지관
8. 시민회관 · 어린이회관 · 공원 · 광장 · 둔치, 그밖에 이와 유사한 공공용시설로서 청소년활동 또는 청소년들이 이용하기에 적합한 시설
9. 그밖에 다른 법령에 따라 청소년활동과 관련되어 설치된 시설

6 청소년복지 현장: 청소년복지시설

청소년복지시설은 청소년 지원법에 의한 시설로는 청소년 상담복지센터와 청소년복지시설 등이 있다.

1) 청소년 상담복지센터

청소년에 대한 상담 · 긴급구조 · 자활 · 의료지원 등의 업무를 수행하기 위하여 청소년 상담복지센터를 설치 · 운영할 수 있다.

2) 청소년복지시설

청소년복지시설에는 청소년쉼터, 청소년 자립 지원관, 청소년 치료 재활센터, 청소년 회복지원시설이 있다.

표 11-1 청소년복지시설의 종류

청소년 상담복지센터	① 청소년과 부모에 대한 상담 · 복지 지원 ② 상담 · 복지 프로그램의 개발 및 운영 ③ 상담 자원봉사자와 청소년기본법 제3조 제7호에 따른 청소년지도자에 대한 교육 및 연수 ④ 청소년 상담 또는 긴급구조를 위한 전화 운영 ⑤ 청소년 폭력 · 학대 등으로 피해를 본 청소년의 긴급구조, 법률 및 의료 지원, 일시 보호 지원 ⑥ 청소년의 자립 능력 향상을 위한 자활 및 재활 지원
청소년쉼터	가출청소년을 가정 · 학교 · 사회로 복귀하여 생활할 수 있도록 일정 기간 보호하면서 상담 · 주거 · 학업 · 자립 등을 지원하는 시설
청소년 자립지원관	일정 기간 청소년쉼터 또는 청소년 회복지원시설의 지원을 받았는데도 가정 · 학교 · 사회로 복귀하여 생활할 수 없는 청소년에게 자립하여 생활할 수 있는 능력과 여건을 갖추도록 지원하는 시설
청소년 치료 재활센터	학습 · 정서 · 행동상의 장애를 가진 청소년을 대상으로 정상적인 성장과 생활을 할 수 있도록 해당 청소년에게 적합한 치료 · 교육 및 재활을 종합적으로 지원하는 거주형 시설

청소년 회복지원시설	보호자 또는 보호자를 대신하여 소년을 보호할 수 있는 자에게 감호 위탁하도록 소년부 판사로부터 처분을 받은 청소년에 대해 보호자를 대신하여 그 청소년을 보호할 수 있는 자가 상담 · 주거 · 학업 · 자립 등 서비스를 제공하는 시설

7 청소년보호법에 의한 청소년 보호 · 재활 센터

청소년을 유해환경으로부터 보호 구제함을 목적으로 제정된 청소년보호법에 의하여 청소년 보호 · 재활센터를 설치 · 운영할 수 있다.

청소년 보호법
[시행 2020. 3. 24.] [법률 제17091호, 2020. 3. 24., 타법 개정]
여성가족부(청소년보호 환경과), 02-2100-6292

제1장 총칙
제1조(목적) 이 법은 청소년에게 유해한 매체물과 약물 등이 청소년에게 유통되는 것과 청소년이 유해한 업소에 출입하는 것 등을 규제하고 청소년을 유해한 환경으로부터 보호 · 구제함으로써 청소년이 건전한 인격체로 성장할 수 있도록 함을 목적으로 한다.

제35조(청소년 보호 · 재활센터의 설치 · 운영) ① 여성가족부 장관은 청소년유해환경으로부터 청소년을 보호하고 피해 청소년의 치료와 재활을 지원하기 위하여 청소년 보호 · 재활센터(이하 "청소년 보호 · 재활센터"라 한다)를 설치 · 운영할 수 있다.
② 여성가족부 장관은 청소년 보호 · 재활센터의 설치 · 운영을 청소년 보호를 목적으로 하는 법인 또는 단체에 위탁할 수 있다. 이 경우 청소년 보호 · 재활센터의 설치 · 운영에 필요한 경비의 전부 또는 일부를 지원할 수 있다.
③ 청소년 보호 · 재활센터의 설치 · 운영에 필요한 세부 사항은 대통령령으로 정한다.

8 기타 청소년복지 현장과 주요 프로그램

1) 청소년 전화 1388

가출 상담 전화 1588-0924와 청소년 긴급전화 1388이 통합되어 새롭게 탄생한 청소년 상담 전화로 청소년의 상담, 가출 위기 상담, 신고 등 모든 기능을 하나로 통합하여 서비스를 제공한다.

2) 두드림 존(Do Dream Zone) 프로그램

현재 학교 교육을 받지 않고 경제활동을 하지 못해 경제적·사회적·심리적 자립에 어려움을 겪는 청소년이 건강하고 올바르게 자립할 수 있도록 돕는 총괄(토탈) 자활 지원사업이다. 만15~24세까지 청소년이면 누구나 참여가 가능하다. 청소년에게 꿈을 준다는 의미의 무지개와 새싹을 로고로 하여 꿈(Dream)을 펼칠 수 있는(Do) 곳(Zone)이란 뜻이다.

3) 지역사회 청소년 통합 지원체계(CYS-Net)

청소년은 친구 관계, 학업, 가족, 진로 선택에서 경제적 문제, 적응, 가출, 비행, 폭력, 약물, 성 문제에 이르기까지 성장 과정에서 여러 가지 어려움을 겪는다. 지역사회 내 청소년 관련 자원을 연계하여 학업 중단, 가출, 인터넷중독 등 위기청소년에 대한 상담·보호·교육·자립 등 맞춤형 서비스의 제공을 통해 가정·사회로의 복귀를 지원하는 청소년 사회 안전망이다.

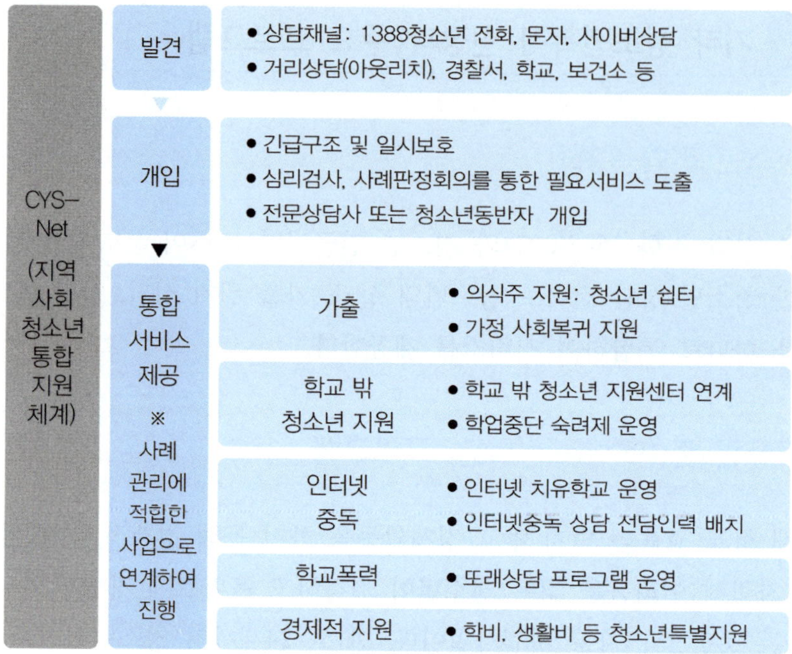

그림 11-2 **CYS-Net 운영 체계**

4) 교육복지 우선 사업

교육 및 문화적 여건이 상대적으로 열악한 저소득층 교육 취약계층 학생이 밀집한 학교를 대상으로 학교와 지역사회가 연계하여 교육, 문화, 복지 등 통합적인 지원을 함으로써 교육 취약계층 학생의 실질적인 교육 기회를 보장하고 교육격차를 해소하는 사업이다.

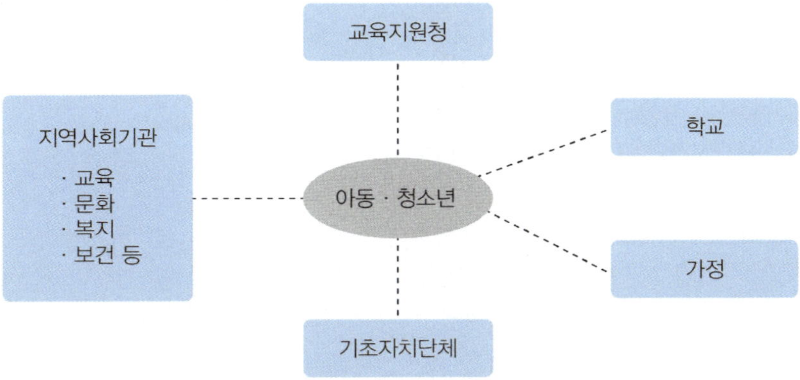

그림 11-3 **학교와 지역사회 연계체계도**

9 아동 청소년복지 현장의 전문 인력

아동 청소년복지 현장의 전문 인력으로는 관련 법에 의하여 여러 분야의 전문가들로 역할이 구분되어 있다.

- 청소년지도사 및 청소년 상담사: 청소년 수련기관 및 청소년 단체에서 청소년의 건전한 수련 활동을 지도하며 청소년기본법에 따른다.
- 사회복지사: 아동복지 관련 기관 및 시설에 근무하며 사회복지사업법에 의거한다.
- 아동복지 지도원: 상담, 집단지도, 비행 청소년 예방 등을 수행하며 아동복지법에 따른다.
- 아동보호전문기관 상담원: 학대 아동의 발견, 보호, 치료, 조사 등을 하며 아동복지법에 따른다.
- 아동복지시설 종사자: 아동복지법에 규정된 시설에 근무하여 관련 업무를 수행하며 아동복지법에 따른다.

CHAPTER 12

공공부조 실천 분야의 이해

1 사회복지 전담 공무원과 공공부조

1) 공공부조

국가 및 지방자치단체의 책임하에 생활 유지 능력이 없거나 생활이 어려운 국민의 최저생활을 보장하고 자립을 지원하는 제도를 말한다(사회보장기본법 제3조). 종래에는 '공적부조'라는 용어를 사용했으나, 1995년 12월 30일 제정된 사회보장기본법에서 '공공부조'라는 용어로 변경했다. 공공부조는 나라마다 달리 표현되고 있다. 우리나라와 일본, 미국에서는 법률상 공공부조 또는 공적부조(public assistance)로, 영국에서는 국가부조(national assistance)로, 프랑스에서는 사회부조(social assistance)로 표현한다.

공공부조에 대한 또 다른 협의의 개념은 자본주의의 모순이 심화함에 따라 빈곤이 발생했다는 역사적 인과관계를 인정해, 국가의 책임 하에 일정한 법령에 따라 공공비용으로 경제적 보호를 요구하는 자들에게 최저한도의 사회보장을 해 주는 것을 일컫는데, 이 역시 사회보장의 하나로 이해되고 있다.

비용을 국가 및 지방자치단체가 부담하여, 생활 보호, 의료보호, 재해 구조 등을 실시한다. 대상자의 자격을 심사할 필요가 있으며, 소득을 재분배하는 효과가 있다. 국가의 재정과 조세 부담이 증가하고, 급여의 무상성 때문에 근로 의욕이 상실될 우려가 있다.

2) 사회복지 전담 공무원

사회복지 전담 공무원은 공공부조 업무를 효율적이며 전문적으로 수행하기 위해 1987년 별정직 공무원인 사회복지 전문요원으로 처음 배치되기 시작하였고, 국민기초생활보장제도의 도입에 앞서 인적 인프라의 확충 차원에서 1999년 일반직 공무원인 사회복지 직렬로 재임용되기에 이르렀다. 이후 늘어나는 복지 수요에 대한 대응과 국민기초생활보장제도의 정착을 목표로 매년 단계적으로 충원되어 2005년 8월 전국에 7,200명에 이르게 되었고, 현재에도 계속하여 많은 수의 충원이 이루어지고 있다.

사회복지사업법 제14조에는 사회복지 전담 공무원의 역할을 '관할 지역 안의 사회복지를 있어야 하는 사람 등에 대하여 생활 실태 및 가정환경 등을 파악하고 사회복지에 관하여 필요한 상담과 지도를 행한다'라고 규정되어 있으나, 실제로 지방공무원으로 현장에서 수행하고 있는 업무영역은 매우 광범위하다. 실제로 사회복지직의 89%가 읍면동에서 근무하고 있으며, 각 읍면동에는 1~2명(전국 평균 1.7명)의 사회복지 전담 공무원이 복지업무의 대부분을 담당하고 있다. 또한 사회복지 전담 공무원의 지위는 1992년 개정된 사회복지사업법에 법적 근거 및 배치 기준이 명시되었고, 이후 지방공무원 임용령의 개정으로 사회복지 직렬이 5급에서 9급까지 신설되기에 이르렀다.

사회복지 전담 공무원의 분야별 업무로 보건복지부의 업무를 보면 공공부조로서 기초생활보장 사업 및 자활사업, 의료급여, 사회복지서비스로서 저소득 노인, 아동, 장애인 지원사업, 소년소녀가장 지원사업, 노인 일자리 사업, 경로당 지원사업, 아동 급식사업, 각종 차상위계층지원 사업 등을 담당하고 있다. 게다가 지방공무원으로서 각 지방정부의 시책 사업과 행정업무를 동시에 수행하고 있다(정종화, 2018).

이와 같은 사회복지 전담 공무원의 역할은 공공부조제도의 효과적 집행과 전문적인 사회복지서비스 수행, 공공 전달체계의 중추로서 과학적이고 사실을 반영한 자산조사로 요약될 수 있으며, 이는 사회복지사로서의 역할과 공무원으로서의 역할을 동시에 수행하는 것이다. 즉 사회복지 전담 공무원은 법과 규정에 따라 정책을 집행하고 자격을 심사하는 공무원의 역할과 대인 복지서비스를 제공하는 사회복지사의 역할을 동시에 수행하게 되는 것이다.

3) 사회복지 전담 공무원 시험

사회복지 전담 공무원은 사회복지사 자격증 소지자를 대상으로 한다.

사회복지 전담 공무원은 총 5과목의 시험을 보게 된다(국어, 영어, 국사, 행정법총론, 사회복지학개론).

각 과목당 20문제가 출제되며, 시험 시간은 100분이다(5×20=100, 즉 100문제를 100분 안에 풀어야 하고 OMR카드에 표시까지 해야 한다. 시험은 1년에 최대 3번까지 볼 수 있다.).

2 공공부조의 대상

빈곤은 빈민뿐만 아니라 전체 경제에 불안을 일으키는 요인이 되고 질병, 미행 및 부도덕을 초래한다. 그리하여 빈민 및 가족의 기본적 욕구를 해결하기 위하여 소득 보호, 의료보호 및 다른 서비스를 제공하는 공공부조가 있다. 이러한 욕구 결핍은 노령, 폐질, 가족 붕괴 등이 일어날 때 나타난다. 따라서 이것을 해결하기 위한 노력이 공공부조이다.

공공부조제도는 모든 국민을 대상으로 하는 것이 아니고 빈곤한 요보호자를 지원하기 때문에 선택(선별)주의는 보편주의와는 달리 자산조사에 의하여 빈곤선 이하의 요보호자를 선별하고 욕구에 따른 서비스를 행하며, 이것은 요구호자라는 낙인감을 주게 된다. 그러나 보편주의는 국민의 기본권인 복지권에 기초한 서비스를 제공하며, 전체 국민을 대상으로 개인적 존엄성을 존중하며 복지서비스의 재분배 효과가 있는 것이 특징이다(정종화, 2018).

1) 수급자 선정 기준의 변화

소득인정액 도입에 따라 수급자 선정 기준이 소득 평가액 기준, 재산 기준, 부양의무자 기준에서 소득인정액 기준, 부양의무자 기준의 2개 기준으로 통합하여 소득인정액 및 부양의무자의 기준을 충족한 가구이어야 한다.

<table>
<tr><th>변경 전('02년까지)</th><th colspan="2">변경 후('03년부터)</th></tr>
<tr><td>소득 평가액 기준</td><td>소득평가액</td><td rowspan="2">소득인정액 기준</td></tr>
<tr><td>재산 기준
금액 기준
실물 기준(주택, 농지, 승용차)</td><td>재산의 소득 환산액
(실물 기준 폐지)</td></tr>
<tr><td>부양의무자 기준</td><td></td><td>부양의무자 기준</td></tr>
</table>

2) 소득인정액 기준

(1) 기준

- 수급권자 가구 소득인정액의 기준은 중위소득이며 소득인정액이 중위소득의 30% 이하, 40% 이하, 45% 이하에 해당하는 가구는 각각 생계급여, 의료급여, 주거급여를 받을 수 있다.

(2) 2020년 최저생계비

- 최저생계비는 매년 보건복지부 장관이 고시한다.

[2024년도 생계급여 최저보장수준 및 선정기준]

(단위 : 원)

가구규모 2024년	1인가구	2인가구	3인가구	4인가구	5인가구	6인가구	7인가구
기준 중위소득 (A)	2,228,445	3,682,609	4,714,657	5,729,913	6,695,735	7,618,369	8,514,994
생계급여 선정 및 급여기준 (A의 32%)	623,368	1,036,846	1,330,445	1,620,289	1,899,206	2,168,394	2,432,255

해산급여 출생영아 1인당 700천원
장제급여 사망자 1구당 800천원
의료급여 : 의료급여법이 정하는 바에 따름
주거급여 : 국토교통부 장관이 정하는 기준에 따라 지급
교육급여 : 교육부장관이 정하는 기준에 따라 입학금, 수업료, 교육활동지원비 지급
자활급여 : 자활사업안내 참조

※ 생계급여의 최저보장수준은 생계급여와 소득인정액을 포함하여 생계급여 선정기준 이상이 되도록 한다(https://www.mohw.go.kr/menu.es?mid=a10708010500, 2024.8.5).

생계급여액 = 생계급여 최저보장수준(대상자 선정기준) - 소득인정액

[참조] 소득인정액 산정 방식

소득인정액 = 소득평가액 + 재산의 소득 환산액	※ 소득평가액 = (실제 소득-가구 특성별 지출 비용 - 근로소득공제) ※ 재산의 소득 환산액 - ((재산 - 기본 재산액-부채) X 소득 환산율)

3) 부양의무자 기준

1. 기준

<table>
<tr><th>부양의무자</th><th>부양능력</th><th>부양의무자기준</th></tr>
<tr><td>부양의무자 없음</td><td>-</td><td>부양의무자 기준 O</td></tr>
<tr><td rowspan="4">부양의무자 있음</td><td>부양능력 없음</td><td>부양의무자 기준 O</td></tr>
<tr><td>부양능력 미약</td><td>부양의무자 기준 △
(부양비 지원을 전제로 선정)</td></tr>
<tr><td>부양능력 있음
(부양불능, 기피 등)</td><td>부양의무자 기준 O</td></tr>
<tr><td>부양능력 있음(부양이행)</td><td>부양의무자 기준 X</td></tr>
</table>

- 부양의무자가 없거나 부양의무자가 있어도 부양 능력이 없거나 또는 부양을 받을 수 없는 경우

2. 부양의무자의 범위

- 수급권자의 1촌의 직계혈족(부모, 아들 · 딸 등) 및 그 배우자(며느리, 사위 등), 다만 사망한 1촌의 직계혈족 배우자는 제외한다(사위, 며느리, 계모, 계부 등).

3 공공부조의 방법

1) 국민기초생활보장제도

(1) 입법 배경

IMF 경제위기로 인하여 생계유지가 어려운 저소득층의 생활 안정을 위하여 생활 보호, 실업급여, 공공근로, 노숙자보호, 한시 생활 보호, 생업자

금융자 등 사회안전망 사업을 실시하였다.

많은 저소득층이 사회보장의 혜택을 전혀 받지 못하는 사각지대가 존재하여 국가가 모든 국민의 기본적인 생활을 제도적으로 보장해야 할 필요성이 대두되고 단순 생계 지원이 아닌 수급자의 자립 자활을 촉진하는 생산적 복지 지향의 종합적 빈곤 대책이 필요하다(정종화, 2018).

(2) 제정 의의

지난 40년간의 시혜적 단순 보호차원의 생활 보호제도로부터 저소득층에 대한 국가책임을 강화하는 복지 시책으로 대전환하였으며 국가의 보호가 필요한 절대빈곤층의 기초생활을 보장하되, 종합적 자립 자활 서비스 제공으로 생산적 복지를 구현하게 되었다.

(3) 국민기초생활보장제도의 주요 연혁

제도	주요 변화 내용
법 제정추진 경과	생활보호법을 대체하는 국민기초생활 보장법이 정부의 『생산적복지』 이념과 시민단체, 정당, 정부 등 전국민적 합의를 바탕으로 '99. 9. 7 제정, 1년여의 준비를 거쳐 2000년 10월 1일부터 시행됨 《추진 경과》 '98년 45개 시민단체가 '국민기초생활 보장법 제정 추진연대회의'를 구성하여 제정 청원 '98. 10 국민기초생활 보장법 발의 (국민회의 이성재 의원 외 102인) '99. 6. 21 대통령께서 『생산적 복지』를 새로운 국정 이념으로 채택하고 국민기초생활 보장의 제정 방침을 밝힘 '99. 7 국민 기본 생활 보장법 발의 (한나라당 김홍신 의원 외 131인) '99. 8. 12 국회 본회의 의결 '99. 9. 7 공포 (법률 제6,024호) 시군구 복지행정 시스템 구축 수급자 선정 · 관리 등 업무 효율화를 위해 시군구 행성 종합 정보화 사업 중 복지행징 분야를 조기 완료(행정자치부, 2000. 9월까지 복지행정 시스템 보급) 소득 · 재산조사의 실효성 확보를 위해 복지행정 시스템과 토지 · 건물 · 국세 · Work-Net, 공적연금 등 관련 전산망을 연계하는 생산적 복지 정보 공동이용 시스템 구축 (행정자치부, 2000년 10월부터 개통) 자활 지원사업의 시행 기반 확충 자활기업 지원 등 저소득층의 근로의욕 및 능력 향상을 위한 자활센터 확대 지정 ('99년 20개소 → 2000년 70개소 → 2001년 169개소 → 2002년 175개소) 취업 알선 등 고용서비스 제공을 위하여 시군구와 직업안정기관 간 연계 체계 구축
국민기초생활 보장법 시행을 위한 복지 인프라의 확충	사회복지 전담 공무원 확충 소득 · 재산조사, 수급자 선정 · 관리, 체계적인 자활지원 ('99년 3,000명 → 2000년 4,800명 → 2001년 5,500명 → 2002년 7,200명) '98년 45개 시민단체가 '국민기초생활 보장법 제정 추진연대회의'를 구성하여 제정 청원 '98. 10 국민기초생활 보장법 발의 (국민회의 이성재 의원 외 102인) '99. 6. 21 대통령께서 『생산적 복지』를 새로운 국정 이념으로 채택하고 국민기초생활 보장법의 제정 방침을 밝힘 '99. 7 국민 기본 생활 보장법 발의 (한나라당 김홍신 의원 외 131인) '99. 8. 12 국회 본회의 의결 '99. 9. 7 공포 (법률 제6,024호)

(4) 생활보호법과의 비교

구분	생활보호법	국민기초생활보장제도
법적 용어	• 국가에 의한 보호적 성격 - 보호 대상자, 보호기관	• 저소득층의 권리적 성격 - 수급권자, 보장기관, 생계급여 등
대상자 구분	• 인구학적 기준에 의한 대상자 구분 - 거택보호자: 18세 미만 아동, 65세 이상 등 - 자활보호자: 인구학적으로 경제 활동할 수 있는 근로 능력자	• 대상자 구분 폐지 - 근로 능력이 있는 자는 구분 - (대통령령으로 제정 예정) * 연령기준 외에 신체적 · 정신적 능력과 부양, 간병 * 양육 등 가구 여건 감안 가능
대상자 기준	• 보건복지부 장관이 정하는 소득과 재산 이하인 자 * '99년: 월 소득 23만 원/인 · 월 재산 2,900만 원	• 소득인정액이 최저생계비 이하인 자 * 소득인정액 = 개별가구의 소득평가액 + 재산의 * 소득 환산액
급여 수준	• 생계 보호 - 거택보호자에게만 지급 • 의료보호 - 거택보호: 의료비 전액 지원 - 자활보호: 의료비의 80% • 교육보호: 중고생자녀 학비 전액 지원 • 해산 보호	• 생계급여 - 모든 대상자에게 지급하되 근로 능력자는 자활 - 관련 사업에 연계하는 조건부로 지급 • 주거급여 신설 - 임대료, 유지 수선비 등 주거 안정을 위한 수급품 • 긴급급여 신설 - 긴급 필요시에 우선 급여를 실시 • 의료, 교육, 해산, 장제보호 등은 현행과 동일
자활 지원 계획	신설	• 근로 능력자 가구별 자활 지원계획 수립을 통한 • 체계적 자활 지원 - 근로 능력, 가구 특성, 자활 욕구 등을 토대로 자활 방향, 자활에 필요한 서비스, 생계급여의 조건 등을 계획 - 자활에 필요한 서비스를 체계적으로 제공하여 - 수급권자의 궁극적인 자활을 촉진

2) 긴급 지원

(1) 긴급 지원의 기본 원칙

가. 선지원 후처리 원칙

• 위기상황에 부닥친 자 등의 지원요청 또는 신고가 있는 경우 긴급 지원 담당 공무원의 현장 확인을 통해 긴급한 지원의 필요성이 인정

되면 우선 지원을 실시하고 나중에 소득, 재산 등을 조사하여 지원의 적정성을 심사한다.

나. 단기 지원 원칙

- 원칙적으로 1개월(의료지원의 경우 1회)만 지원하며 예외적으로 연장지원을 인정하며 이 경우에도 최대 6개월(의료지원 2회)까지만 지원한다.
- 지원이 종료되면 동일한 사유로 인해서는 다시 지원할 수 없다.

다. 타법률 지원 우선의 원칙

- 「재해구호법」, 「국민기초생활 보장법」, 「의료급여법」, 「사회복지사업법」, 「가정폭력방지 및 피해자보호 등에 관한 법률」, 「성폭력범죄의 처벌 및 피해자보호 등에 관한 법률」 등 다른 법률에 따라 긴급지원의 내용과 동일한 내용의 구호, 보호나 지원을 받는 경우에는 긴급 지원을 하지 아니한다.
- 지원요청 또는 신고를 받은 때 긴급 지원 담당 공무원이 판단하여 기초생활보장, 의료급여, 시설보호 등 다른 법률에 의한 지원의 대상이 되는 경우에는 먼저 해당 지원에 연계한다.

라. 현물지원 우선의 원칙

- 의료서비스 제공, 임시 거소 제공 등 지원의 본래 목적을 달성하기 위하여 현물지원을 우선하도록 하고, 현물지원이 곤란한 때에만 예외적으로 금전 지원을 한다.
- 생계지원과 그 밖의 지원 중 해산비, 장제비의 경우에는 금전 지원을 원칙으로 하고, 금전 지원이 곤란한 때에만 예외적으로 현물지원을 실시한다.

마. 가구 단위 지원의 원칙

- 가구 단위로 산정하여 지원하는 것을 원칙으로 한다.
- 가정폭력, 성폭력 또는 학대 등으로 인하여 위기 상황에 부닥친 자에 대해서는 폭력 또는 학대를 당한 자 및 그와 함께 보호를 받아야 하는 자를 하나의 가구로 본다.
- 다만, 의료지원의 경우에는 의료지원이 필요한 가구구성원에만 지원한다(개인단위 지원).

(2) 긴급 지원 체계도

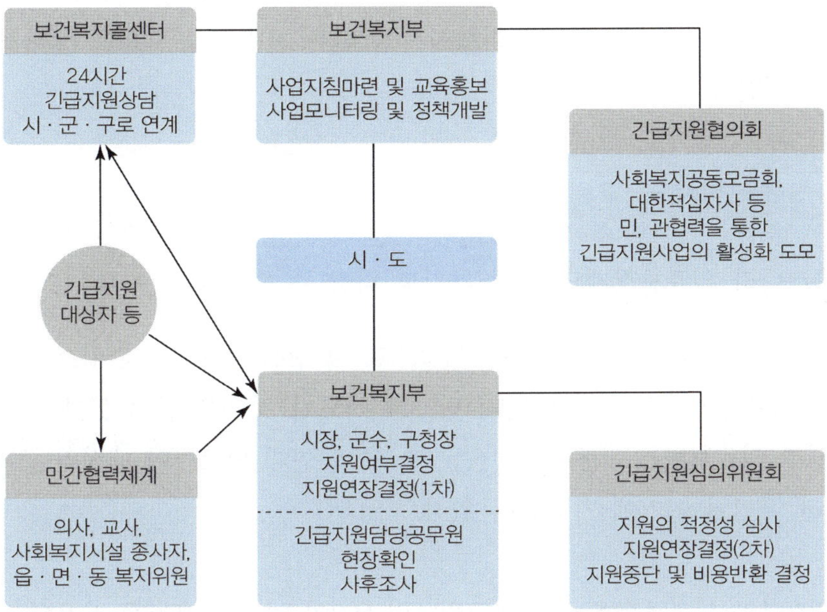

(3) 긴급 지원 대상자

가. 위기 사유

- 주소득자(主所得者)가 사망, 가출, 행방불명, 구금시설에 수용되는 등의 사유로 소득을 상실한 경우

- 중한 질병 또는 상처를 입은 경우
- 가구구성원으로부터 방임, 유기되거나 학대 등을 당한 경우
- 가정폭력을 당하여 가구구성원과 함께 원만한 가정생활이 곤란하거나 가구구성원으로부터 성폭력을 당한 경우
- 화재 등으로 인하여 거주하는 주택 또는 건물에서 생활하기 곤란하게 된 경우(화재 등이라 함은 화재, 산사태, 풍수해 등 포함)
- 보건복지부 장관이 고시하는 사유가 발생한 경우

나. 생계유지 등의 곤란

- "생계유지 등의 곤란"이라 함은 생세유지 곤란, 의료비 감당 곤란, 주거확보의 곤란 및 사회복지시설 이용 서비스가 필요한 상태를 의미한다.

3) 의료보장제도

우리나라 의료보장제도는 두 가지로 나눌 수 있다.

첫째, 생활 능력이 없는 자를 대상으로 국가에서 조세의 수입으로 운영하는 의료급여제도로 전 국민의 약 3% 정도가 적용을 받고 있다.

둘째, 의료보험제도(현재는 국민건강보험이라고 함)인데 의료급여 대상자를 제외한 전 국민이 여기에 가입되어 있다.

우리나라 의료보험은 1977년 7월 1일 500인 이상 근로자를 사용하는 사업장을 대상으로 처음 시작하여 1979년 7월에 공무원 및 교직원에 적용되었고, 1988년 1월에 농어촌에, 1989년 7월에 도시지역 자영자까지 확대 적용되어, 의료보험 도입 12년 만에 전 국민 의료보험 시대를 열었다.

의료보험은 조합 방식으로 운영해 오다 1998년 10월에 지역의료 보험조합(227개 조합)과 공무원 및 교직원 의료보험이 1차 통합하였고, 2000년

7월에 직장 의료보험 조합(137개 조합)까지 포함한 2차 통합을 거쳐 지금의 국민건강보험공단으로 운영되고 있다.

- 의료급여: 기초생활 보호 대상자 등
- 의료보험(국민건강보험): 의료급여를 제외한 전 국민

4) 자립 지원제도

(1) 종합 자활 지원계획

- 국민기초생활 보장법 시행('00.10월)에 따라 근로 능력이 있는 수급자 등 근로빈곤층의 자활을 체계적으로 지원하기 위해 자활 지원 수요, 자활사업 실시 및 재원 조달, 자활사업 실시기관 육성/지원 등에 관한 계획 수립

  ※ 법적 근거: 국민기초생활 보장법 제28조, 같은 법 시행령 제13조 및 제37조
- 자활사업 대상자의 근로 능력/욕구에 따라 자활 프로그램 제공
  - 보건복지부: 사회 적응, 지역 봉사, 자활근로, 자활기업, 창업지원 등
  - 고용노동부: 직업 적응훈련, 직업 알선, 취업 촉진 사업 등

(2) 자활 성과

- 수급자 / 차상위계층에게 근로 기회를 제공하여 근로 능력/의지 배양
- 정부 - 기업 협약을 통해 사회적일자리 창출
- 자활사업을 통한 사회복지서비스 확충
- 저소득층 자활 자립 촉진
  - 업그레이드형 자활근로 비중 확대
  - 사업단 / 수익금 증가
  - 자활기업 확대

12

- 저소득층 창업지원
  - 생업자금 융자(고정금리 3%) 지원은 무보증 및 보증 대출과 담보대출의 3가지 융자가 가능하며 가구당 각각 1,200만 원에서 5,000만 원까지는 담보 범위 내 가능하다.
  - 자활기업에 대해 무보증 창업자금 대출 및 창업지원 서비스 제공(서울시의 경우 누적 창업지원 가게는 370개 업체, 누적 지원금은 74억 원에 달한다).

(3) 평가 및 시사점

- 자활사업의 제한적 운영 및 내실화 미흡
- 근로유인 기능 취약
- 자활사업 전달체계의 전문성 및 효율성 부족
- 창업자금 지원 시 초기상담, 기술 경영지도 등 창업지원 서비스 제공 미흡

(4) 2020년 추진 방향

자활사례관리를 통해 자활방향 수립을 지원하며 자활을 위해 필요한 서비스 연계와 조정, 점검 및 사후관리 실시 ←

- 자활사업 확대 및 내실화
- 근로유인형 급여체계 강화
- 자활사업 전달체계 전문성 / 효율성 강화
- 저소득층 창업지원 개선

(5) 중점 추진 과제

- 2019년 말 기준 일부 지역을 제외한 전국 90개 지역자활센터에 사례관리사 배치
- 자활사례 관리 제반 업무의 수행

4 공공부조의 내용

1) 국민기초생활보장제도(정종화, 2018)

(1) 보장 절차

① 급여 신청

- 거주지 읍 · 면 · 동사무소에 수급권자 본인, 친족 및 기타 관계인이 신청하거나 사회복지 전담 공무원이 직권 신청(민간 사회복지사 등도 저소득가구 보장의뢰 가능)
- 구비서류: 급여신청서, 금융 정보 등 제공 동의서, 임대차계약서, 기타 요구 서류

② 조사

- 보장 가구 및 부양의무자 범위 확정
- 소득 재산 신고자료 및 행복e음(사회복지 통합관리망)을 통해 공적 자료확인, 금융자산 조회 실시
- 기타 수급권자의 생활 실태 조사, 공적 자료에 의하지 않은 대상자는 지출실태표에 따른 소득 확인 추가 조사
- 근로 능력 판정 절차에 따라 가구 특성, 장애 유무, 진단서 등을 통해 대상자의 근로 능력 판정

③ 급여 결정

- 조사 결과에 따라 급여 실시 여부와 급여내용 결정
- 결정 내용을 수급권자가 원하는 통지 방법(전자우편, SMS, 서면) 선택

- 결정 내용에 이의가 있는 경우 통지를 받은 날부터 60일 이내 이의신청 가능

④ 급여 실시

- 수급자로 선정된 가구 또는 개인에 대하여 결정된 급여를 제공
- 급여의 종류: 생계급여, 주거급여, 교육 급여, 해산급여, 장제급여, 의료급여, 자활급여
- 생계 및 주거급여는 현금으로 지급, 기타 급여는 필요한 가구에 현물로 지급

⑤ 확인 조사

- 공적 자료 변동 사항은 행복e음(사회복지 통합관리망)을 통해 주기적으로 실시
- 공적 자료에 의하지 않은 대상자는 시군구 연간계획에 따라 확인조사 실시
- 확인 조사 결과에 따라 변동 사항이 있는 경우 급여 변경, 급여 중지 등 결정

※ ⑤에서 다시 ③

⑥ 보장 중지

- 확인 조사 결과 부양의무자 및 소득 재산상의 변동으로 인해 선정 기준을 초과하는 경우 급여 중지
- 일부 부정수급자 등에 대해서는 보장 비용 징수 기준에 의거하여 보장 비용 징수

(2) 조사 내용

① 조사의 내용

일반원칙	급여 신청이 있는 경우 보장기관은 수급권자 · 부양의무자의 신고된 사항을 행복e음(사회복지 통합관리망)을 통해 공적 자료조사와 실태조사를 실시하며, 급여 결정 이후에도 공적 자료 변동에 의한 조사 및 시 · 군 · 구청장의 연간 조사계획에 따라 주기적인 확인 조사 실시
조사 내용	- 부양의무자 유무, 부양 능력 및 부양 여부 - 수급권자와 부양의무자의 소득 및 재산 - 수급권자의 근로 능력 · 취업상태 · 자활 욕구 등 자활 지원계획수립에 필요한 사항 - 기타 수급권자의 건강 상태 · 가구 특성 등 생활 실태
조사 방법	- 행복e음(사회복지 통합관리망)을 통해 공적 자료 우선 적용 - 금융 재산조사: 금융거래 정보 제공동의서를 제출한 수급자 및 부양의무자를 대상으로 전국 일제 조사
	- 실태조사: 행복e음(사회복지 통합관리망)을 통한 공적 자료가 불충분한 경우 지출 실태조사에 의한 소득 확인 추가 조사
자료 제출 요구	보장기관은 조사에 필요한 자료를 제출토록 요구할 수 있으며, 정당한 사유 없이 이를 거부 · 방해 · 기피하는 경우는 급여 신청을 각하할 수 있음

② 소득 조사

소득평가액 산정	소득은 실제 소득을 조사하되, 선정 기준에 적용하는 소득은 실제 소득에서 가구 특성에 따른 지출 비용과 근로소득 공제액을 차감하고 남은 금액(소득평가액)임
소득 조사	- 수급자 선정 기준의 “소득”은 소득평가액을 의미. 행복e음(사회복지 통합관리망)을 통한 공적 자료를 반영, 실제 소득에 포함되는 소득에는 근로소득, 사업소득, 재산소득, 기타소득, 추정 소득이 포함
공제 소득	가구 특성에 따른 지출 비용: 경로연금(노인복지법), 장애 수당, 장애아동부양수당 및 보호 수당(장애인복지법), 아동 양육비(모부자복지법), 소년소녀가장 세대 지원금(아동복지사업 지침) 등은 소득에서 공제 - 근로소득 공제액: 장애인이 직업재활 사업에 참여해 얻은 소득, 자활기업에 참가하여 얻은 소득, 학생이 얻은 근로소득 및 사업소득, 공공근로에 참가하여 얻은 소득의 30%, 행정 인턴 10%를 소득에서 공제
조사 방법	- 행복e음(사회복지 통합관리망)을 통한 공적 조사
	- 금융 재산조사: 금융거래 정보 제공동의서를 제출한 수급자 및 부양의무자를 대상으로 전국 일제 조사
	- 실태조사: 행복e음(사회복지 통합관리망)을 통한 공적 자료가 불충분한 경우 지출 실태조사에 의한 소득 확인 추가 조사
자료 제출 요구	보장기관은 조사에 필요한 자료를 제출토록 요구할 수 있으며, 정당한 사유 없이 이를 거부 · 방해 · 기피하는 경우는 급여 신청을 각하할 수 있음

③ 재산 조사

- 일반재산
  건축물, 토지, 주택 · 상가 등에 대한 임차보증금, 선박, 기타 가축 · 종묘 등 100만 원 이상의 동산 등
- 금융 재산
  조사 대상 가구의 가구원 명의의 현금, 수표, 어음, 주식, 국 · 공채 등 유가증권, 예금, 적금, 부금, 저축성보험 및 수익증권 등
  생활준비금 300만 원, 3년 이상 장기 금융저축액(1가구 1통장 연 300만 원 한도(연 900만 원)에서 공제
- 승용차
  지방세법 제124조에 의한 자동차 중 조사 대상자 가구의 가구원 명의 차량
- 기본 재산액: 보장 가구의 기초생활 유지에 필요하다고 인정되어 소득 환산에서 제외되는 금액

(3) 급여 수준

- 급여의 종류: 생계급여, 주거급여, 자활급여, 교육 급여, 해산급여, 장제급여, 의료급여
- 생계급여: 수급자에게 의복, 음식물 및 연료비, 기타 일상생활에 기본적으로 필요한 금품을 지급하는 것으로 생계급여 지급 기준에서 가구의 소득인정액을 차감하여 산정한 금액(보장시설수급자는 별도의 급여기준에 의해 지급)
- 주거급여: 국토교통부 장관이 정하는 기준에 따라 지급
- 교육 급여: 교육부 장관이 정하는 기준에 따라 입학금, 수업료, 교과서대, 부교재비, 학용품비 지급
- 해산급여: 출생 영아 1인당 700천 원
- 장제급여: 800천 원

- 자활급여: 자활사업안 내 참조
- 의료급여: 의료급여법이 정하는 바에 따름

(4) 취약계층 특별 보호 대책

① 주거가 일정하지 않은 취약계층에 대한 특별보호

비닐하우스, 판자촌, 쪽방 등에 거주하는 자, 노숙자 등으로서 주민등록상의 문제로 인하여 기초생활보장 수급자가 될 수 없었던 자에 대한 보호대책(정종화, 2018)

수급권자가 실제 거주지 내에서 최소 거주기간(1개월) 이상을 지속적으로 거주하고 있음이 확인되는 경우, 주민등록 확인 또는 '기초생활보장 번호 부여'를 통하여 실제 거주하는 지역의 시장·군수·구청장이 보호

② 교정시설 출소 예정자에 대한 특별 연계 보호 방안

교정시설 출소자 중 생활이 어려워 국가의 보호가 필요한 자가 기초생활보장 제도에 대한 이해 부족 등의 사유로 보호가 필요한 시기에 적절히 보호받지 못하여 사회 적응 곤란, 재범 유혹, 노숙인으로 전락 또는 사망에 이르는 문제 해소를 위하여 「급여 신청의 특례」를 부여한다.

교정시설 출소 예정자 중 생활이 어려운 자에 대하여 출소 전에 소득 및 재산조사를 통해 수급 자격을 확인한 후, 출소 즉시 수급자로 결정하여 생계급여 등을 지원함으로써 보호가 필요한 시기에 기초생활을 보장한다.

③ 지역사회 자원 활용을 통한 민관 연계 보호 체계 운영방안

지역사회의 민간 사회복지사, 유관 공공기관 등의 협조를 받아 기초생활보장 제도에 대한 이해 부족 등으로 국가의 보호를 받지 못하고 있는 저소득 주민을 적극 발굴하는 '찾아가는 복지' 실천을 위한 대책이다.

민간 사회복지사 등에게 국가의 보호가 필요한 저소득 주민에 대하여

관할 보장기관에 보호 의뢰할 수 있도록 권한을 부여하였으며, 보호 의뢰를 받은 보장기관을 수급권자 여부를 즉시 확인하여 조치한다.

보장기관이 전기, 수도, 가스 등 공급기관으로부터 요금 체납 등으로 서비스 공급이 중단되는 저소득 가구에 대한 명단을 통보받아 생활 실태 등에 대한 조사를 통해 수급자 선정 여부를 검토한다(정종화, 2018).

2) 긴급 지원

(1) 지원의 종류 및 지원 내용

① 생계 지원

가. 지원 대상자

- 위기 상황으로 인하여 생계유지가 곤란한 자

나. 지원 방법 및 절차

- 원칙: 금전 지원
  - 지원 결정 후 지체 없이 긴급 지원 대상자 명의의 금융기관 또는 체신관서 계좌로 입금함
  - 다만, 금융기관 또는 체신관서가 없는 등의 사유로 계좌 입금이 곤란한 경우 긴급 지원 대상자에게 직접 지급할 수 있음
- 예외적으로 현물지원
  - 긴급 지원 대상자가 거동하기가 불편하여 금융기관을 이용하기 어렵거나, 직접 물품을 구매하기 곤란한 경우 등 현금으로 지원하는 것이 적당하지 아니한 경우에는 현물을 지원할 수 있음

다. 지원기준

- 생계 지원 기준: 식료품비, 의복비 등 생계유지에 필요한 비용 또는 현물지원이며 4인 기준 1천230원이다.

라. 지원 기간

- 원칙: 1개월 지원
- 지원연장
  - 시장, 군수, 구청장이 긴급 지원 대상자에게 위기 상황이 계속되고 있다고 판단하는 경우에는 2개월의 범위 안에서 지원 연장 가능
  - 2개월의 연장 지원에도 불구하고 위기 상황이 계속되는 경우에는 긴급 지원심의위원회의 심의를 거쳐 3개월의 범위 안에서 지원 연장 가능

12

② 의료지원

중한 질병 또는 부상으로 인해 발생한 검사, 치료 등 의료서비스 및 약제비 지원 300만 원 이내

③ 주거지원

임시 거소 제공 또는 이에 해당하는 비용. 대도시 4인 기준 6,432천 원

④ 교육지원

수업료, 학교 운영비 등
(초) 2261천 원, (중) 3572천 원, (고) 4322천 원 및 수업료, 입학금

⑤ 사회복지시설 이용지원

사회복지시설 입소 또는 이용 서비스에 필요한 비용. 4인 기준 1,450천 원

⑥ 그 밖의 지원

동절기 연료비(9만8천 원), 해산비(70만 원), 장제비(80만 원), 전기요금(50만 원 이내)

3) 기초 의료보장

(1) 선정 기준

① 의료급여 수급권자의 유형

- 의료급여 수급권자(1종)

국민기초생활보장 수급권자(근로 무능력 세대)
이재민, 의사상자, 국가유공자, 무형문화재보유자, 북한이탈주민, 광주 민주화 보상자, 입양아동(18세 미만), 행려병자

- 의료급여 수급권자(2종)

국민기초생활보장 수급권자(근로 능력 세대)

② 수급권자 유형별 선정 기준 유형 선정 기준

- 1종: 국민기초생활 보장법에 의한 수급자
- 2종: 국민기초생활보장 수급권자 중 의료급여 1종 수급권자 기준에 해당하지 않는 자

(2) 자격 관리

① 수급권자 유형별 선정 절차

가. 수급권자 유형별 선정 절차

- 국민기초생활보장 수급권자 또는 차상위 의료급여 수급권자

- 신청주의 원칙: 신청(수급권자) → 조사(읍 · 면 · 동) → 결정(시군구) → 자격상실 사유 발생 시 자격상실 조치(시군구)
- 행려병자
  - 행려병자 발생 → 시, 군, 구에서 응급진료 조치 → 경찰관서의 무연고자 확인 → 행려병자 관리번호부여(시 · 군 · 구) → 건강이 회복되거나 퇴원 시 의료자격 상실 조치(시 · 군 · 구)
- 타법 의료급여 대상자
  - 타법 관할 행정기관으로부터 "법정 요건 충족 자"로 확인(해당 행정기관) → 의료급여 지원 명단을 관할 시, 군, 구에 통보(해당 행정기관) → 의료급여 기준 충족 확인 및 결정(시군구) → 법정요건 상실 시 의료급여 자격 상실 조치(시군구)

② 급여 개시 및 종료

가. 의료급여 개시일

의료급여수급권자는 원칙적으로 수급권자로 결정된 날 다만, 행려환자, 의사상자는 진료를 시작한 날부터 급여 실시

나. 의료급여 종료일

의료급여 수급권자는 의료급여 수급권자 요건에 해당하지 아니하게 된 때부터 종료함

③ 의료급여증

가. 의료급여증 발급

수급권자를 선정한 때 의료급여증 발급

나. 의료급여 종료일

1종에서 2종으로 또는 2종에서 1종으로 수급권자 자격이 변경된 경우, 기존 의료급여증 회수 및 새로운 의료급여증 발급

12

(3) 급여 절차

① 의료급여기관

가. 의료급여기관의 범위

- 의료법에 따라 개설된 의료기관
- 지역보건법에 따라 설치된 보건소, 보건의료원 및 보건지소
- 농어촌 등 보건의료를 위한 특별조치법에 따라 설치된 보건진료소
- 약사법에 따라 등록된 약국

나. 의료급여기관의 유형

- 제1차 의료급여기관
  - 의료법에 따라 시장, 군수, 구청장에게 개설 신고를 한 의료기관
  - 지역보건법에 따라 설치된 보건소, 보건의료원 및 보건지소
  - 농어촌 등 보건의료를 위한 특별조치법에 따라 설치된 보건진료소
  - 약사법에 따라 등록된 약국
- 제2차 의료급여기관
  - 의료법에 따라 시 · 도지사가 개설허가를 한 의료기관
- 제3차 의료급여기관
  - 제2차 의료급여기관 중에서 보건복지부 장관이 지정하는 의료기관

② 의료급여 절차

가. 의료급여 이용 절차

의료급여 수급권자는 1차 의료급여기관에 의료급여를 우선 신청

의료급여 수급권자가 1차 의료급여기관 진료 중 2차 또는 3차

의료급여기관 진료가 필요한 경우 진료 담당 의사가 발급한 의료급여의뢰서를 7일 이내에 해당 의료급여기관에 제출

나. 의료급여 이용 절차 예외

다음의 경우 제2차 또는 제3차 의료급여기관에 우선 의료급여를 신청 가능

① 응급의료에 관한 법률 제2조 제1호에 해당하는 응급환자인 경우

② 분만의 경우

③ 의료급여법 시행령 제2조 제2호의 규정에 해당하는 자(107개 희귀난치성 질환자)가 의료급여를 받고자 하는 경우

④ 제2차 의료급여 기관 또는 제3차 의료급여 기관에서 근무하는 수급권자가 그 근무하는 의료급여 기관에서 의료급여를 받고자 하는 경우

⑤ 장애인복지법 제29조의 규정에 의하여 등록한 장애인이 장애인보장 기기를 지급받고자 하는 경우

⑥ 단순 물리치료가 아닌 작업치료, 운동치료 등의 재활치료가 필요하다고 인정되는 자가 재활의학과에서 의료 급여를 받고자 하는 경우

⑦ 한센병 환자가 의료급여를 받고자 하는 경우

⑧ 장애인복지법 제29조의 규정에 따라 등록한 장애인이 의료급여를 받고자 하는 경우

⑨ 국민건강보험법 시행령 제32조 제1호에 해당하는 지역의 의료급여 수급권자가 의료급여를 받고자 하는 경우

⑩ 국가유공자 등 예우 및 지원에 관한 법률 시행령 제14조에 의한 상이등급을 받은 자가 의료급여를 받고자 하는 경우

※ 다만, 의료급여수급권자가 ①～⑤호의 경우 제2, 3차 의료급여기관에 신청 가능하고, ⑥～⑩호의 경우 제2차 의료 급여기관에 신청 가능

(4) 급여 제한

① 의료급여의 제한

- 의료급여법 제15조 제1항 제1호: 수급권자가 자신의 고의 또는 중대한 과실로 인한 범죄행위에 기인하거나 고의로 사고를 발생시켜 의료급여법 제7조의 규정에 의한 의료급여가 필요하게 된 경우
- 의료급여법 제15조 제1항 제2호: 제삼자의 고의 또는 과실로 인하여 의료급여법 제7조의 규정에 의한 의료급여가 필요하게 된 경우
- 의료급여법 제15조 제1항 제3호: 수급권자가 정당한 이유 없이 법의 규정이나 의료급여기관의 진료에 관한 지시에 따르지 아니한 경우

4) 자립 지원

(1) 대상자 선정

① 자활사업 흐름

차상위계층 / 기초생활수급자 → 읍 · 면 · 동 / 시 · 군 · 구 → 자활사업 실시기관(지역자활센터 등) → 자활

② 자활사업 대상자 선정

가. 근로 능력자 판정

18~64세 이하의 수급자 및 자활사업 참여 희망 차상위계층 중 근로무능력자에 해당하지 않는 자

※ 차상위 계층: 신규참여자 및 판정이 필요하다고 보장기관이

인정한 자부터 적용

- 중증장애인
- 질병, 부상 또는 후유증으로 3개월 이상 치료가 필요한 자
- 임산부(임신 중이거나 출산 후 6개월 미만)
- 사회복무요원 등 법률상 의무 이행 중인 자

나. 조건부와 제외 및 유예

개별 가구 또는 개인 여건 등으로 자활사업 참여가 곤란한 자

근로 또는 사업에 종사하는 대가로 소득을 얻고 있는 자

환경 변화로 적응 기간이 필요하다고 인정되는 자(3개월)

기타 자활사업 참여가 곤란하다고 보건복지부 장관이 정하는 자

경증 장애인

질병, 부상 등으로 참여가 곤란하다고 시·군·구청장이 결정한 자

시험 준비, 직업훈련, 학원 수강생, 18세 이상 고등학교, 대학교 중퇴 및 휴학생

북한이탈주민(1년간 유예)

다. 가구별 자활 지원계획 수립

근로 능력, 자활 욕구, 취업상태, 가구 여건을 감안하여 가구별 자활 지원계획 수립

조건부 수급자 유형 구분

근로 능력 점수에 따라 경로별 자활프로그램 배치

연령, 건강, 직업 이력 및 학력, 재량점수(근로 욕구 등) 반영

라. 복지행정 시스템 입력관리

자활 지원계획 수립 → 급여계획 및 결정 → 조건 이행 관리 → 평가 및 종결

※ 평가는 분기별로 실시, 지속 및 변경 여부 결정 입력

(2) 자활사업 프로그램

① 사회 적응 프로그램

가. 사업 대상자

- 근로의욕 미약 자 또는 사회 적응에 필요한 자활 의욕 회복이 필요한 자(수급자)
- 참여자 지원: 실비 5,000원/일

나. 사회 적응프로그램 실시기관(40개소)

- 운영 예산지원: 2,200만 원/년
- 기관 지정: 시 · 도

다. 프로그램 내용

- 근로의욕 고취 및 사회 적응 교육
- 사례 관리 및 집단 프로그램, 지역 연계 활동

② 지역 봉사사업

가. 사업 대상자: 근로 능력이 낮아 지역사회 자원봉사활동 등을 통해 근로의욕 유지가 필요한 자

나. 사업 실시기관: 지자체 또는 자원봉사센터, 복지관 등 민간위탁기관

다. 사업 내용: 교통지도, 지역 환경정비, 공원 관리 등 지역 실정에 맞는 사업 추진

③ 자활근로 사업

가. 기본 방향 및 사업 규모

- 저소득층에게 자활을 위한 근로의 기회를 제공하는 사업

- '간병, 집수리, 청소, 자원재활용, 음식물 재활용'의 5대 전국표준화 사업과 지역 실정에 맞는 특화된 사업 개발 추진(86개 업종)

나. 사업 참여 조건 및 기타 급여

- 정상 근무시간: 1일 8시간, 주 5일 근무 원칙(근로 유지형은 1일 5시간, 주 4일)
- 사회적일자리 형은 1일 7시간, 주 5일 원칙(단, 복지도우미는 정상 근무시간 적용)
- 초과근무 및 휴일 근무는 정상 근무시간의 조정이 원칙
- 주차 및 월차수당
- 주차 수당은 주 5일 이상 근로조건인 경우에만 지급
- 월차수당은 만근 시 유급휴일에 대한 급여로서 지급

※ 경조사 등 사전(또는 사후) 승인을 받은 불참, 지각, 조퇴의 경우 주, 월차 인정

다. 사업 실시기간

- 시장진입형은 12개월 계속 추진
- 사회적일자리 형은 10개월 원칙(단, 연속 추진이 필요한 사업의 경우 시·군·구청장이 결정)
- 근로 유지형은 10개월 원칙

④ 자활 소득공제(자활장려금) 사업

가. 자활근로 소득의 일정 비율을 '자활장려금'으로 지원하여 수급자의 근로의욕을 고취함으로써 일을 통한 복지(work fare)의 실현

나. 자활 소득공제 대상 및 공제율(30%)

- 직업재활 사업 참여 장애인 수급자
- 자활근로 및 자활기업 참여 수급자, 학생(휴학생은 1년간 공제)

※ 평생교육법의 규정에 의한 원격대학에 등록된 학생(사이버대학생)도 '06.7.01부터 소득공제 적용
개인별 자활장려금 = 자활 참여 소득 × 30% − 생계급여 기준 초과 소득

(3) 창업자금 지원

① 창업자금 지원

저속득층 생업자금 융자(80억)	기초생활보장 기금
- 수급자 또는 차상위계층(150%까지) - 자활을 위한 사업의 창업, 운영 - 1,200~2,000만 원(3%) 5년 거치 5년 상환 무보증대출 시행 - 재산세 2만 원 이상 또는 연 소득 600만 원 이상 보증인 요건 - 재산세 2만 원 이상 또는 연 소득 800만 원 이상	자활사업의 재원으로 활용하기 위한 기금 (지자체 기금보례제정 및 기금 설치) 기금 활용 방법 - 자활기업 사업자금 대여 - 자활기업 사업자금의 이차보전 - 자활사업 실시기관 지원 * 채권 확보가 어려운 자에 대하여(가칭) 기금 심사위원회의 사업 계획서 심사, 평가를 통한 무담보 대출 활성화 추진 - 전세 점포 임대 지원사업 * 개인, 사업단, 공동체 대상 * 2천만 원~1억 원 한도의 임대보증금 * 고정금리 연 3% 이내(최대 6년까지) * 채권 확보(임대차계약서 특약 명기) * 월세 부담은 사업단 매출액 원칙, 초기 6개월간 자활근로 예산에서 지원 가능

② 자활기업 창업자금 지원사업(20억 원)

- 목적: 자활기업에 대한 창업자금 지원 및 기술, 경영지도 등 사전 사후관리 서비스를 제공하여 기초생활보장 수급자 등 저소득층의 경제적 자립 유도 및 생활 안정 도모
- 대상: 기초생활보장 수급자가 1/3 이상 참여하고 시·군·구청장의 대출 추천을 받은 자활기업

• 업무 위탁기관
  사회연대은행: 서비스, 외식, 유통, 제조업 등 도시형 자활사업
  신나는 조합: 농업 · 어업 · 임업, 축산업, 광업 등 농어촌형 자활사업

• 대출 조건(고정금리 2%, 1년 거치 4년 상환)
  – 전세 점포 임대: 5천만 원 이하
  – 창업, 운영자금: 2천만 원 이하
• 대출 절차: 신청인 → 시 · 군 · 구청장(추천서 발급) → 업무 위탁기관(지원 대상 선정 및 사전, 사후관리 서비스 제공)

(4) 자활사업 지원체계

① 지역자활센터

근로 능력 있는 기초생활보장 수급자 등 저소득층에게 집중적 체계적으로 자활 촉진에 필요한 사업을 수행하는 민간기관(전국 250개 지정, 운영)

전국 250개의 지역자활센터(2019.02)가 자활사업을 수행하며, 정부, 지자체, 지역자활센터(민간 운영 법인)가 협력하여 사례 관리, 교육, 자활 근로 사업, 자활기업 지원, 자산 형성 지원사업 등으로 저소득계층의 자활을 지원한다.

• 자활과 재활의 차이
  – 자활(自活): 자기의 스스로의 힘으로 살아간다는 말로, 어려움에 처해 있는 사람에게 고기를 잡아주기보다 낚시하는 방법과 도구를 지원하여 근본적인 변화를 추구함
  – 재활(再活): 신체적 · 정신적 장애를 극복하여 생활한다는 말로, 기능 회복 및 유지를 위한 운동, 작업, 언어치료 등을 실시하는 것을 추구함

- 대출 목적

  자활기업에 대한 창업자금 지원 및 기술, 경영지도 등 사전 사후 관리 서비스를 제공하여 기초생활보장 수급자 등 저소득층의 경제적 자립 유도 및 생활 안정을 도모한다.

- 지정신청 및 지정

  자활센터로 지정을 받고자 하는 자는 관할 시장, 군수, 구청장 및 시도지사를 거쳐 복지부 장관에게 신청
  - 자활센터 지정신청서[자활 서식 9호]
  - 법인인 경우 법인 등기부 등본 및 정관 사본, 단체의 경우 회칙, 규약 사본
  - 사업계획서

- 지자체의 의견을 들어 보건복지부 장관이 지정

- 자활센터의 운영

  자활 의욕 고취 교육, 자활 정보제공 및 취업 알선 자활기업
  자활기업 설립 및 지원, 자활을 위한 각종 사업 수행

- 자활센터에 대한 지원
  - 운영비용 지원
  - 국, 공유재산의 무상 임대 및 사업 우선 위탁 및 구매
  - 자활센터 운영비 지원: 사업 추진 실적과 성과를 반영하여 규모에 따른 유형별 예산 차등 지원

- 자활센터 평가 및 지도, 감독
  - 정기적으로 사업실적 및 운영 실태 평가
  - 자활센터에 대한 지자체의 지도, 감독

- 자활센터는 양도, 양수할 수 없으므로 지정취소가 원칙
- 다만, 관할 시·군·구청장이 참여 수급자의 자활 후견 목적 달성을 위하여 당해 센터 운영의 연속성 및 동질성이 유지되어야 하는 중요한 사유가 있다고 판단할 때는 자활센터 인수 적임자(지자체 직접 신청 포함)를 선정하여 변경 지정 신청

● 변경 지정 처리 절차
- 시·군·구청장은 아래의 서류를 첨부하여 시·도지사를 경유하여 보건복지부 장관에게 변경 지정 신청(이 경우 지자체에서 직접 신청 가능)
- 시·도지사는 시·군·구청장의 신청 서류를 검토하고 변경 지정에 관한 의견서를 첨부하여 보건복지부 장관에게 신청
- 보건복지부 장관은 관련 서류 및 지방자치단체장의 의견서를 고려하여 변경 지정 여부 결정

● 자활센터의 지정취소

가. 지정취소 대상
- 자활센터에 대한 사업실적 및 운영 실태를 평가한 결과 수급자의 자활 촉진을 달성하지 못하는 기관
- 자활센터 지정 시 부여받은 이행 조건을 충족하지 못하는 경우
- 자활센터에 대한 지도, 감독 결과 자활사업 수행이 어렵다고 판단되는 기관
- 보장기관의 정당한 지시에 불응할 경우

나. 지정취소 절차
- 평가결과 또는 지도, 감독 결과 지정취소 대상 선정
- 대상 자활센터에 대한 현지 조사 및 의견 청취(필요시 심사위원회 구성)
- 자활센터 소재지를 관할하는 시·도지사 및 시장, 군수, 구청

12

장의 의견 청취

- 지정취소 여부 등 결정(심사위원회 의견 반영)
- 보건복지부 장관은 자활센터의 지정을 취소한 때에는 바로 그 사유를 명시하여 당해 자활센터의 장, 자활 기관협의체의 장, 관할 시 · 도지사 및 시장, 군수, 구청장에게 통지

② 자활센터협회

- 자활센터의 자활사업을 지원하고 균형적 발전을 도모
- 정보교류와 공동사업 개발 추진
- 사업 내용
  1. 자활 의욕 고취를 위한 교육
  2. 자활을 위한 정보제공, 상담, 직업교육 및 취업 알선
  3. 생업을 위한 자금 융자 알선
  4. 자영 창업 지원 및 기술 · 경영 지도
  5. 제18조에 따른 자활기업의 설립 · 운영 지원
  6. 그밖에 자활을 위한 각종 사업

※ 자활 정보센터 운영
  * 자활 정보 제공, 모범사례 전파
  * 자활기업 창업, 기술지원 등

③ 자활 기관협의체

- 자활사업의 효율적 추진을 위해 시 · 군 · 구청장이 구성, 운영하는 상시 협의기구
- 보장기관, 직업안정기관, 자활사업 실시기관 등 지역 내 민간 자원의 총체적 활용
- 대표자 회의

  정기 1월, 7월 수시(1/3 요청 시)

전년도 자활사업 점검 및 개선 협의
지역자활 지원계획 수립 및 이행 관련 사항
자활근로 위탁기관 선정 및 사업 변경 사항 등

- 실무자 회의
  월 1회 이상 수시(업무협의 및 간담회)
  조건부 수급자 의뢰, 사후관리 실무협의 등

5 공공부조의 향후 과제

기초생활제도의 문제점은 보장의 사각지대가 크고 내외부 형평성의 문제가 존재하며, 효율적 예산 활용이 힘들고 보장에 따른 효과성(특히 근로유인)이 불확실하다는 점으로 정리할 수 있다.

먼저 기초생활보장의 사각지대는 수급자 선정 기준으로 인해 발생하고 있다. 즉, 단순히 소득만을 기준으로 하기보다 재산 기준과 부양의무자 기준을 적용함에 따라서 상당수가 수급에서 배제되고 있다. 그러나 이 문제와 관련에서 부양의무자 기준은 적용의 합리성에 이의를 제기할 수 있는데, 첫째, 부양의무자는 가족부양 우선의 원칙에 따라 적용되고 있으나 현실적으로 비수급 상태에서도 사적 이전소득이 없는 가구가 존재하고 있다. 이는 사실상 부양의무가 이행되지 않음에도 불구하고, 공공부조제도가 최후의 안전망의 기능을 다하지 못하고 있다는 것을 의미한다.

둘째, 부양의무자가 가구의 소득 기준을 너무 엄격하게 적용함에 따라, 부양의무자 가구의 빈곤화를 조장하는 측면이 있다는 것이다.

셋째, 기초생활보장 제도는 근로 능력을 가진 수급자의 근로유인 및 탈수급의 효과성을 제고하는데, 한계에 직면하고 있다. 그것은 일차적으로 취업 수급자에 대한 소득 파악이 힘들어 보충 급여 방식을 온전하게 적용할 수 없다는 데서 비롯된 문제이다. 즉, 소득 파악이 온전히 이루어지지 않는 상황에서 근로소득공제 제도를 적용하는 것은 많은 위험을 내포한다. 이 점에서 수급자에 대한 근로유인 정책은 효과를 거두지 못하고 있다. 따라서 현 제도는 취업 수급자로 하여금 소득을 축소 신고함으로써 추가 소득을 확보하게 하는 방식으로, 기형적으로 운영되고 있다.

넷째, 기초생활보장제도는 위에 언급했던 지출관리와 관련해서 효율성을 기하기 어려운 측면이 있다. 그것은 소득 파악이 되지 않는 상황에서 과잉 급여나 추정 소득 부과에 따른 과소급여의 문제가 발생할 수 있기 때문이다. 이는 기초생활보장 제도가 전제하는 보충성의 원리에 따라 필요한 만큼의 급여가 보장되기 어렵다는 것을 말해준다.

문제점을 요약하면, 기초생활보장 제도는 사각지대 해소의 압력에 시달리고 있으나, 이를 수급 기준 완화로 해결하기에는 형평성 · 효율성 · 효과성의 문제가 장애물로 나타나고 있다. 그리고 그것은 제도적으로 취업 수급자에 대한 소득 파악의 문제, 통합 급여 체계의 문제 등으로 압축할 수 있다. 그 결과, 수급자 확대는 항상 논란 속에서 소폭으로 이루어지게 된다. 이는 현재 기초생활보장 제도가 비수급 빈곤층과 같은 사각지대 계층을 보호하기 위해서라도 제도의 운영체계를 합리화하는 방안을 선택해야 한다는 점을 말해준다. 좀 더 명확하게 표현하면, 사각지대를 해소하는 문제는 기초생활보장 제도의 안정성을 위해서라도 운영체계의 합리화를 전제로 이루어져야 하는 것이다. 물론 그것은 기초생활보장 제도를 부분적으로 개편하는 방식을 취할 수도 있으며, 근본적으로 개편하는 방식을 취할 수도 있다(정종화, 2018).

CHAPTER 13

사회복지행정 및 정책 실천 분야의 이해

1 사회복지행정의 개념과 원칙

1) 사회복지행정의 개념

사회복지행정의 개념은 학자에 따라 다양하게 개념 정의가 되고 있으며, 크게는 협의의 개념과 광의의 개념으로 구분된다(김영종, 2017).

협의의 개념으로는 사회복지 조직에서 조직의 목표를 달성하기 위하여 사회복지행정 관리자에 의한 체계적인 행정관리 활동을 말하며, 또한 사회복지행정을 사회복지 실천 하나의 구체적인 방법으로 본다. 이것은 사회복지행정을 원조 기술로 이해하는 것이다. 즉, 사회복지의 원조기술, 사회복지의 실천은 기본적으로 사회복지기관, 조직, 시설 등에서 행해지고 있기 때문에 사회복지 조직들이 정상적으로 운영되도록 노력하는 활동, 즉 사회복지행정은 중요한 사회복지의 원조 기술이 된다. 바꾸어 말하면, 사회복지 조직의 목적을 달성하기 위한 제반 활동과 그 활동의 과정이 효과적으로 전개되도록 필요한 조건을 마련하고, 이를 효율적으로 운영할 방법을 포함하는 원조 기술로서 사회복지행정은 존재한다. 결국 사회복지 행정가가 단지 전문 사회복지사와 다른 점은 사회복지의 지식과 기술들을, 조직을 통해 활용한다는 것뿐이다.

광의의 개념으로는 공공과 민간의 사회복지 조직에서 사회복지 구성원들이 수행하는 총체적 활동으로 행정을 조직의 모든 활동 과정에 다양하게 기여하는 조직 구성원의 협동적·조정적 노력으로 본다(김영종, 2017).

2) 사회복지행정의 원칙

사회복지행정 활동은 역동적이다. 그러므로 어떠한 원칙을 구체화한다는 것은 많은 한계를 가지게 된다. 기본적으로 원칙의 준수자는 사회복지 행정 가라 할 수 있다. 즉, 사회복지행정의 원칙이란 사회복지행정조직과 행정가들에게 기대되는 행동 기준이기도 하며 앞서 언급한 행정이념을 구체화하기 위해 어떠한 방향을 설정하는 것과도 관계된다.

여기에서는 사회복지 행정가가 지켜야 할 몇 가지 원칙을 간략히 제시하는 것으로 대신하고자 한다. 이러한 행동 원칙이 사회복지행정과 개개인 수준에서 확산하여 조직 전체가 공유하게 된다면 사회복지행정의 관리원칙으로 수용될 것이다.

첫째, 사회복지 행정가는 사회복지행정의 실천 장이 되는 조직의 기본 목적에 부합하는 임무에 대한 명확한 방향을 견지해야 한다.

둘째, 사회복지 행정가는 윤리적 기준에 따라 활동을 수행해야 한다.

셋째, 사회복지 행정가는 상황에 따라 리더십을 발휘할 수 있어야 한다.

넷째, 사회복지 행정가는 조직의 효과성과 효율성을 동시에 추구해야 한다.

다섯째, 사회복지 행정가는 관리와 관련된 기술과 능력을 획득할 수 있는 교육과 개발기회를 적극적으로 활용하고 찾아 나서야 한다.

여섯째, 사회복지 행정가는 미래의 이상을 가지고 있어야 하며, 미래지향적이라서 다분히 위험해 보이는 의사결정도 기꺼이 내릴 수 있어야 한다.

2 사회복지행정의 실천 분야

1) 가족 복지행정

(1) 행정

가족 복지정책이 어떤 서비스를 누구에게 어떻게 전달하며 그 재원을 어떻게 조달할 것인가를 결정하는 원칙이나 지침의 선택이라고 한다면, 급여 할당 준거의 전달체계에 의한 논의가 없이는 아무리 높은 가치 이념에 입각한 목표를 지닌 정책이라 할지라도 실제로는 효율적으로 실시될 수가 없을 것이다.

현재 우리나라의 가족복지 행정은 가족복지 정책과 실천의 발전 정도가 미약하고, 가족복지의 개념 정리가 이루어져 전달체계가 확립되어 있다.

가족복지의 주무 부서인 여성가족부는 부서별로 여러 가지 업무가 분담되어 있어 가족복지를 주체적으로 실시하고 있다.

또한 여성가족부는 가족정책관 내의 가족정책과 가족지원과 가족문화와 다문화가족과 등으로 가족복지와 관련되어 있다.

2) 아동 · 청소년 복지행정

(1) 현황

아동복지 서비스의 전달체계에 있어, 먼저 주무 담당 중앙정보부서는 보건복지부로서 인구정책실 인구아동정책관을 중심으로 아동복지시설, 상담시설, 입양 및 결연사업, 연장 아동 직업보도, 유관 사업단체 등의 지도·감독 등 아동복지 정책에 관한 종합계획의 수립 및 조정 업무를 관장하고 있다. 이밖에 행정안전부, 경찰청과 법무부에서는 소년의 비행·범죄에 관한 업무를 그리고 노동부에서는 근로청소년에 관한 업무를 담

13

당하고 있다.

그러나 아동복지 서비스에 관한 업무관장기구가 여러 부처에 분산되어 있어 비록 국무총리 산하의 청소년보호위원회가 있기는 하나, 부처 간의 유기적이며 종합적인 체계를 이루고 있지 못하며, 특히 효율적이며 독립적인 사회복지행정 전달체계가 확립되어 있지 않아 아동복지 서비스 전달체계 상의 문제를 안고 있다.

또한 아동복지 서비스 업무는 지방자치단체 수준에서 먼저 시도에서는 가정복지국 가정복지과에서, 시군구에는 가정복지과 아동계 · 아동상담소를 중심으로 아동복지 지도원이 업무를 담당하고 있다(여성가족부, 2018).

(2) 행정조직

① 아동 위원

- 시군구에 아동 위원을 둔다.
- 아동 위원은 그 관할구역 안의 아동에 대하여 항상 그 생활상태 및 가정환경을 상세히 파악하고 아동복지에 관하여 필요한 원조와 지도를 행하며 아동복지 지도원 및 관계 행정기관과 협력해야 한다.
- 아동 위원은 그 업무의 원활한 수행을 위하여 적절한 교육을 받을 수 있다.
- 아동 위원은 명예직으로 하되, 수당을 지급할 수 있다.

② 아동복지 지도원

아동복지에 관한 다음의 업무를 수행하게 하기 위하여 특별시 · 광역시 · 도 및 시군구에 아동복지 지도원을 둔다.

- 보호가 필요한 아동에 대한 적절한 보호 조치
- 아동 및 그 가족 또는 관계인에 대한 상담
- 아동 지도에 필요한 가정환경의 조사

- 아동에 관한 전문적 · 기술적 지도가 필요한 경우의 개별지도 · 집단지도 및 그 알선
- 아동복지시설 또는 보호가 필요한 아동에 대한 조사 · 지도 및 감독
- 아동을 위한 지역사회자원의 활용 · 알선
- 지역사회의 학교 부적응아, 비행 청소년에 대한 예방 · 지도 및 원조
- 기타 아동의 복지 증진 및 육성에 관한 업무

아동복지 지도원의 자격 · 임명 · 인원은 다음과 같다.

- 아동복지 지도원은 지방 일반직공무원(사회복지 직렬) 또는 지방 별정직공무원으로 한다.
- 별정직공무원인 아동복지 지도원은 고등교육법에 의한 전문대학 또는 이와 동등 이상의 학교에서 보건복지부령이 정하는 아동복지 또는 사회복지 관련 교과목을 이수하고 졸업한 자 중에서 당해 지방자치단체의 장이 임용한다.
- 아동복지 지도원은 특별시 · 광역시 · 도 및 시군구 아동상담소(지방자치단체가 설치한 아동상담소에 한함)에 각각 1인 이상 둔다.

③ 청소년보호위원회

청소년보호법에 의거, 유해한 사회환경으로부터 청소년보호를 위한 기본계획을 수립 · 추진 · 평가하고 각종 청소년 유해환경 규제와 시민 운동의 지원을 통하여 청소년이 건전한 인격체로 성장할 수 있는 여건을 조성하기 위해 문화관광부 소속으로 합의제 행정기관으로 1997년 7월 5일 청소년보호위원회가 발족하였으며, 그 후 1998년 2월 28일 정부 조직 개편에 따라 종합 기획 조정기능이 있는 국무총리 소속 독립행정기관으로 재발족하였다.

청소년보호위원회는 준사법권을 가진 합의제 행정기관으로서 청소년보호를 위해 첫째, 청소년보호 기본계획 수립 · 추진 · 평가, 둘째, 청소년 유

해환경으로부터 청소년보호, 셋째, 청소년 유해환경에 대한 신고 접수 및 조사 단속, 넷째, 청소년 유익 환경 조성계획의 수립 시행, 다섯째, 청소년 보호를 위한 민간시민단체 지원 및 대국민 교육 홍보 등과 같은 기능을 수행한다(홍봉선 외, 2019: 446).

표 13-1 아동복지시설 종사자의 직종별 자격 기준

직종별	자격 기준
시설장	1. 사회복지사업법에 의한 사회복지사 2급 이상의 자격을 가진 자로서 사회복지사업에 3년 이상 종사한 경력이 있는 자 2. 학대 아동보호 사업과 관련된 기관에서 3년 이상 근무한 경력이 있는 자 3. 7급 이상 공무원으로서 국가 또는 지방자치단체에서 사회복지사업에 관한 행정업무에 5년 이상 종사한 경력이 있는 자 4. 의료법에 의한 의사면허를 가진 자로서 3년 이상 진료경력이 있는 자 5. 정신보건법에 의한 정신보건전문요원의 자격을 가진 자로서 사회복지 업무와 관련하여 5년 이상 종사한 경력이 있는 자 6. 영유아보육법에 의한 보육교사 1급 자격을 가진 자로서 아동에 관련된 사회복지 업무에 5년 이상 종사한 경력이 있는 자 7. 유치원, 초등학교 교사자격증을 가진 자로서 사회복지사업에 5년 이상 종사한 경력이 있는 자 8. 직업훈련 교사, 간호사, 영양사로서 사회복지사업에 5년 이상 종사한 경력이 있는 자
총무	1. 사회복지사업법에 의한 사회복지사 3급 이상 자격을 가진 자로서 사회복지사업에 1년 이상 종사한 경력이 있는 자 2. 학대 아동보호 사업과 관련된 기관에서 1년 이상 근무한 경력이 있는 자 3. 9급 이상 공무원으로서 국가 또는 지방자치단체에서 사회복지사업에 관한 행정업무에 3년 이상 종사한 경력이 있는 자 4. 정신보건법에 의한 정신보건전문요원의 자격을 가진 자로서 아동복지 업무와 관련하여 3년 이상 종사한 경력이 있는 자 5. 영유아보육법에 의한 보육교사 1급 자격을 가진 자로서 아동에 관련된 사회복지 업무에 3년 이상 종사한 경력이 있는 자 6. 유치원, 초등학교 교사자격증을 가진 자로서 사회복지사업에 5년 이상 종사한 경력이 있는 자
보육사	1. 사회복지사업법에 의한 사회복지사 3급 이상 자격을 가진 자 2. 영유아보육법에 의한 보육교사 자격을 가진 자 3. 고등학교 또는 이와 동등 이상의 학력이 있다고 인정되는 자 4. 유치원 또는 초등학교 교사자격증을 가진 자

3) 장애인복지 행정

(1) 현황

장애인복지 행정은 장애인의 욕구에 따라 전문적·기술적 서비스를 제공하는 복지행정의 특수성 때문에 사회복지서비스의 독자적인 전달체계가 확립되어야 함에도 우리나라는 아직도 장애인복지를 포함한 사회복지의 독립적인 전달체계가 형성되지 못하고 있다.

현행의 장애인복지서비스 전달체계와 관련한 문제점들을 살펴보면 다음과 같다.

첫째, 장애인복지서비스를 관장하고 있는 다양한 중앙부처의 업무가 부처 간 협조나 통합조정의 기능이 미흡한 채 독자적으로 시행되고 있다.

둘째, 사회복지서비스와 관련된 중앙의 장애인복지 행정은 보건복지부가 관장하지만 중간 및 하위 전달체계는 행정안전부의 지방행정조직을 이용하기 때문에 정책 수립과 서비스의 관리·운영 간의 연결이 원활하지 못하다. 복지행정의 발전은 중앙의 정책 부서와 일선의 서비스 제공 부서 간에 의사소통이 서로 연결됨으로써 정책이 정확하게 서비스로 이어지는 한편 서비스의 집행 결과 나타난 정책의 개선점이 다시 정책 부서로 환원될 때 비로소 가능해지는 것이다.

셋째, 중앙의 보건복지부에는 장애인복지를 전담하고 있는 재활과가 있으나 지방행정 기구에는 전담 부서가 없다.

넷째, 행정안전부의 지방행정 공무원은 일반행정직으로서 전문성이 결여되어 있기 때문에 장애인복지서비스의 업무를 수행하기에 부적합하다. 이러한 문제점에 대응하기 위해 1988년부터 사회복지사 자격증 소지자를 별정직으로 채용하여 일선 읍·면·동에 배치하였으나 이들이 사회복지서비스의 전반적 문제나 생활 보장 사업에 치중하고 있기 때문에 장애인복지를 전담하는 전문가는 아직 존재하지 않고 있다.

다섯째, 장애인복지는 많은 경우 장기간의 서비스 제공을 해야 하는데도 불구하고 행정자치부의 지방행정 공무원은 순환보직제의 적용을 받기 때문에 지속성을 요구하는 장애인복지를 수행하기 어려울 뿐만 아니라 민간기관이나 시설의 전문화를 지도·감독하기에는 역부족이다.

여섯째, 장애인복지서비스의 영역별 일선 담당 기관들이 다기화되어 있는 데다가 재활업무를 통합·조정하는 창구가 없이 서비스의 중복, 단편성, 누락 및 편중 현상은 물론 서비스의 종류에 따른 수준의 불균형 현상을 초래하고 있다(김영종, 2017).

(2) 복지행정조직과 복지 상담원

가. 장애인 정책 조정위원회

㉠ 설치

- 장애인복지종합대책을 수립하고 관계 부처 간의 의견을 조정하며, 그 정책의 이행을 감독하고 평가하기 위하여 국무총리 소속으로 둔다.
- 필요하다고 인정하는 때에는 관계행정기관에 대하여 그 소속 직원의 출석·설명과 자료의 제출을 요구할 수 있다.

㉡ 기능

- 장애인 복지 정책의 기본 방향에 관한 사항
- 장애인복지 증진을 위한 제도개선과 예산자원에 관한 사항
- 중요한 특수교육 정책의 조정에 관한 사항
- 중요한 장애인 고용 촉진 정책의 조정에 관한 사항
- 장앤인복지에 관한 관련 부처의 협조 사항
- 장애인복지와 관련하여 대통령령이 정하는 사항

나. 장애인복지 상담원

시군구에 장애인의 복지 증진을 위한 상담 및 지원 업무를 담당하기 위하여 시군구에 장애인복지 상담원을 둔다.

㉠ 임용 자격

장애인복지 상담원은 다음에 해당하는 자 중에서 시장·군수 또는 구청장(자치구의 구청장)이 지방공무원으로 임명한다. 다만, 부득이한 경우에는 공무원 외의 자로 위촉할 수 있다.

- 사회복지사 3급 이상의 자격증 소지자
- 초·중등교육법 제21조의 규정에 의한 특수학교의 교사자격증 소지자
- 고졸 이상자로, 국가 또는 지방자치단체에서 사회복지에 관한 행정 경력 5년 이상의 자나 장애인복지단체에서 5년 이상 종사한 자

㉡ 직무

- 장애인과 그 가족 또는 관계인에 대한 지도 상담
- 장애인에 대한 검진·진료 또는 보건 등에 관한 지도와 관계 전문기관에 대한 검진·진료 또는 보건지도 등의 의뢰
- 장애인복지시설의 입소·통원 또는 그 이용의 알선
- 장애인에 대한 보장구의 교부와 사용·수리 등에 관한 지도
- 장애인의 직업적성 평가, 직업훈련 및 취업 알선과 이에 관한 관계 전문가 또는 전문 기관에의 의뢰
- 장애인을 위한 지역사회자원의 활용 알선
- 장애인복지시설 또는 장애인에 관한 조사 또는 지도
- 기타 장애인의 복지 등에 관한 사항

3 사회복지 정책의 실천 분야

1) 가족의 노동권 보장을 목표로 하는 정책: 보육 및 방과 후 보육 정책

우리나라는 세계 12위의 OECD 회원국인 경제 대국이면서도 상대적으로 여성의 사회적 진출을 충분히 보장할 수 있는 보육 정책의 보완에는 부족한 면들이 많았다. 우리나라의 보육 정책은 1961년 영유아 복지법의 제정과 함께 시작되어 참여정부에 들어와 2004년에 제정된 영유아보육법은 '보호자의 경제적 · 사회적 활동을 원활하게 함과 동시에 영유아의 보호와 건전한 교육을 통하여 건강한 사회성원으로 육성하도록 함'이라고 명시되어 있고 전 국민이 참여하도록 법제화되었다. 또한 교육인적자원부 주도로 초등학교 재학생을 자녀로 둔 맞벌이 부부의 노동권을 보장하기 위하여 2019년에는 초등학교 전 학년 오후 3시까지 의무적으로 학교에서 돌보도록 할 예정이다. 이처럼 현재의 방과 후 보육 정책은 보육시설의 방과 후 보육 과정의 정책 지침이 되는 영유아보육법과 지역아동센터, 공부방, 청소년 방과 후 아카데미 등 지역복지관이 주도하는 방과 후 교육 프로그램의 정책 지침이 되는 아동복지법, 그리고 초등학교 방과 후 교육을 주도하는 교육부의 3원화된 구조 속에 진행되고 있다.

학생 등은 방과 후 학교에서 특기, 적성 교육과 함께 학과 공부 보충, 숙제 지도 등을 받으며 부모가 퇴근할 때까지 친구들과 함께 지낼 수 있고, 학교 여건에 따라 토요휴업일과 방학 기간에도 운영할 수 있도록 하고 있다. 방과 후 교육의 월 부담액은 일반적으로 5만 원가량이며, 저소득층인 경우 바우처제도를 통해 무료교육이 가능하다.

2) 가족의 부 모권 보장을 목표로 하는 정책: 산전후휴가, 육아휴직, 아버지 할당제

경제활동 참가와 부모의 권리와 책임을 다할 수 있도록 돕는 부 모권 보장 가족정책은 산전후휴가, 육아휴직, 그리고 아버지 할당제들을 포함한다. 2019년 기준 여성 경제활동참가율이 53.5%로 OECD 평균은 64%보다 낮으며 결혼 후 자녀를 갖는 시점에는 더 30~34세에 56.5%로 낮아지는 상황은 출산과 육아를 위한 정책의 정착이 원활하게 이루어지지 않고 있음을 보여준다. 2017년 고용노동부 조사에 의하면 300인 이상 사업장은 90% 이상 육아휴직을 도입하고 있지만 10인 미만 사업장 중 육아휴직을 제도화한 곳은 27.4%에 불과하다고 조사되었다. 중소기업체의 산전후휴가, 육아휴직의 실시 자체가 어려운 상황에 있으므로 정책의 실시가 선결되어야 하는 과제로 남는다. 나아가 비정규직, 영세사업장 종사자의 경우는 파악조차 어려운 상황이므로 제도 시행을 위한 감독 강화가 또 다른 과제일 것이다. 여기서 산전후휴가와 육아휴직, 아버지 할당제에 대해서 살펴보면 다음과 같다.

(1) 산전후휴가

출산 전후 휴가 제도는 임신 중의 여성 근로자, 여성 공무원이 출산 전후에 걸쳐 90일을 쉬고도 임금, 월급을 받을 수 있는 휴가를 말한다.

이것에 의하면 사용자는 임신 중의 여성에 대하여 출산 전후를 통하여 90일의 모성보호 휴가를 주어야 하며, 이 경우 휴가 기간의 배치는 출산 후에 45일 이상이 되어야 한다. 또한 휴가 중 최초 60일은 유급으로 한다.

(2) 육아휴직

육아휴직 제도는 생후 1년 미만의 영아를 둔 남녀 근로자가 그 영아의 양육을 위해 휴직하는 육아휴직 기간에 받는 급여를 말하고 해당 영아가 생후 1년이 되는 날을 넘길 수 없다. 2007년 7월부터는 50인 이상 사업장에도 적용되었다. 2007년 3월 6일 국가공무원법 개정안이 국회를 통과함에 따라 2008년부터 육아휴직 요건이 현행 '3세 미만'에서 '6세 이하 취학 전' 자녀를 둔 공무원으로 완화되고, 여성 공무원의 경우 최대 3년까지 휴직이 가능해지는 것은 여성의 육아 부담에 대해 현실적 어려움을 해소하는 데 긍정적으로 기여할 수 있는 정책 진행이라 할 수 있다.

(3) 아버지 할당제도

'아버지 할당제'는 자녀 양육에 대하여 부모의 공동책임을 인정하고 휴직 기간 중 일정 기간을 아버지에게 할당하는 제도를 말한다. 스웨덴의 경우 아버지 할당제가 1994년 제도화된 후 휴가 기간 남성의 육아 분담 비율이 증가하였다.

3) 가족의 소득 보장을 목표로 하는 정책: 아동(가족)수당, 아동 양육 수당

저소득층 가족, 특별히 한부모가족과 아동이 있는 가족의 경제적 문제는 해당 가족의 사회·심리·경제적 불안정을 강화하고 이에 따라 빈곤의 대물림 고착화를 가져와 사회적 연대와 통합을 저해시킬 우려가 있다는 판단하에 OECD 국가들이 실시하고 아동수당 급여 대상은 최저생계비 100% 이하의 각국에 대해 아동 1인당 월 5만 원의 아동수당 지급을 내용으로 하고 목표로 한다. 그밖에 한부모가족과 조손가족을 위한 특별수당 도입도 검토 단계에 있다.

4 사회복지행정 과정

사회복지행정의 실천 과정은 기획, 조직, 인사관리, 의사결정, 의사소통, 지도력, 재무관리 및 평가로 이루어진다.

1) 기획

사회복지행정에서 기획은 효과적인 서비스 전달을 위한 필수적인 과정이다.

기획이란 직면하고 있는 문제를 해결하고 체계적인 사고에 의해서 미래를 예측하고 그 목표를 달성하기 위한 계획을 마련하는 과정이다.

2) 조직

조직이란 일정한 환경하에서 특정한 공동의 목표를 달성하기 위하여 인적·물적 자원을 동원하고 환경과 상호작용을 하여 구성원들 사이에 일정한 관계를 유지하는 상당한 지속적인 성격과 분업체계를 가지는 것이라고 할 수 있다. 한편, 사회복지기관의 조직은 기관의 목적과 정책 및 계획을 형성하고 수행하는 데 사람들의 활동이 가장 효과적으로 이루어지는 관계가 수립되는 구조와 과정을 의미한다(김영종, 2017).

3) 인사관리

인사관리란 직원을 채용하고 능력을 개발시켜서 근무 의욕을 갖고 조직에 헌신할 수 있도록 동기를 부여하여 조직체의 운영, 목적 달성을 위하여 인적 자원을 최대한 효율적으로 활용하려는 관리적 활동이라고 할 수 있다. 인사관리는 필요한 직원을 채용하고 그들의 활동을 유지하고 해고하는 일련의 과정으로 이루어진다.

(1) 충원

충원의 목적은 능력이 있고 직원이나 클라이언트들과 원만한 인간관계를 이루어 나갈 수 있는 사람을 채용하는 것이다.

(2) 선발

선발은 면접이나 시험을 통하여 가장 적합한 사람을 뽑는 과정이다.

(3) 임용

직원을 임용하는 것은 채용 과정의 중요한 부분이다.

(4) 오리엔테이션

오리엔테이션은 기관장이나 부서장에 의해 그 기관과 서비스 및 지역사회를 새로운 직원에게 소개하는 과정이다.

(5) 승진

승진이란 하위직급에서 상위직급으로 또는 하위계급에서 상위계급으로 종적·수직적 이동을 하는 것을 의미한다.

(6) 평가

근무성적평정은 직원의 근무 성적·능력·가치관 등을 질서 있게 객관적으로 판정·기록하여 이를 인사관리에 활용하는 절차를 말한다.

(7) 해임

해임은 개인적인 상황에 따라 큰 기대감이나 공포가 된다. 이것은 퇴직, 지위의 변동 또는 해고에 의하여 일어나게 되며, 해임에는 의원면직, 징계의 일종인 권고사직, 직권면직 등이 있다(김영종, 2017).

4) 재정 관리

재정 관리는 공공 욕구를 충족하기 위하여 필요한 재원을 합리적으로 조달·배분하고 이를 효율적으로 사용·관리하는 과정을 말한다. 그리고 이러한 재정관이라는 기업경영에서 실시하고 있는 영역과 유사한 부분도 많지만, 사회복지행정의 특수한 특징도 지니고 있다.

5) 의사결정

사회복지 행정가들은 기관 또는 조직의 의사결정과 관련된 중요한 책임을 지니고 있기 때문에 조직의 의사결정과정에 대한 이해와 지식을 갖추어야 한다.

사회복지행정의 주요 기능은 여러 대안을 두고 의사결정을 하는 것이며, 의사결정에 대한 개념은 다양하게 정의되고 있으나, 일반적으로 의사결정은 협의로는 두 개 이상의 행동 대안들 가운데서 하나를 선택하는 것을 의미하며, 광의로는 최종 선택이 이루어지기 전에 취해야 하는 모든 행위로 정의하고 있다.

즉, "의사결정이란 궁극적 선택에만 국한된 개념이라기보다는 최종 선택 행위뿐만 아니라 이런 선택에 도달하는 과정에서 이루어진 행동들을 포함하는 것이다."라고 하여 대안 최종선택 행위뿐만 아니라 이런 선택에 도달하는 과정에서 이루어진 행동까지도 의사결정의 개념에 포함하고 있다. 결론적으로 의사결정이란 기본적으로 조직의 목표 달성을 위하여 여러 가지 대안 가운데서 최적 안을 선택하는 과정이라고 할 수 있다(김영종, 2017).

6) 의사소통

의사소통이란 사회복지기관의 과업 목적과 관련된 생각, 계획, 명령이나 보고, 그리고 제안 등을 모든 직원과 이사회에 전달하기 위한 쌍방적인 경로이다.

따라서 의사소통은 기관의 행정가와 이사회, 직원과 클라이언트를 통합시켜 주는 주요 연결고리이며 또한 기관과 정부 기관 또는 지역사회를 연결해 주는 역할을 한다.

즉, 의사소통은 두 사람 이상의 사이에서 사실 · 생각 · 의견 또는 감정의 교환이나 공통적 이해를 통해 수용자 측의 의식이나 태도 또는 행동에 변화를 일으키게 하는 일련의 행위를 말한다.

7) 지도력

행정 지도자는 그들이 전문직 직원이든 볼런티어(volunteer)이든 리더십의 본질을 잘 이해해야 하며 필요한 자질을 갖추어야 한다. 그리고 지도력에 관해서는 많은 학자가 다양하게 정의하고 있는데, 일반적으로 지도력은 하나의 지위로서 어떤 상황에 대한 통제의 책임을 지는 것을 의미하며, 그것은 지시하거나 지도하는 지위이다.

지도력은 능력으로서 다른 사람들이 지도자가 취한 길을 따르도록 다른 사람과의 관계에 영향을 주는 기술이나 능력이다. 지도력은 바람직한 변화를 불러오거나 다른 사람의 행동을 일으키는 능력을 포함한다(김영종, 2017).

8) 평가

사회복지 행정가와 프로그램 실무자들은 사회복지기관과 그들이 제공하는 서비스를 전달하고 사회 변화를 수행하는데 기존의 프로그램들이 만족스럽지 못했다는 비판에 따라 프로그램을 수정하고 새로운 프로그램을 개발하고자 하는 필요성을 느끼게 된다.

평가에 대한 요구는 프로그램의 재원을 제공하는 공 · 사의 기관, 전문가 집단, 클라이언트 및 일반 대중으로부터 제기된다. 이에 대하여 사회복지 행정가들은 프로그램의 비용과 효율에 관해서도 답변할 수 있어야 한다.

평가의 필요성은 다음과 같다.

첫째, 평가는 기관의 목적이 성취되는 정도를 확인하기 위하여 필수적이다.

둘째, 비판적인 평가는 서비스를 향상할 수 있는 객관적이고 체계적인 수단이 된다.

셋째, 평가는 변화하는 사회 상황 내의 변화하는 인간의 욕구에 맞게 서비스를 지속적으로 수정 및 보완(reorientation)시키는 필수적인 융통성을 보장한다.

넷째, 평가는 모든 재정적 원천과 조세 부담자 또는 기부자 등에 의해서 요구되는 사회적 책임의 한 형태로 볼 수 있다.

5 사회복지 정책 형성 과정 이론

정책의 과정을 연구하는 방법으로 학자에 따라 다양하게 나눌 수 있지만 이곳에서는 대표적인 이론 특히 라스웰(H. D. Lasswell), 존스(Charles O. Jones), 앤더슨(James, E. Anderson), 드로어(Yehezkel Dror)의 분류 방법을 소개하기로 한다(정종화, 2018).

1) Lasswell의 7단계

정책학의 창시자라고 불리는 라스웰(Harold D. Lasswell)의 『의사결정의 과정』(The Decision Process)이라는 책에서 의사결정 과정을 7단계로 분류하고 있다.

① 정보(intelligence) 단계: 정보의 수집, 처리단계
② 건의 단계: 정책대안을 작성하는 단계
③ 처방 단계: 최종안을 선정하는 처방(prescription)의 단계
④ 발동 단계: 최종안을 잠정적으로 시행하는 행동으로 옮기는 단계

⑤ 적응 단계: 본격적으로 정책을 집행하는 적응(application)의 단계
⑥ 평가 단계: 정책의 성공 여부를 판단하는 평가(evaluation)의 단계
⑦ 종결(termination)의 단계

물론 이런 7단계는 계속 환류(feedback)되는 것이라고 한다. 그러나 라스웰은 이것을 의사결정과정이라고 했지만, 내용에 있어서 집행 ④와 ⑤ 및 평가 ⑥의 단계를 모두 포함하고 있기 때문에 정책 과정이라고 볼 수가 있는 것이다.

2) Jones의 5단계

기본적으로 라스웰의 분류에서 크게 벗어나지는 않은 것이지만, 그보다 좀 더 합리적인 분류로서는 존스(Charles O. Jones)의 견해를 들 수 있다.

이어서 존스는 정책 과정 프레임워크의 기본적 요소들 11가지를 다시 정부를 중심으로 하여 다음과 같이 네 가지의 범주로 분류하였다.

첫째, ①~⑤를 포함하는 문제의 정부에 대한 귀속(problem to government), 둘째, ⑥~⑦을 포함하는 정부 내에서의 활동(action in government), 셋째, ⑨에 해당하는 문제에 대한 정부의 대응(government to problem), 넷째, ⑩~⑪에 해당하는 정부의 활동 결과의 정부에의 귀속이 그것들이다.

이와 같은 개념적인 분류를 기초로 하여 존스는 라스웰의 7단계를 벗어나지 못하고 비교적 합리적이며, 간결한 정책 과정을 제시하였는데 그것은 다음과 같다(정종화, 2018).

① 문제정의 단계: 정책문제를 설정하는 단계임
② 형성 · 합법화 단계: 문제해결을 위한 행동 방안을 결정하고 권위 있는 기관이 행동 방안에 합법성을 부여하는 단계임
③ 집행 단계: 정책을 실천에 옮기는 단계로서 처음에는 execution을 사용했으나 뒤에는 implementation의 의미를 사용하였음

④ 평가 단계: 실천된 정책에 대한 평가 단계로서 정책의 효과를 끄집어 내기 어려운 경우가 있기 때문에 매우 어려운 단계임
⑤ 종결 단계: 문제가 해결되어 정책을 종결하거나 수정하는 단계임

3) Anderson의 5단계

앤더슨(James E. Anderson)도 라스웰의 분류를 토대로 정책 과정을 다음과 같은 5단계로 구분하고 있다.

(1) 문제가 된 인자(Problem identification)의 정책의제의 형성(agenda formulation) 단계

이 단계는 특정한 문제에 대해 정부가 관심을 가지도록 하게 되며, 무엇이 정책문제이고, 그것을 무엇이 공공문제(public problem)로 만들게 되는가? 그리고 어떻게 그것이 정부의 의제로 편입되게 되는가 등의 문제를 다루게 된다.

(2) 정책의 공식화 혹은 결정(formulation) 단계

이 단계에서는 문제해결을 위한 대안(alternatives)들이 어떻게, 누구에 의해 만들어지는가에 관해 검토하게 된다.

(3) 정책 채택(adoption) 단계

이 단계에서는 정책이 어떻게 채택되고 합법화되며, 누구에 의해 채택되고 어떤 절차를 거쳐 채택되는가 하는 것들을 파악하는 단계라고 할 수 있다.

(4) 정책의 집행(implementation) 단계

이 단계는 정부가 채택한 정책을 적용하는 단계인데, 누가 정책집행에 참여하게 되며, 효과적인 정책집행을 위해 취해져야 할 것은 무엇인가 하는 점 등을 검토하는 활동이 행해지게 된다.

(5) 정책의 평가(evaluation) 단계

이 단계는 마지막 단계로서 누가 정책을 평가하고 정책의 효과성이나 영향을 어떻게 측정하며, 그 영향은 어떤가 등에 관한 문제들을 취급하게 된다(정종화, 2018).

4) Dror의 3단계

정책 결정에 있어서 최적모형(optimal model)을 제시하고 있는 드로어(Yehezkel Dror)는 정책 과정을 크게 3단계로 나누고 있다.

(1) 기본적인 방침의 결정 단계(meta-policy making stage)

정책 과정 중에서 드로어는 이 첫 번째 단계를 가장 중시했는데, 그 주요 내용으로서는 다음과 같은 것들을 들 수 있다.

① 가치에 관한 문제를 처리한다.
② 현실과 문제에 대하여 파악한다.
③ 이용가능한 자원을 탐색 · 개발한다.
④ 문제와 가치 · 자원 등을 정책 결정기관에 분배하고 정책 결정의 전략을 결정한다.

(2) 정책 결정의 단계(policy making stage)

이 단계에서는 정책 결정을 위한 자원을 세부적으로 배분하고, 목표를 설정하여 우선순위를 정하며, 이에 따라 정책대안의 탐색, 결과의 예측, 대안의 비교·평가 및 최선의 대안 선택들이 이루어지게 된다.

(3) 정책 결정을 한 후의 단계(post-policy making state)

정책 결정이 이루어진 후에는 정책의 집행이 이루어지게 되는데, 드로어는 특히 정책집행에 있어서 정치적인 지지를 획득하는 것이 중요하다는 점과 환류 과정에서 파악된 정보에 따라 내용의 수정이 이루어져야 함을 지적하고 있다(정종화, 2018).

이 같은 드로어의 논의는 라스웰뿐만 아니라 존스나 앤더슨 등의 분류에 비해 매우 상세한 것이 특징이나 자세한 만큼 복잡하고 정책의제의 설정(agenda-setting)에 관한 논의가 전혀 없다는 문제점을 안고 있기도 하다.

5) 기타

이외에도 토마스 다이(Thomas R. Dye)의 5단계, 프로혹(Fred M. Frohock), 리플레이(Randall B. Ripley)와 프랭크린(Grace A. Flanklin), 파럼보(Dennis J. Palumbo), 사이몬(Herbert A. Simon), 소렌슨(Theodore C. Sorenson) 등과 같은 학자들에 의해서도 제시되고 있다.

앞에서 여러 학자들의 정책 과정을 살펴보았는데 이 책에서는 크게 정책의제 형성 단계, 정책 결정 단계, 정책집행 단계, 정책평가 및 정책분석 단계, 정책변동 단계로 나누어 살펴보기로 한다.

6 사회복지 정책 형성 과정

사회 복지정책 과정은 본서에서는 사회복지 정책 의제형성과정, 사회복지 정책 결정 과정, 사회복지 정책 집행 과정, 사회복지 정책 평가 및 분석 과정, 사회복지 정책 변동 및 종결 과정으로 나누어 설명하고자 한다.

1) 사회복지 정책 의제 형성 과정(정종화, 2018)

사회복지 문제는 인간으로서의 기본적인 생활을 누리지 못하여 고통을 받는 사람들이 그러한 상황이나 조건을 해결해야 할 문제로 인식할 때 비로소 문제로 성립한다.

이와 같이 사회에 존재하는 수많은 문제 중에서 이슈화되고 해결되어야 한다고 정부나 국민 또는 이해관계자가 인식하고 실천에 옮길 때 정책 과정으로 가게 된다.

사회문제를 정책화하는 첫 단계, 즉 사회복지 문제가 이슈화되기 위해서는 첫째, 공공의 관심을 끌어야 한다, 둘째, 공공정책 상의 논점으로 제시되어야 한다.

다음으로 사회복지 정책 아젠다의 형성 과정으로 아젠다(agenda)란 공공정책으로 전환되기 위하여 정책 결정자들의 관심을 불러일으키고 논의될 수 있는 상태에 있는 문제나 이슈, 곧 의제들의 목록을 말한다.

사회복지 정책 아젠다의 형성 과정이란 한마디로 말해서 사회복지 문제나 요구의 이슈화 과정이라고 할 수 있다.

끝으로 사회복지 정책 대안 형성 과정이다. 정책 대안의 형성 과정이란 정책문제가 무엇인지를 파악하고 문제를 둘러싼 상황을 파악하여 정책목표를 세우고, 그 목표를 달성할 수 있는 정책 수단으로서의 정책 대안을 개발하며 어떠한 정책 대안이 가장 바람직한가를 분석하는 과정을 말한다.

이 모든 과정을 본서에서는 사회복지 정책 의제 형성론이라고 하며, 다음의 장에서 구체적으로 다루기로 한다.

2) 사회복지 정책의 결정

정책 결정이란 권위 있는 정책결정자가 문제해결을 위해 제시된 여러 가지 대안들 가운데 하나를 선택하는 행위 또는 과정을 말한다. 이 과정은 정책결정자가 하나의 대안을 정책으로 채택하는 행위나 과정 자체가 될 수 있지만 대안 간이 비교분석 행위 및 과정이 포함되는 것이 보통이다.

따라서 정책 결정 과정은 ① 문제의 인지와 목표설정, ② 정보의 수집 및 분석, ③ 대안의 탐색 및 평가, ④ 최선의 정책대안 선택 등으로 이루어져 있다(정종화, 2018).

정책 결정에 관한 이론적 모형으로는 합리모형과 점증모형 등이 있다.

3) 사회복지 정책의 집행

사회복지 정책의 집행은 공적 적응에 기인하는 모든 활동을 포함한다. 그러므로 사회복지 정책의 집행에 있어 전문직의 중심적인 과업은 프로그램 운영에 있어 제 결점을 입증하며, 그와 같은 결함의 요인을 찾아내는 것이다.

4) 사회복지 정책의 분석 및 평가

정책평가란 정책활동에 관한 평가로서 정책실행 결과에 대한 정보를 수집하고 분석하여 해석함으로써 그 가치를 판단하는 것이다.

정책분석이란 정책문제를 해결하기 위하여 제시된 여러 정책대안 중에서 정책을 최종적으로 결정하기 위하여 B/C 분석, 체제분석 등의 여러 가지 분석 기법을 이용하여 분석해 보는 과정으로서 정책의 집행 결과를 분석 비교해 보는 정책평가와는 그 과정에 있어서 다르다.

13

5) 사회복지 정책의 종결론

정책종결이란 넓은 의미에서 정책변동에 포함되는 것으로 정책의 집행 결과를 평가한 이후 정책의 지속 여부 또는 변화된 정책의 결정과 집행으로 나타나게 된다(정종화, 2018).

7 사회복지행정 및 정책의 실천 분야의 향후 과제

1) 가족 복지행정

우리나라에 있어 가족 복지행정의 문제점을 서비스 전달체계의 단위로서 가족 복지기관·시설의 효율적인 기능수행 여부와 전달자의 전문성 구비 여부를 전제로 하여 다음과 같이 요약할 수가 있을 것이다.

① 의사결정의 권한과 통제 위치의 관점에서 볼 때 정부의 가족 복지정책 내지 행정을 관장하는 주요 직위에 가족복지 전문직이 본격적으로 임용되지 못하고 있다.

② 구미 선진제국과 일본에 있어서와 같이 사회복지행정의 독립적인 전달체계가 확립되어 있지 않아, 일관성 있고 효율적이며 전문적인 가족 복지행정을 기하지 못하고 있다.

③ 국가, 지방공무원의 직무 체계의 분류에 있어 가족복지의 전문직이 아직도 체계화되어 있지 않아 가족 복지행정의 전문성, 지속성 그리고 체계성을 기할 수가 없는 실정이다.

2) 아동·청소년 복지행정

아동·청소년 복지행정에 있어서는 교육부, 여성가족부, 행정안전부, 법무부 및 고용노동부 등 여러 부처가 아동·청소년복지 관계 정책과 계획 수립에 관여함으로써 부처 간의 횡적인 협조와 조정의 곤란으로 인하여 그 실효를 거두지 못하고 있는 실정이다. 따라서 아동 및 청소년문제는 그 성격상 무리한 단일 행정조직으로의 일원화는 어렵다고 하더라도 보건복지부 가정 아동복지과를 아동복지 행정 운용의 주체적인 행정 부서로 하여 그 기능의 강화와 더불어 중앙부처 수준에서 아동·청소년 복지행정의 통합 및 조정을 도모해 나갈 필요가 있다.

3) 장애인 복지행정

장애인 복지행정에 있어 장애인복지의 종합적 계획과 행정 부서 간, 민간 부문 및 공공부문 간의 상호 조정 및 협력관계를 원활히 하기 위해서는 국가 차원에서의 행정 전달체계 구축이 필요불가결하며, 장애인복지와 관련된 행정사무, 특히 서비스의 직접적 제고가 관련된 사무가 비전문가에 의해 집행될 때 생길 수 있는 서비스의 단절, 누락, 편중, 중복 등과 같은 현상은 자원의 낭비는 물론 장애인복지의 발전을 저해할 것이므로 전문가의 전문성을 확보하고 유지·발전시킬 수 있는 행정적 환경이 요청된다.

CHAPTER 14 다문화 사회복지현장의 이해

1 다문화 사회복지의 개념

1) 다문화의 개념

문화란 한 사회의 주요한 행동양식과 상징 체계, 삶을 지배하는 이미지나 틀(프레임)을 말한다. 언어, 사상, 의례, 도덕, 법 등을 거시적, 미시적 삶의 양식에 포괄하는 체계이다. 각 사회, 세대, 지역마다 독특한 체계를 가진다.

문화는 종교, 언어, 대상별 구분을 자주 사용한다. 인간에 의해 만들어지고 유지, 수용–변화–전파–소멸 등의 과정을 거친다.

다문화의 개념은 서로 다른 문화가치를 가진 사람들이 복지적 삶과 가치에 기반하여 조화롭고, 배려하며 협동하는 사회 혹은 그 체계를 말한다. 다문화(多文化)는 많을 다(多) + 문화(文化)로써 "하나 이상의 복수 문화로 여러 나라의 생활양식", 즉 여러 유형의 이질적 문화가 하나의 제도권 안에서 상호 교류를 통해 형성되며 인종, 언어, 종교, 성, 장애 등을 포함한 여러 문화 간에 발생하는 충돌로 생기는 여러 유형의 문제를 조화롭게 극복하자는 의도로 만들어진다. 한편, 다문화 공생의 개념은 '국적과 민족 등을 달리하는 사람들이 상호 간의 문화적 차이를 인정하고 대등한 관계를 구축하면서 지역사회의 구성원으로서 함께 살아가는 것'이라고 정의할 수 있다(이성순 외, 2017).

이는 여러 나라의 문화를 연결하고 반영하고 적용하는 것으로 각 문화의 차별화 강조 및 문화 다양성을 추구한다.

한국의 사회 구성원들이 출신 국가, 민족, 인종이 다양해지고 과거의 단일 문화에서 벗어나 다문화 사회로 가고 있다(김진 외, 2018). 백의민족, 동방의 고요한 나라, 순혈주의적 단일민족 등에 집착하였으나 현재는 수많은 외국인과 일상적으로 만나고 있다.

한국에서의 다문화는 세계 각국에서 우리나라로 이주해 온 사람들의 출신 나라 문화를 말하며, 국제결혼 가족과 외국인 근로자들을 주로 의미한다. 다만 여행, 연수, 교육 등 잠시 머물다 가는 경우는 제외한다.

※ 다문화주의와 다문화를 보는 관점

구분	이주민 관련	다른 문화	다양한 문화
요소	다문화가족 구성원	인종, 민족, 국가	인종, 민족, 성, 계급, 나이, 계층 등
다문화	외국인 근로자, 국제결혼이민자와 그 가족들과 관련한 것	다문화가 인종, 민족, 국가에 의해 구분된 다양한 문화	한 사회의 다양한 하위문화적 요소를 모두 포함
다문화 사회	인구구성이 다인종, 다민족화가 되어 가는 것	다양한 나라의 문화가 공존되는 사회	인간이 살아가는 특정한 생활양식이 공존하는 사회
다문화 주의	이주 문제해결책을 위한 접근	서로 다른 나라의 문화를 존중하며 이해	서로 다른 문화들이 공존하는 사회를 지향

2) 다문화의 사회복지의 개념

사회복지(社會福祉, social welfare)는 사회와 복지가 합쳐진 복합개념이다. 여기서 사회(社會)는 인간과 인간과의 관계, 즉 인간의 공동체적인 행위 체계를 사회라 할 수 있다. 또한 복지(福祉)의 복(福 = 示+高+田)은 밭에서 나온 수확물이 쌓여 있는 형상의 물질적 풍요를 나타내는 말이며, 지(祉 = 示+止)는 인간이 욕망과 탐욕을 그친다면 정신적·심리적 안정을 얻을 수 있다는 말을 뜻하는 것이다. 따라서 복지란 사람이 물질적 풍요와 심리적인 안정(행복)상태에 있는 것을 의미한다. 이러한 사회복지는 사회 구성원인 개인이 인간다운 생활을 유지하기 위해 모두가 평안하고 만족스럽게 잘 지내는 생활의 상태를 말한다.

따라서 다문화의 사회복지는 다문화가족이 인간다운 생활을 유지하기 위해 구성원이 평안하고 만족스럽게 잘 지내는 생활의 상태를 말한다.

3) 다문화가족

(1) 개념

다문화가족은 국제결혼 등을 통해서 서로 다른 인종의 상대를 만나 결합한 가족을 의미하는 것으로, 한국인과 외국인이 결혼하여 구성한 가족을 말한다. 다문화가족은 국제결혼을 통해 형성된 가족으로 국적을 달리하는 남녀가 결혼함으로써 가정을 형성한다. 과거에는 국제결혼, 혼혈아 등의 용어를 사용하였는데 한국 사회에서 금기시되거나 천시되어 온 특수한 사회적 배경 때문에 차별적인 의미를 내포한 것으로 보아, 현재는 '다문화가족'으로 고쳐서 부르고 있다.

다문화가족은 국제 결혼이민자와 대한민국 국적을 취득한 자로 이루어진 가족을 말한다(다문화가족 지원법). 또한 「재한외국인 처우 기본법」 제2조 제3호의 국제결혼이민자, 「국적법」 제2조에 따라 출생 시부터 대한민국 국적을 취득한 자로 이루어진 가족이며, 「국적법」 제4조에 따라 귀화 허가를 받은 자와 같은 법 제2조에 따라 출생 시부터 대한민국 국적을 취득한 자로 이루어진 가족을 말한다.

다문화가족	그 자녀
국제결혼 가족	• 한국인 아버지와 외국인 어머니(한국인 남성 + 외국인 여성) 사이에서 태어난 아이 • 한국인 어머니와 외국인 아버지(한국인 여성 + 외국인 남성) 사이에서 태어난 아이
외국인 근로자 가족	• 외국인 근로자(외국인 근로자인 남성과 여성)가 한국에서 결혼하여 태어난 아이 • 본국에서 결혼하여 형성된 가족이 국내에 이주한 가정의 아이

(2) 다문화가족의 성립 배경

가. 유교문화의 남아선호사상에 따른 성비 불균형

오랫동안 유교문화의 영향을 받아온 한국 사회는 가부장적인 성향이 강해 남아선호사상이 사회 깊숙이 자리 잡고 있었다. 이에 따라 결혼 적령기의 남성에 비해 여성의 수가 현저히 적은 '남녀성비 불균형' 문제가 심각해 한국의 남성과 외국의 여성이 결혼하는 사례가 많아졌다(이성순 외, 2017).

나. 도시 지향적인 이촌향도 현상

도시 지향적 사고의 확산으로 여성들이 농촌으로 시집가기는 꺼리는 현상이 야기되었고, 1990년대에 이르러서는 '농촌총각 장가보내기 운동'이 전개되기에 이른다. 그 결과 농어촌 등지에서는 외국에서 신부를 구하게 되었고, 현재는 외국인 신부의 모습을 어렵지 않게 볼 수 있게 되었다. 그들은 그렇게 한국의 구성원이 되었고, 다문화사회를 이루는 데 큰 영향을 주었다.

다. 여성의 사회활동 보편화

여성의 사회활동이 보편화되고, 여성의 경제력이 과거에 비해 크게 향상되면서 독신 여성의 수가 급속히 증가하고, 이혼율이 높아짐에 따라 한국 남성들의 결혼 상대 여성이 줄어들었다.

2 다문화 사회복지의 대상

1) 국제결혼 가족

국제결혼 가족의 개념은 국적을 달리하는 남녀가 결혼함으로써 형성된 가족이며, 국제결혼이란 국어사전에 '국적을 달리하는 남녀가 결혼하는 일'로 정의된다. 결혼 이주자는 결혼을 목적으로 한국에 이주해 온 외국인을 말한다. 국제결혼이란 국어사전에 '국적을 달리하는 남녀가 결혼하는 일'로 정의하고 있다.

국제결혼 가족은 한국인 남성과 외국인 여성의 결혼으로 이루어진 가정이 대다수를 차지하는데, 한국 사회의 성비 불균형으로 1990년 이후 매년 급증하고 있다. 또한 외국과의 교류가 확대되고 유학이나 해외 파견 등의 이유로 중상류층 여성들의 국제결혼이 증가하는 추세에 있다.

1990년대 혼인 적령기의 농촌 미혼 남성을 대상으로 '농촌 총각 장가보내기'가 시작된 이후 외국인과의 결혼이 급격히 늘어났다.

1990년대 본격화된 다문화 결혼은 2000년대 중반까지 급속도로 증가하다가 최근 몇 년간 감소세를 보임에도 불구하고 '2022년 다문화 인구동태 통계' 결과에 따르면 우리나라 전체 혼인 건수 중 전체 결혼 192천건 중 17,428건으로 11%를 차지하고 있다.

국제결혼의 역사

(1) 1단계: 1990년대 초 중국과 수교 기점으로 조선족 여성들의 대거 유입
(2) 2단계: 이후 종교적인 이유 혹은 더 나은 삶을 위한 한국 남성과 결혼 증가
(3) 3단계: 2000년 이후 결혼중개업체를 통한 동남아 여성들과의 결혼 증가
(4) 대표적인 국내로 결혼 이주 방법들
- ▶ 아는 사람의 소개로 주로 조선족, 한족 여성들
- ▶ 직접 만남은 중국 또는 몽골 여성들
- ▶ 종교단체의 중개는 일본, 필리핀, 태국 여성들
- ▶ 결혼중개업체는 베트남, 러시아, 중앙아시아 여성들에게 더 많이 나타남

(1) 국제결혼의 특성

① 1990년대 이전까지는 한국 사회에서 국제결혼은 매우 드문 현상이었고, 국제결혼은 주로 여성의 문제로 여겨졌다.

② 1990년대 이후 남성들의 아시아 여러 나라 또는 구소련 출신의 여성과 결혼 현상의 증가로, 여성보다는 남성이 국제결혼이 많다.

③ 여성의 국제결혼을 통해 다른 나라로 이주하는 현상은 다양한 사회적 요인이 작용하였다. 국제결혼 증가의 한국 사회 배경은 편중된 성비례로 인해 결혼하지 못한 남성의 수요 급증, 미혼 여성의 증가, 한국 여성의 가치관(농촌에서 살기를 꺼리는) 작용, 정보화, 세계화에 따라 국제결혼에 대한 인식과 가치관의 변화, 주변국 여성이 결혼을 통한 한국 이주를 빈곤의 탈출로 생각, 국제중매업체의 적극적 상술과 노총각 구제 차원의 국제결혼을 독려하는 사회적 분위기에 영향을 받는다.

(2) 국제결혼의 과정

① 외국인 여성의 한국으로의 결혼이 주는 1980년대 통일교를 통한 일본 여성과의 국제결혼으로 시작되었다.

② 1992년 이후 중국 교포와 중국 한족의 결혼 이주가 활발하게 되었다.

③ 1990년대 말 베트남과 구소련 등 외국인 아내의 국적이 다양화되었다.

④ 국제결혼 과정은 친구나 친척의 소개, 직접 만남, 종교단체, 결혼중개업체를 통한 방식으로 이루어졌다.

국제결혼 동기로는 국제결혼에서 배우자 쌍방 간 결혼의 동기가 다른 것으로 나타나 삶의 목표나 가치의 차이를 보인다. 한국인과 결혼한 중요한 이유는 경제적 이유(41%), 남편을 사랑해서(37%)이고, 결혼중개업체를 통한 국제결혼의 경우 73%가 경제적 이유로 국제결혼을 선택한다(설동훈, 2005).

(3) 외국인 근로자 가족

외국인 근로자는 일정 기간 다른 나라에서 돈벌이하는 사람을 말한다. 국내법(외국인 근로자의 고용 등에 관한 법률)에서 외국인 근로자는 대한민국의 국적을 가지지 아니한 사람으로서 국내에 소재하고 있는 사업 또는 사업장에서 임금을 목적으로 근로를 제공하고 있거나 제공하려는 사람을 말한다.

1990년대 초 한국인들이 기피하는 3D 업종 인력 수급을 위하여 산업연수생제도를 통해 국내에 유입하였다. 2005년 산업연수생제도의 단점에 대한 방안으로 외국인 고용허가제를 실시하였다.

외국인 근로자의 국내 취업 역사가 점점 길어짐에 따라 외국인 근로자 중에서 여러 가지 형태로 가족을 동반하여 거주하거나, 국내에서 가족을 형성하는 사례가 종종 나타나고 있으며, 그 가족구성원에 아동이 포함된 경우도 적지 않다.

경제사회의 국제화 진전 중에서 국내에 취업하는 외국인 근로자는 상당히 많아져서 전문 기술 분야에 취업하는 사람이나 국외 동포의 근로자 등 많은 외국인 근로자가 취업하고 있다.

- 국내 기업의 외국인 근로자의 합법적 고용을 보장함
- 외국인 근로자에게 노동3권과 산업재해보상보험, 최저임금을 보장함
- 외국인 근로자의 취업 기간은 원칙적으로 3년이며 1년마다 갱신이 가능함
- 작업장 이동은 불가피한 경우가 아니면 원칙적으로 금지함
- 작업장 3번 이상 옮기게 되면 불법체류자(미등록 외국인 근로자)로 전락함

> • ILO 이주노동자 협약: 노동을 목적으로 다른 국가로 이주하는 노동자
> • UN 국제협약: 자신의 국적이 아닌 나라에서 유급 활동에 종사할 예정, 종사하거나 종사하러 온 사람들, 미등록이주노동자도 포함

외국인 근로자는 등록 외국인(합법 취업자), 산업기술 연수생, 미등록 노동자(불법취업자) 등이 있다.

가. 고용허가제

외국인 근로자가 늘어나기 시작한 것은 1988년 서울올림픽 이후 가난과 빈곤에서 벗어나려는 동남아 등 저개발국 이주 근로자들이 주로 3D업종의 단순 기능 인력으로 1991년 본격적으로 유입되었다. 1993년 산업연수생제를 거쳐 2004년 고용허가제로 발전하였다.

외근인 근로자(국적이 한국이 아닌 자로 합법, 불법을 모두 포함)란 합법적으로 취업비자를 소지한 등록 외국인(합법 취업자)과 산업기술 연수생 등을 말한다.

- 고용 허가자는 일반고용 허가자와 특례 고용 허가자 구분
  - 일반고용 허가자: 인력 송출 양해각서(MOU)를 체결한 국가의 인력
  - 특례 고용 허가자: 외국국적동포

나. 취업 자격 체류 외국인

글로벌 인재 유치정책의 지속적인 시행에 따라 특정활동(E-7) 자격 소지자 등 전문 인력이 향상하였다. 비전문 취업(E-9) 및 방문취업(H-2) 자격 소지자 등 단순 기능 인력 감소하였다. 전체 취업 자격 체류 외국인이 감소하였다.

국내 체류 외국인은 2018년 말 기준 국내 체류 전체 외국인 근로자는 594, 991,441명으로 2017년 대비 8.5%(159,922명) 증가하였고, 최근 5년간 매년 증가추세를 보이고 있다. 외국인 근로자 594,991명 중 불법체류자는 60,834명, 12.6%이다. 전문 인력은 7.2%, 단순 기능 인력은 13.2%가 불법체류이다.

※ 외국인 근로자 취업 자격별 현황

구분		2017년 총 체류자	2018년		
			총 체류자	합법체류자	불법체류자
계		581,480	594,991	534,157	60,834
전문 인력	소계	47,404	46,851	41,884	4,967
	단기취업(C-4)	1,719	1,302	998	304
	교수(E-1)	2,427	2,341	2,336	5
	화학지도(E-2)	14,352	13,749	13,711	38
	연구(E-3)	3,214	3,145	3,138	7
	기술지도(E-4)	185	191	190	1
	전문직업(E-5)	597	606	597	9
	예술흥행(E-6)	3,704	3,633	2,029	1,604
	특정 활동(E-7)	21,206	21,884	18,885	2,999
단순 기능 인력	소계	534,076	548,140	492,273	55,867
	비전문 취업(E-9)	279,127	280,312	232,939	47,373
	선원취업(E-10)	16,069	17,447	11,273	6,174
	방문취업(H-2)	238,880	250,381	248,061	2,320

출처: 법무부 출입국외국인정책본부(2019a). https://www.immigration.go.kr/

외국인 근로자의 법적 지위

- 전문기술직 외국인 근로자(E-1~E-7 등): 교수, 연구원, 엔지니어, 외국어 강사 등
- 비취업 전문비자(E-9) 일반 이주노동자: 고용허가제, 체류 기간 제한
- 방문취업(H-2) 외국국적동포 이주노동자: E-9보다 더 허용
- 미등록 이주노동자: 체류 기간 만료에도 귀국하지 않고 일하는 이주노동자, 관광/방문 등으로 입국 후 체류 기간 초과, 체류 기간 내 사업장 무단이탈, 밀입국 등

3 다문화 사회복지의 실천 방법

1) 사회복지 실천의 다문화 관점

오늘날 직면한 중대한 도전 중 하나는 사회의 급속한 인구학적 변화에 따른 클라이언트 집단의 문화적 프로필의 다양성이다. 세계화의 물결에 따라 국가 간, 지역 간 인구이동이 한층 자유로워지면서 국제 결혼이민자, 외국인 근로자 등의 형태로 외국인들의 유입이 늘어나고 있다. 21세기 한국 사회에도 예외 없이 적용되고 있는 인구의 혼성 증가는 정부로 하여금 '다문화'를 지향한다고 선언하게 하였다. 사회복지 현장은 이 새로운 클라이언트 집단에 대한 종래의 개입 방식이 언어를 포함한 문화적 다양성에 대한 준비 부족으로 인해 효과를 거두지 못함을 목격하게 되었다. 이에, 실천가들은 단일문화(mono-culture)를 가정했던 지금까지와는 달리 사회 복지 실천 현장의 다문화적 접근(multi-cultural approach)의 필요성에 주목하게 되었다. 다문화 관점은 체계 관점이나 강점 관점 등에 비해 논의가 시작된 지 오래되지 않은 탓으로 아직 관점인지, 접근방법(methodology)인지에 대해 학문적 합의가 명료하게 이루어지지 않았다(이성순 외, 2017).

돌이켜 보면 국제 결혼이민자, 외국인 근로자 등의 문화적 비주류 집단은 언제나 사회복지의 전통적 클라이언트 집단이기도 했다. 미국의 사회복지사협회(NASW)는 사회복지사 윤리강령에서 사회복지사는 "문화가 무엇인지, 사회와 인간 행동에 대한 문화의 기능을 이해하고, 각 문화의 강점에 대한 인식과 지식을 가지고 클라이언트의 문화에 민감한 서비스를 제공하여 사회복지사의 역량을 보여 주어야 한다."고 규정하고 있다. 즉, 사회복지 실천 현장에서 다문화 관점은 가치와 윤리, 실천 지식과 기술 및 사회복지교육과 사회 변화의 추구와 같은 사회복지 실천의 모든 차원에서 중요한 기반이라고 지적한다.

요컨대 다문화주의는 인종, 민족의 다양성과 함께 문화의 다양성을 포괄하는 것으로서 한 사회에서 어느 하나의 인종이나 민족 또는 문화가 우월

하지 않고 각 인종과 민족, 문화 집단의 생활 기준이 동등하게 존중되는 것을 말한다.

다문화가족 사회복지는 다문화가족 생활을 보호하고 가족구성원들의 사회적 기능 수행을 향상하기 위한 가족구성원 개인이나 가족에 대한 서비스뿐만 아니라 다문화가족 정책의 수립 및 수정에 대한 사회 구성원들의 공동체적 노력이다(이성순 외, 2017).

2) 다문화가족 복지의 접근방법

다문화가족 복지의 접근방법에는 크게 간접적 방법과 직접적 방법이 있다. 간접적 접근방법은 거시적 방법으로서 다문화가족의 문제를 사회 전체의 문제로 다루며, 가족이 전체 사회의 제도적 구조와 적합한 관계를 유지할 수 있는 조건이나 환경을 조성하는 방법이라고 볼 수 있다.

직접적 접근방법은 미시적 방법으로서 문제나 장애로 고통받는 가족과 만남을 통해 가족에게 직접적으로 접근하는 방법으로 서비스 차원에서 논의될 수 있다. 이 두 가지 접근방법은 상호 보완적 관계에 있다고 볼 수 있다. 즉 다문화가족 복지의 접근방법은 크게 거시적 방법(다문화가족 복지정책 행정)과 미시적 방법(다문화가족 복지서비스 – 가족 사회복지, 가족치료 및 상담)으로 구분할 수 있다.

접근방법	연구 부문	개별제도, 서비스프로그램
거시적, 중범위적 방법	다문화가족 복지정책	가족수당, 소득세 공제, 가족 소득지원, 건강지원, 자립할 수 없거나 다문화 등의 가족원을 대상으로 하는 제도와 프로그램, 주택정책 혹은 급여
	다문화가족 복지행정	다문화가족 문제 대책 추진 위원회의 결성, 다문화가족 문제별 다문화가족 원조 활동 조직의 결성, 다문화가족 문제 통합서비스본부의 설치, 다문화가족 문제 지도 연수 체계의 결성
미시적 방법	다문화가족 복지서비스	다문화 가족 보존 서비스, 다문화가족 상담, 다문화 가족치료, 부부 상담, 다문화 가족생활 교육
	다문화가족 사회복지	가정조성서비스, 결혼 지원 서비스, 가족계획사업, 가족 옹호

(1) 다문화가족의 정책적 접근방법

전체 사회의 제도적 구조와의 관계에서 잘 존속할 수 있는 조건 혹은 환경을 조성해 가는 간접적이고 거시적 접근방법으로서 직접적이고, 미시적인 다문화가족 복지서비스 접근과는 상호보완적 관계에 있다.

(2) 다문화가족의 복지 서비스적 접근방법

가. 다문화가족의 사회복지

지역사회에서 다문화가족의 비공식적·공식적 지지망을 규명하고 육성하도록 도움으로써 가족기능의 향상 및 유지를 돕고자 한다.

다문화가족 사례 관리는 한 다문화가족이 가진 다양한 문제를 통합적으로 계획하고 관리하여 효율적인 문제해결을 도모하고자 하는 서비스 방법이다.

나. 가족치료 및 상담 접근방법

'다문화가족으로부터 개인에의 영향' 관점, '폐쇄적 체계'로 접근하여 가족관계를 변화시키는 기법이 적용된다.

4 다문화 사회복지의 내용

1) 다문화가족의 현황

(1) 국제 결혼이민자 및 국적 취득자의 결혼 상황

다문화가족을 국제 결혼이민자와 국적 취득자와 자녀를 포함하여 집계하면 2018년 11월 기준 58만 명 이상으로, 매년 지속적으로 증가해 오고 있다. 국제 결혼이민자의 배우자를 포함하면 2020년에는 100만 명 이상에 이를 것으로 전망되고 있다.

2018년 외국인 주민 현황 조사, 행정안전부, '18.11월 기준에 의하면, 국제 결혼이민자는 16.7만 명, 국적 취득자 17.6만 명, 자녀 23.71만 명(18세 이하)으로서, 2007년 이래 지속적으로 증가 추세를 보여 2018년에는 2배 이상 국제 결혼이민자 및 국적 취득자의 수가 증가하였음을 보여주고 있다(다문화가족 관련 연도별 통계 <'20. 6월, 다문화가족과>).

※ 연도별 국제결혼이민자 및 국적취득자 현황
(외국인주민현황조사, 행정안전부, '18.11월 기준)

(단위: 명)

<table>
<tr><th rowspan="2">연도('07~'15)</th><th colspan="3">계</th><th colspan="3">국제결혼이민자</th><th colspan="3">혼인귀화자</th><th colspan="3">기타 사유 국적 취득자***</th></tr>
<tr><th>계</th><th>남</th><th>여</th><th>계</th><th>남</th><th>여</th><th>계</th><th>남</th><th>여</th><th>계</th><th>남</th><th>여</th></tr>
<tr><th rowspan="2">연도('16~)</th><th colspan="3">계</th><th colspan="3">국제결혼이민자**</th><th colspan="6">국적취득자</th></tr>
<tr><th>계</th><th>남</th><th>여</th><th>계</th><th>남</th><th>여</th><th colspan="2">계</th><th colspan="2">남</th><th colspan="2">여</th></tr>
<tr><td>2018</td><td>343,797</td><td>69,515</td><td>274,282</td><td>166,882</td><td>32,858</td><td>134,024</td><td colspan="2">176,915</td><td colspan="2">36,657</td><td colspan="2">140,258</td></tr>
<tr><td>2017</td><td>330,188</td><td>65,507</td><td>264,681</td><td>160,653</td><td>30,745</td><td>129,908</td><td colspan="2">169,535</td><td colspan="2">34,762</td><td colspan="2">134,773</td></tr>
<tr><td>2016</td><td>318,948</td><td>61,544</td><td>257,404</td><td>159,501</td><td>28,728</td><td>130,773</td><td colspan="2">159,447</td><td colspan="2">32,816</td><td colspan="2">126,631</td></tr>
<tr><td>2015</td><td>294,663</td><td>56,652</td><td>238,011</td><td>144,912</td><td>25,263</td><td>119,649</td><td>93,249</td><td>10,308</td><td>82,941</td><td>56,502</td><td>21,081</td><td>35,421</td></tr>
<tr><td>2014</td><td>295,842</td><td>48,787</td><td>247,055</td><td>149,764</td><td>21,953</td><td>127,811</td><td>90,439</td><td>4,261</td><td>86,178</td><td>55,639</td><td>22,573</td><td>33,066</td></tr>
<tr><td>2013</td><td>281,295</td><td>45,348</td><td>235,947</td><td>147,591</td><td>20,887</td><td>126,704</td><td>83,929</td><td>4,264</td><td>79,665</td><td>49,775</td><td>20,197</td><td>29,578</td></tr>
<tr><td>2012</td><td>267,727</td><td>42,459</td><td>225,268</td><td>144,214</td><td>19,630</td><td>124,584</td><td>76,473</td><td>4,268</td><td>72,205</td><td>47,040</td><td>18,561</td><td>28,479</td></tr>
<tr><td>2011</td><td>252,764</td><td>39,825</td><td>212,939</td><td>141,654</td><td>18,561</td><td>123,093</td><td>69,804</td><td>4,317</td><td>65,487</td><td>41,306</td><td>16,947</td><td>24,359</td></tr>
<tr><td>2010</td><td>221,548</td><td>34,144</td><td>187,404</td><td>125,087</td><td>15,876</td><td>109,211</td><td>56,584</td><td>3,796</td><td>52,788</td><td>39,877</td><td>14,472</td><td>25,405</td></tr>
<tr><td>2009</td><td>199,398</td><td>30,988</td><td>168,410</td><td>125,673</td><td>15,190</td><td>110,483</td><td>41,417</td><td>2,047</td><td>39,370</td><td>32,308</td><td>13,751</td><td>18,557</td></tr>
<tr><td>2008</td><td>168,224</td><td>26,339</td><td>141,885</td><td>102,713</td><td>13,711</td><td>89,002</td><td>41,672</td><td>2,991</td><td>38,681</td><td>23,839</td><td>9,637</td><td>14,202</td></tr>
<tr><td>2007</td><td>142,015</td><td>21,905</td><td>120,110</td><td>87,964</td><td>12,497</td><td>75,467</td><td>38,991</td><td>2,624</td><td>36,367</td><td>15,060</td><td>6,784</td><td>8,276</td></tr>
</table>

** '16년부터 귀화요인(혼인 등) 미구분(사유: 기타 사유 국적 취득의 경우도 대부분 결혼귀화자라 구분 실익이 없음)

*** 다문화가족 지원법 개정('11.4.4 개정, '11.10.5 시행)으로 인해 2012년부터는 혼인귀화자 외에 기타 사유 국적 취득자(인지귀화)도 다문화가족에 포함

(2) 외국인과의 혼인·이혼 통계(혼인·이혼통계, 통계청, '20.3월 발표)

다문화가족의 형성 배경에 따라 가족 형태가 다양화되고 있어, 가족원의 사회·경제적 어려움, 자녀 양육이 문제 등 다양한 정책 수요가 예상된다. 국제결혼은 2017년 20,835건, 2016년 20,591건보다 다소 증가하였다.

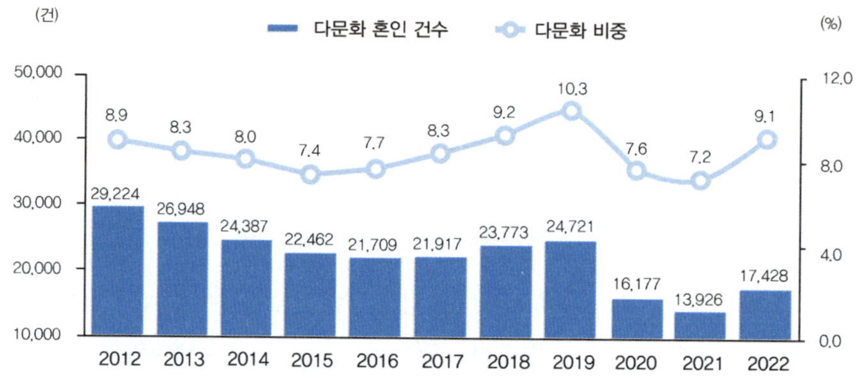

출처: 2022년 다문화 인구동태 통계, 통계청 인구 동향 조사.

그림 14-1 국제결혼 유형별 건수의 변화추이(2012-2022)

통계청이 발표한 2022년 다문화 인구동태 통계에 의하면, 외국인 아내의 혼인이 11,649건으로 가장 많고, 외국인 남편은 3,479건, 귀화자는 2,300건 순으로 많은 상태이며, 외국인 아내의 혼인은 전년보다 34.7%, 외국인 남편은 13.7%, 귀화자는 3.5% 증가세를 보이고 있다.

외국인 아내의 비중은 전년보다 4.7%p 증가한 반면, 외국인 남편의 비중은 2.0%p, 귀화자의 비중은 2.8%p 각각 감소하고 있는 실태를 보여주고 있다.

다문화 혼인 건수 및 전체 혼인 중 다문화 비중, 2020-2022년 (단위: 건, %)

		전 체			다문화 혼인[1]			출생기준 한국인 간의 혼인[2]		
		2020	2021	2022	2020	2021	2022	2020	2021	2022
혼인 건수		213,502	192,507	191,690	16,177	13,926	17,428	197,325	178,581	174,262
(비중)		100.0	100.0	100.0	7.6	7.2	9.1	92.4	92.8	90.9
전년 대비	증 감	-25,657	-20,995	-817	-8,544	-2,251	3,502	-17,113	-18,744	-4,319
	증감률	-10.7	-9.8	-0.4	-34.6	-13.9	25.1	-8.0	-9.5	-2.4

가. 다문화가족의 이혼현황

2022년 다문화 이혼은 7,853건으로 전년(8,424건)보다 571건(-6.8%) 감소하고 2022년 전체 이혼(9만 3천 건)은 전년보다 8.3% 감소하였으며, 다문화 이혼은 6.8% 감소, 2012년 이후 지속적인 감소 추세이다.

전체 이혼에서 다문화 이혼이 차지하는 비중은 8.4%로 전년(8.3%)보다 0.1%p 증가하였다.

14

다문화 이혼 건수 및 전체 이혼 중 다문화 비중, 2020-2022년 (단위: 건, %)

		전 체			다문화 이혼[1]			출생기준 한국인 간의 이혼[2]		
		2020	2021	2022	2020	2021	2022	2020	2021	2022
이혼 건수		106,500	101,673	93,232	8,685	8,424	7,853	97,815	93,249	85,379
(비중)		100.0	100.0	100.0	8.2	8.3	8.4	91.8	91.7	91.6
전년 대비	증 감	-4,331	-4,827	-8,441	-1,183	-261	-571	-3,148	-4,566	-7,870
	증감률	-3.9	-4.5	-8.3	-12.0	-3.0	-6.8	-3.1	-4.7	-8.4

나. 다문화가족 자녀현황

2020 지방자치단체 외국인 주민 현황 통계표('20.11.1. 인구주택총조사 기준)

(단위: 명)

구분	총인구 ('20.11.1.)	인구 대비(%)	외국인 주민(합계)	한국국적을 가지지 아니한 자						한국국적 취득자	외국인주민자녀(출생)
				소계	외국인 근로자	결혼 이민자	유학생	외국국적 동포	기타 외국인		
계	51,829,136	4.1%	2,146,748	1,695,643	455,287	173,756	142,569	345,110	578,921	199,128	251,977
서울	9,586,195	4.6%	443,262	366,454	63,526	31,661	46,925	102,828	121,514	43,769	33,039
부산	3,349,016	2.2%	72,729	54,914	12,711	7,365	10,547	4,197	20,094	6,422	11,393
대구	2,410,700	2.1%	50,530	37,398	8,026	5,474	6,128	3,380	14,390	4,669	8,463
인천	2,945,454	4.4%	130,845	99,212	22,450	11,771	5,177	22,213	37,601	16,100	15,533
광주	1,477,573	2.7%	40,480	30,573	6,392	3,723	5,576	3,223	11,659	3,483	6,424
대전	1,488,435	2.2%	32,061	22,928	2,838	3,538	5,807	2,033	8,712	3,228	5,905
울산	1,135,423	3.1%	35,746	26,895	6,997	3,461	1,662	5,282	9,493	3,382	5,469
세종	353,933	2.6%	9,312	7,244	2,020	878	1,180	918	2,248	729	1,339
경기	13,511,676	5.3%	715,331	583,462	176,517	52,907	19,501	145,609	188,928	65,976	65,893
강원	1,521,763	2.4%	36,349	24,654	5,830	3,927	3,876	2,123	8,898	4,064	7,631
충북	1,632,088	4.5%	72,692	57,094	18,099	5,670	3,822	10,466	19,037	5,816	9,782

구분	총인구 ('20.11.1.)	인구 대비(%)	외국인 주민(합계)	한국국적을 가지지 아니한 자						한국국적 취득자	외국인주민자녀(출생)
				소계	외국인 근로자	결혼 이민자	유학생	외국국적 동포	기타 외국인		
충남	2,176,636	5.6%	122,826	99,166	31,406	9,032	6,816	19,604	32,308	8,946	14,714
전북	1,802,766	3.4%	60,872	42,366	10,475	6,059	8,251	2,413	15,168	5,945	12,561
전남	1,788,807	3.7%	66,370	45,236	17,792	6,755	2,209	2,516	15,964	6,393	14,741
경북	2,644,757	3.7%	97,953	74,547	23,431	7,987	9,626	6,194	27,309	7,769	15,637
경남	3,333,056	3.8%	125,817	96,669	37,628	10,661	3,407	9,889	35,084	10,117	19,031
제주	670,858	5.0%	33,573	26,831	9,149	2,887	2,059	2,222	10,514	2,320	4,422

출처: 행정안전부 '2020 지방자치단체 외국인주민 현황 통계' (2021년 11월 발표).

(3) 외국인 근로자

외국인 근로자는 20세기 들어서면서부터 자본과 노동의 세계화, 교통 및 정보통신의 발달에 따라 근로자들의 국제이동, 국제교류 및 국제결혼 등으로 국제적으로 인구이동이 급격히 증가하였다. 외국인의 집단밀집 거주지역 형성은 외국인 수가 증가하면서 자연스럽게 형성하였다. 1990년대부터 전국의 공단지역과 서울 외곽에 이주근로자의 집단밀집 거주지역이 형성되었다. 외국인 근로자는 비용과 노동시장의 접근성 때문에 공단지역 인근이나 지하철 노선의 맨 끝인 서울 외곽에 집단거주 지역을 형성하고 있다.

가. 외국인 근로자의 현황

2008년 115.87만 명이었던 외국인 근로자 수는 2016년에 들어 204.9만 명을 넘어서면서 8년에 걸쳐서 약 2배가량 증가하였다(법무부 통계, 취업비자 기준).

취업비자를 발급받고 합법적으로 근로하는 외국인 외에도 관광 비자를 발급받아서 계속해서 머무르거나 취업비자 기간을 초과하여 체류하는 외국인 수를 합한다면 더 증가할 것으로 예상된다. 2018년 우리나라 소상공인, 자영업자들에게 큰 타격을 준 최저임금 상승은 근로자의 입장에서는 더욱 안정적인 최저생계비를 확보할 수 있는 수단이 되었다.

따라서 우리나라의 외국인 근로자(특히 불법체류자) 역시 최저임금 인상 발표 후에 35.5만 명 이상 가파른 상승세를 보이기도 하였다. 우리나라에 체류하는 외국인 근로자의 임금수준을 살펴보면 200만 원~300만 원 미만의 구간은 지난 해 대비 11.5% 늘어나면서 최저임금 인상의 결과를 그대로 흡수하였다.

이와 달리 100만 원~200만 원 미만의 임금 구간은 오히려 6.8% 정도 감소하면서 외국인 근로자들의 평균적인 임금수준이 높아졌다고 볼 수 있다. 한편 불법체류율은 2022년 18.3%에서 2023년에는 16.9%로 감소하였다.

※ 연도별 불법체류자(등록, 단기, 거소) 현황(2019년~2023년) (단위: 명)

구분	2019	2020	2021	2022	2023
등록	95,815	108,665	125,022	138,013	137,954
단기	293,150	281,857	262,251	269,532	283,687
거소	1,316	1,674	1,427	3,725	2,034

나. 외국인 근로자의 취업실태

우리나라에서 체류하는 외국인 근로자들은 주로 내국인들이 많이 피하는 영세한 규모의 중소기업, 공장 등에서 발생하는 노동 수요를 외국인 근로자가 계속해서 충당하고 있다고 볼 수 있다. 이삿짐센터, 식당 주방, 노동 강도가 센 공장, 건설 현장, 요양병원, 농어촌, 염전 등 어느 한 영역이라고 꼽을 수 없이 다양한 업종에 외국인 근로자들이 활동하고 있다.

2019년 10월 현재 고용허가제 취업자의 국적별 분포는 베트남이 전체 취업자의 26.4%로 1/4을 차지하며, 이어서 태국(14.3%), 필리핀(12.9%), 인도네시아(12.5%) 순이었다.

외국인 근로자의 유입이 계속해서 늘어감에 따라서 우리나라 내국인 근로자들은 부족한 일자리와 관련하여 일감 배정에 불이익을 받는다는 주장을 펼치기도 한다. 오랜 기간 공사장 건설 현장에서 일하던 우리나라 중장년층 근로자가 젊은 연령대의 외국인 근로자로 대체되면서 나오는 불만이 나오면서 건설 현장에서 민주노총, 한국노총을 중심으로 하는 집회가 열리기도 하였다.

그러나 우리나라의 3D 업종은 외국인 근로자 의존성이 굉장히 높아서 내국인 노동시장을 최대한 배려하면서도 해당 업종의 노동 공백이 생기지 않도록 정책적인 고민(최저임금, 노동시간 적용)을 좀 더 거시적인 시각으로 해야 할 필요가 있다. 특히 우리나라에서 근로할 때 언어적인 장벽이 없는 조선족 동포들의 경우에는 산업 현장에서 더욱 쉽게 내국인 근로자를 대체할 수 있는 경쟁력을 가지기 때문에 얼어붙은 우리나라 노동시장, 취업시장의 상황과 외국인 근로자 현황을 충분히 고려한 정책적인 접근이 계속되어야 한다.

다. 외국인 근로자의 욕구

안정적인 생산 활동의 참여, 최소한의 소비활동, 동일 직장에서 장기근무, 건강할 때 심리적 복지 감을 느낀다. 정부에서 외국인 근로자를 대상 복지서비스를 제공하고 있지만, 이들은 일반적으로 야간근무 등의 초과근무와 도시 외곽의 공단지역에 거주하는 관계로 시간적으로나 지리적으로 정부 기관을 이용하는 것 자체가 어려움이 많이 있다.

또한 불법체류자의 경우는 추방 등 심리적 거리감으로 정부 기관보다는 민간단체를 이용할 수밖에 없는 실정이다. 외국인 근로자는 우리가 피하는 3D업종에 주로 근무하다 보니 근무상 여러 가지 위험에 노출되어 있고 사고 발생빈도가 많다. 외국인 근로자들은 복지 욕구가 있더라도 제대로 표현하지 못하고 있다.

가) 외국인 근로자의 근로권과 주거권 배제

외국인 근로자의 임금체납 및 근로환경 문제는 심각하다고 볼 수 있다.

고용허가제의 근로조건이 본국 계약과의 차이를 발생시키고 사업장 선택 권한의 제한으로 인한 불이익을 당하고 있다.

- 노동3권 및 인권 침해: 여권 압수, 폭언, 폭행, 성폭력, 임금 등의 각종 차별
- 산재사고 위험: 열악한 근로환경과 안전교육 미비, 미숙한 작업환경 등
- 거주 환경의 열악: 비거주 시설, 과밀, 다국적 외국인 근로자의 문화 갈등 등

나) 제도적 보호를 받지 못하는 미등록 외국인 근로자

① 불법체류 낙인: 미등록 화는 고용허가제의 구조적 결함의 원인이 더 많다.

② 임금체납 문제: 체불임금에 대한 권리 행사의 제한 및 악용하는 사업주가 많다. 외국인 근로자는 현재 체류가 불법적이므로 권리를 주장하지 못하고, 항의 등의 권리를 포기할 수밖에 없는 실정이다.

③ 정부 과도한 단속 문제: 반인권적 합동단속과 강제 추방 등으로 인한 사망자 수가 증가하였다. 2003년 후 100여 명의 사망자가 발생하였다.

※ 외국인 근로자 연도별 임금체납 신고액 현황 (단위: 억 원)

연도	2015	2016	2017	2018	2019. 8.	계
체납액	504	687	784	972	797	3,744
체당금 지급액	158	291	285	293	233	1,260

출처: 내일신문(2019.10.17). 이주노동자 임금체납 갈수록 는다.

다) 사회보험제도에 대한 정보 부족

등록(합법 체류) 외국인 근로자는 4대 보험 가입 및 외국인 근로자 전용보험 가입, 건강보험 및 산재보험은 의무가입 대상이나 가입하지 않는 경우가 발생하고 있다.

모국어 설명 및 고용계약 시 명시 등 제도적 혜택 확보 방안을 마련할 필요가 있다. 미등록 외국인 근로자의 경우 인권 차원에서의 사회복지의 지원이 필요하다.

라) 외국인 근로자의 자녀 문제

외국인 근로자 자녀들은 부모의 언어적 한계와 저소득, 양육 돌봄 시간의 부족, 교육제도에 대한 이해 부족, 외국인에 대한 편견적인 시각과 차별 등으로 인해 개인적인 발달과 성장뿐 아니라 한국 사회로의 생활 적응과 통합에 어려움을 겪고 있다.

학령기에 해당하는 외국인 근로자 자녀는 의사소통의 어려움과 학업 부진 등으로 인해 학교 부적응을 경험하며 때에 따라 학업 중단하고 있다.

더욱 심각한 문제는 미등록 외국인 근로자의 자녀들이 겪는 권리 침해 문제이다. 2010년 법무부가 '불법체류 아동의 학습권 지원'을 발표해 체류 신분과 관계없이 고등학교까지 학습권을 법적으로 보장해 주어 과거보다는 개선이 되었다.

그러나 미등록 외국인 근로자 자녀는 자신과 부모의 한국어 능력 부족, 비자 문제, 입학 절차 이해 부족, 외국인을 바라보는 편견 등으로 공교육의 진입에 어려움을 겪고 있으며 부모가 언제 추방될지 모르는 불안감 속에 살고 있다. 공교육에 어렵게 진입했다 하더라도 적응이 어렵고, 기본적인 예방접종 등 건강권도 보장받을 수 없다.

부모의 양육역량 및 양육환경이 열악하고, 사회적 편견과 차별이 존재하기 때문에 미등록 외국인 근로자 자녀의 취학 어려움이 있다. 따라서 법적으로는 고등학교까지 교육 보장하고 있지만, 현실적으로 다니기 어려운 여건이며, 출생 미등록으로 인한 일상생활의 제한을 받고 있다.

한편 언어능력 부족과 학교 부적응으로 인해 수업, 교우관계 적응 문제, 결석 및 중도 포기 등이 발생하고 있다. 심신 발달 문제를 고려하지 못한 학년 배정 문제 등이 있다(이성순 외, 2017).

마) 외국인 여성 근로자의 성폭력 및 성희롱 문제

외국인 여성 근로자는 젠더 불평등에 따른 계층적, 인종적, 성적 차별의 삼중고를 겪고 있다. 외국인 남성 근로자보다 더 낮은 임금은 물론, 더 긴 근로시간을 제공하고 있다. 즉, 근로시간은 더 길어 더욱 열악한 노동환경에 처해 있다.

외국인 여성 근로자는 한국인과 외국인 남성 근로자에 의한 성희롱 및 성폭행 위협 시 보호를 제대로 받을 수가 없다. 아울러 제대로 신고할 수가 없다. 미등록 외국인 여성 근로자의 경우에는 더욱 심각하여 보호조차 허락되지 않는 경우가 발생하고 있다.

다시 말해서 한국인 근로자들뿐 아니라 외국인 남성 근로자들의 성희롱 및 성폭행의 위험에 노출되어 있지만, 보호는 받지 못하고 있다. 실제로 폭력이 있어 이를 신고하게 되면 사건종결과 함께 강제 출국을 당하기 때문에 피해를 보고도 신고조차 하지 못하는 경우가 많다.

2) 다문화가족의 욕구

다문화가족과 관련된 욕구를 살펴보면 다음과 같다.

(1) 문화 갈등 및 언어소통의 문제

다문화가족은 서로 다른 문화권에서 성장한 남녀가 적응하면서 문화적 갈등이 발생한다. 의식주 가정생활 방식 차이, 가족관계, 성역할 등의 문화 차이는 부부의 갈등을 초래하는 요인이 되고 있다.

(2) 경제적 어려움과 취업의 욕구

경제적 어려움과 취업의 욕구는 언어 및 문화적응 제외 시 가장 심각한 문제, 국제결혼이민자 가정의 53% 정도가 최저생계비 이하 소득, 13.7%가 기초생활보장 수급 가구로 취업에 대한 욕구가 크다. 이와 관련하여 의사소통 문제, 자녀 양육이 부담, 전문지식과 기술 부족 등의 장애요인이 되고 있다.

다문화가족의 약 60%가 경제적 어려움을 경험하며, 이들 중 국민기초생활보장 급여 수급 가구는 5.1%이다(이윤정 외, 2019). 소득과 결혼 만족도 밀접한 관계가 있으며, 다문화가족 부모의 사회경제적 취약성은 자녀의 학습 능력에도 영향을 미치고 있다. 이것은 빈곤의 대물림의 가능성이 크다고 볼 수 있다.

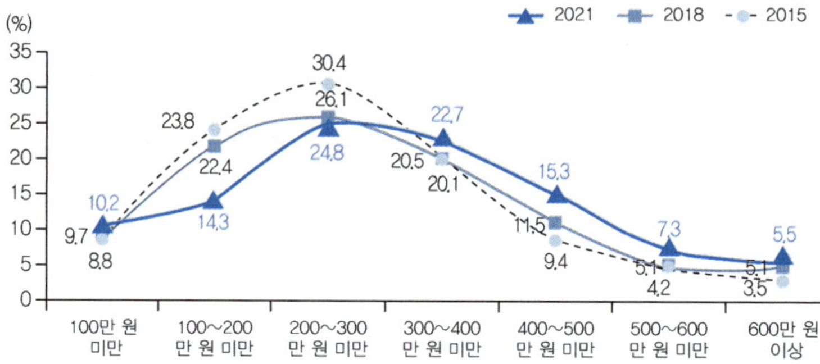

출처: 2021년 전국 다문화가족실태조사, p.60, 행정안전부.

그림 14-2 다문화 가구의 월평균 가구소득(2020년 기준)

위 통계에 의하면, 다문화가구의 월평균 가구소득은 200~300만 원 미만이 24.8%로 가장 많고, 300~400만 원 미만이 22.7%, 400~500만 원 미만이 15.3%, 100~200만 원 미만이 14.3% 순이다. 전체 다문화가구의 절반에 가까운 47.5%가 200~400만 원 구간에 포진하고 있음을 알 수 있다. 지난 조사들과 비교할 때, 300만 원 미만 구간의 비율은 줄어 들고, 300만 원 이상 구간의 비율은 증가하는 경향을 보이고 있어 다문화가구의 월평균 가구소득은 지속적으로 증가하는 추이를 유지하고 있음을 알 수 있다.

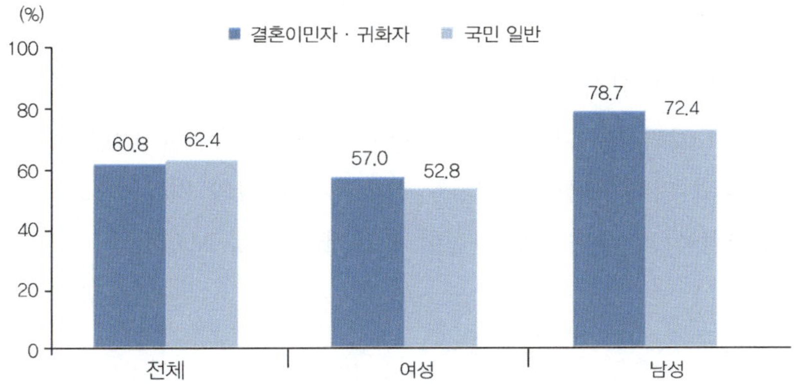

출처: 2021년 전국 다문화가족실태조사, p.260, 행정안전부.

그림 14-3 다문화 가구의 고용률(2015, 2021년)

그림 14-3과 같이 18세 이상 국민 일반과 비교하면 전체 결혼이민자·귀화자의 고용률이 1.6%p 낮은 수준이다. 그런데, 성별로 구분해보면 여성 결혼이민자 귀화자의 고용률은 여성 일반보다 4.2%p 높고 남성 결혼이민자·귀화자의 고용률 역시 남성 일반보다 6.3%p 높은 것으로 나타난다. 이처럼 집단 전체를 대상으로 했을 때와 성별로 구분했을 때 고용률 격차가 상이한 결과를 보이는 것은 국민 일반의 성별 구성과 결혼이민자·귀화자의 성별 구성에 큰 차이가 있다. 즉, 결혼이민자 귀화자 성별 구성은 여성이 82.5%, 남성이 17.5%로 고용률이 월등히 높은 남성의 비중이 현저히 적은 점이 국민 일반과의 고용률 격차에 결정적 영향을 미치는 것으로 보인다.

(3) 자녀 양육 문제

우리나라의 다문화가족의 문제로서 자녀 양육과 교육의 어려움이 존재하고 있다. 국제결혼이민자들의 자녀 양육과 교육이 어렵다. 한국 사회적응 및 자녀양육을 위한 교육 욕구와 비교해 경험 없음이 47.3%나 되었다.

가. 자녀 출산 및 성장발달 지원에 대한 문제

2018년 기준 다문화가족 중 자녀가 하나도 없는 가구는 33.2%이며 평균 자녀 수는 1.02명으로 2012년 조사 당시 평균 자녀 수인 0.9명보다 증가하였다. 그리고 자녀 출산율이 낮은 결혼이주 여성의 경우, 저소득 외에도 한국 사회적응 및 부적응에 밀접한 관계가 있음을 보인다.

나. 학령기 자녀의 학업 문제

다문화자녀의 학업 중단자 수가 계속 증가하며, 고학년이 될수록 학업 중단율이 증가하는 경향 보인다. 한국어 능력 부족 문제는 학업 중단 비율 증가로 연동되며, 배경에는 부모의 돌봄이 부족의 문제가 있다. 친구, 선생님과의 관계, 가정형편, 한국어의 부족 문제(학교 공부), 문화 차이, 나이 차이, 기타 등에서 다문화가족 자녀의 학업 중단 사유가 나타나고 있다.

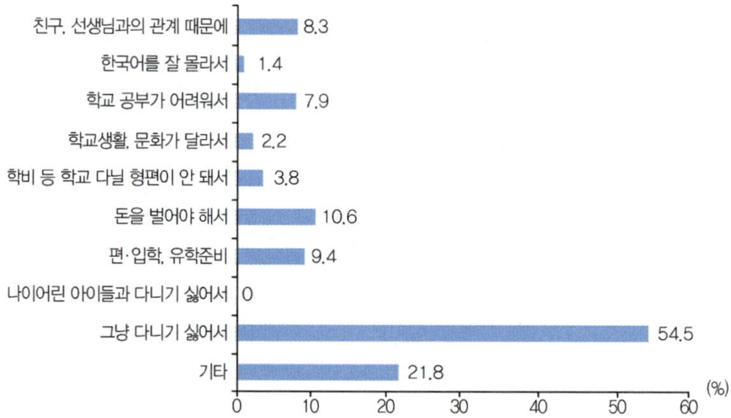

출처: 2021년 전국 다문화가족실태조사, p.673, 행정안전부.

그림 14-4 다문화가족 자녀가 한국에서 학교에 다니다 그만둔 이유(복수 응답)

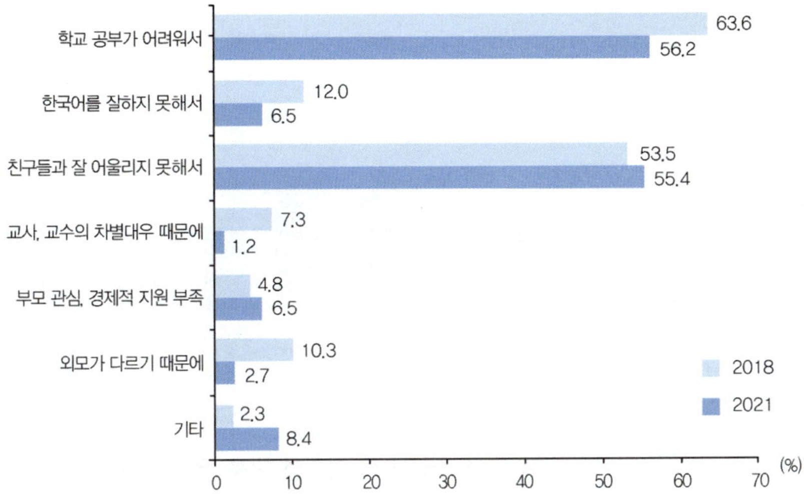

출처: 2021년 전국 다문화가족실태조사, p.687, 행정안전부.

그림 14-5 다문화가족 재학 자녀의 부적응 이유(2018-2121, 복수 응답)

다. 법적 신분 불안과 불이익

우리나라는 사회적 지지의 체계가 부족하다고 볼 수 있다. 사회적 네트워크의 취약성을 가지고 있으므로 모국의 친구와 관계를 중심으로 하고 있으며, 제한된 사회적 관계망을 가지고 있음을 알 수 있다.

외국인의 경우, 단순 취업을 목적으로 입국하는 근로자나 교육을 목적으로 입국하는 유학생과는 달리 국제 결혼이민여성의 경우, 국제결혼을 통해 한국 구성원의 지위를 획득할 수 있으나 국적 취득 과정의 사각지대에 있는 국제 결혼이민여성에게 법적 불이익과 불리한 상황에 부닥치게 된다.

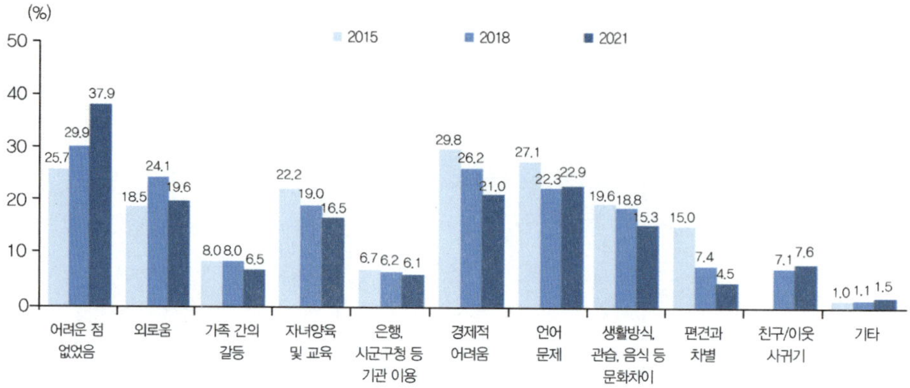

출처: 2021년 전국 다문화가족실태조사, p.201, 행정안전부.

그림 14-6 결혼이민자·귀화자의 사회적 관계 '없음' 비율

라. 사회적 문화 차이와 차별

문화적 차이와 의사소통 장벽으로 인한 부부 갈등이 발생한다. 의사소통의 어려움, 한국계 중국인 혹은 영어 가능 필리핀인의 경우 덜 심각하다. 가부장적 남편의 태도와 비교적 평등한 필리핀 여성 등 가정폭력 등이 빈번 발생하고 있다.

우리나라는 다문화에 대한 문화 차이와 차별이 심한 편이다. 한국인의 다문화 수용성은 OECD 국가 중 낮은 수준이고, 사회통합을 저해하는 요인이 존재하고 있다. '다문화가족' 용어가 사회·경제적으로 낙후된 국가 출신의 어머니를 둔 가정이라는 편견으로, 자녀에게 정서적 상처를 경험하는 경향이 많다.

사회적 차별 경험

- 부정적인 태도 혹은 선입견: 가정폭력, 불행한 결혼생활, 돈 목적의 결혼, 도망가는 아내 등
- 한국 사회의 권위주의적 성향: 외모 혹은 출신 나라에 따른 차별, 취업의 불이익, 직장 내 불이익 등

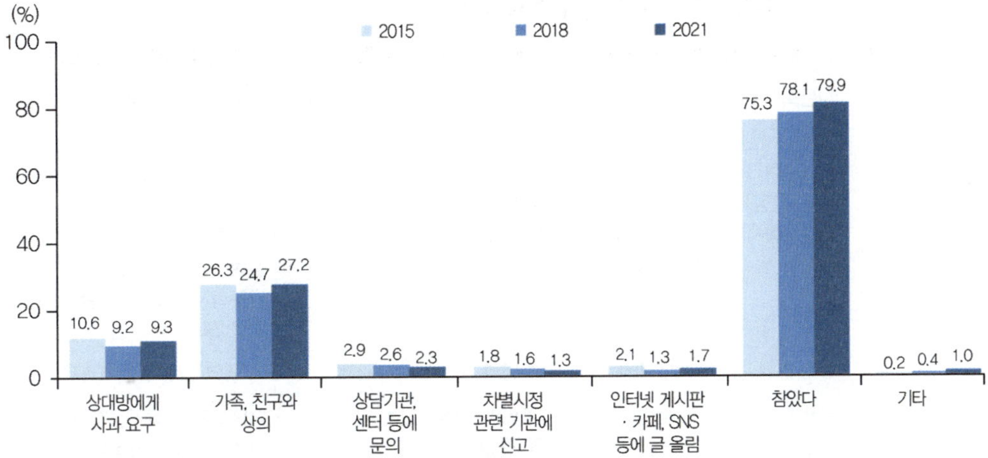

출처: 2021년 전국 다문화가족실태조사, p.246, 행정안전부.

그림 14-7 결혼이민자 · 귀화자의 차별 대처 방법(2015, 2018, 2021, 복수 응답)

3) 다문화가족의 지원정책 및 서비스

다문화가족을 지원하는 정책 및 서비스는 다양화하는 가족 형태에 맞추어 다문화가족에 대한 거시적인 인식개선을 위한 가족정책은 다문화가족정책위원회를 중심으로 관계부처의 다문화가족 지원정책이 협력하여 시행하고 있다.

표 14-1 다문화가족지원 정책의 주요 내용

구분	제1차 계획(2010~2012)	제2차 계획(2013~2017)	제3차 계획(2018~2022)
비전	다문화사회로 열린 성숙한 세계국가 구현	활기찬 다문화가족, 함께하는 사회	참여와 공존의 열린 다문화사회
목표	• 다문화가족의 삶의 질 향상 및 안정적인 정책 지원 • 다문화자녀에 대한 정책지원 강화 및 글로벌한 인재 육성	• 사회발전 동력으로서의 다문화가족 역량강화 • 다양성이 존중되는 다문화사회 구현	• 존중받고 차별 없는 다문화사회 구현 • 다문화가족의 사회 · 경제적 참여 확대 • 다문화자녀의 건강한 성장 발달 도모
	5대 영역, 61개 세부과제	6대 영역, 86개 세부과제	5대 영역, 70대 세부과제
정책과제	• 국제결혼 입국 전 검증 시스템 강화 및 국제결혼 중개 관리 • 결혼이민자 정착지원 및 자립역량 강화 • 다문화에 대한 사회적 인식 제고 • 다문화 자녀 건강한 성장발달 환경 조성	• 다양한 문화가 있는 다문화가족 구현 • 다문화자녀의 발달과 성장 지원 • 안정적인 가족생활 기반 구축 • 결혼이민자 사회경제적 진출 확대 • 다문화가족에 대한 수용성 제고 • 정책추진체계 정비	• 다문화가족 장기정착 지원 • 결혼이민자의 사회참여 확대 • 다문화자녀 안정적 성장지원 및 역량강화 • 다문화 수용성 제고 • 추진체계 강화
추진기관	〈11개 중앙행정기관, 지방자치단체〉 법무부, 문화부, 교육, 행안부, 농식품부, 복지부, 경찰청, 공정위, 여가부, 고용부, 국무총리실	〈13개 중앙행정기관, 지방자치단체〉 경찰청, 법무부, 복지부, 고용부, 교육부, 여가부, 문화부, 행안부, 농식품부, 국방부, 외교부, 방통위, 국무총리실	〈18개 중앙행정기관, 지방자치단체〉 교육부, 외교부, 법무부, 국방부, 행안부, 문화부, 농식품부, 산업통상부, 복지부, 고용부, 여가부, 국토부, 중소벤처기업부, 방통위, 경찰청, 국세청, 농진청, 소방청

출처: 김제선(2023) 문화 다양성과 다문화 사회복지, 어가출판사.

(1) 다문화가족의 지원 정책

가. 기본계획의 수립 배경

국제결혼으로 인한 다문화가족 증가하고 있다. 이는 국제결혼이 전체 결혼 중 9%를 차지하고 있다. 재혼자의 국제결혼은 현재보다 증가할 수 있다. 『다문화가족 지원 정책 기본계획』은 5년마다 수립되는 법정계획이다. 한국 생활에 안정적으로 정착 · 생활할 수 있도록 관계 부처 합동으로 기본계획을 수립 · 추진하고 있다. 다문화사회로의 진전과 함께 자녀 세대 성장, 취업 욕구 증가 등 정책 수요가 다양해지고 있고, 사회 전반의 다문화 수용성도 확대해야 할 상황이다. '20년 다문화가족은 총 100만 명이 될 것으로 예상('11년 대비 75% 증가)된다.

나. 다문화가족 구성원의 변화

시간이 지남에 따라 국제 결혼이민자, 한국인 배우자 및 자녀의 연령이 상승하여, 정책 수요 변화가 예상된다. 국제 결혼이민자의 연령이 지속적으로 상승하여 최다수 집단이 20대에서 30대로 변경되고, 40대 이상도 많이 증가할 전망이다. '09년 20~30대가 71.2%, '20년에는 40대 이상이 60%가 될 것이다. 취업 욕구도 증가할 것이고 학령기 자녀가 대폭 늘어나 학습 부진 학교 부적응 등 증가가 예상된다.

국제 결혼이민자가 이전 결혼에서 낳은 본국 거주 자녀(중도입국자녀)의 입국과 이혼 · 사별 등으로 개별 가족이 다양화될 것이다. 시간이 지남에 따라 사별 가능성이 높으며, 상업적 국제결혼 문제 등으로 이혼에 이르는 국제결혼 부부도 증가할 것이다(이성순 외, 2017).

※ **다문화 정책의 기본계획 비전 및 목표**

구분	내용	
비전	참여와 공존의 열린 다문화 사회	
목표	•모두가 존중받는 차별 없는 다문화 사회 구현 •다문화가족의 사회 · 경제적 참여 확대 •다문화가족 자녀의 건강한 성장 도모	
정책 과제	다문화가족 장기정착 지원	① 결혼이주여성 인권보호 강화 (가정폭력예방 및 대응체계 구축) ② 국제결혼 피해예방 지침 ③ 안정된 가족생활 지원 ④ 서비스 연계 활성화
	결혼이민자 다양한 사회참여 확대	① 자립역량 강화 ② 취 · 창업 지원 서비스 내실화 ③ 사회참여 기회 확대
	다문화가족 자녀의 안정적 성장 지언과 역량 강화	① 안정적 성장을 위한 환경조성 ② 학업 및 글로벌 역량 강화 ③ 진로준비 및 사회진출 지원 ④ 중도입국자녀 맞춤형 지원
	상호존중에 기반한 다문화 수용성 제고	① 정책환경에 대한 주기적 모니터링 실시 ② 다문화 이해교육 활성화 ③ 다문화수용성 제고를 위한 미디어 환경 조성 ④ 지역 환경 조성 및 참여 · 교류 프로그램 활성화
	협력적 다문화 가족정책운영을 위한 추진체계 강화	① 정책추진체계간 협력 강화 ② 다문화가족 지원체계 내실화

◇ **중앙부처별 다문화 정책 소관부서**

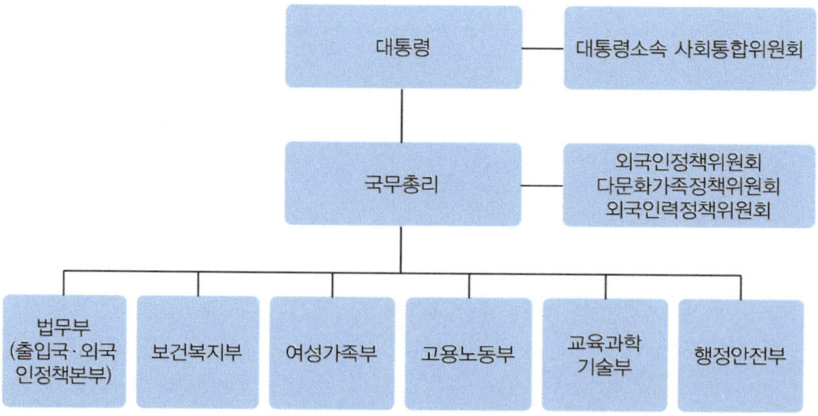

출처: 설동훈 · 전진영(2016). 국회의 이민정책 결정과 정당정치: 18대 국회를 중심으로, 한국과 국제정치, 137-172.

※ 주요 부처별 다문화 정책

부처	정책영역	정책대상	정책초점
법무부	출입국 · 국적 · 이민	입국 외국인 · 일반 국민	• 외국인 정책 총괄 • 이주민 사회통합, 체류 질서
	사업내용	■ 외국인 출입국 심사 및 입국 허가 ■ 외국인 근로자 인권 보호 hikorea.go.kr 운영	■ 외국인 및 재외동포 체류 지원 ■ 외국인 종합안내센터 및
여성 가족부	성평등 · 여성 인권	• 결혼이주 여성	• 결혼이주 여성의 사회적응 • 결혼이주 여성의 인권 증진
	사업내용	■ 국제결혼중개업체 관리 ■ 한국 생활 정보제공 및 상담 ■ 한국인 배우자 교육 ■ 한국어 교육 및 임신·출산 지원 ■ 종합정보제공 및 통 · 번역 서비스 ■ 위기 개입, 가족 통합교육 ■ 여성 결혼이민자를 위한 가정폭력 전용 신설 운영 ■ 외국인 성매매 피해 여성에 대한 지원 ■ 여성 이민자를 위한 1366 긴급지원 콜센터 운영	■ 아동 양육지원 ■ 취업역량 강화 ■ 취업 연계 ■ 다문화사회 통합선도자 육성 ■ 다문화가족지원센터 운영지원
교육부	제도권 교육 · 인적자원개발	이주민 · 자녀	• 다문화가족 자녀 교육지원 • 학습 능력향상 환경 조성
	사업내용	■ EBS 한국어 교육 방송 ■ 지역인 적 자원 개발사업 ■ 지자체 지원 우수사례 발굴 ■ 현행 교과서 민족주의 요소 발굴 삭제 검토 ■ 다문화가정 방과 후 프로그램 ■ 홈페이지 구축, 교육자료 제공 ■ 다문화, 다인종 교육 요소가 반영된 교육과정 개발 ■ 다문화가정 자녀 상담교사 지정 ■ 유아를 위한 다문화 이해 ■ 교육부 · 시도교육청 · 각급 학교 · 지자체 자료개발 보급체 · 민간단체 등 협력 체제 구축	■ 교원연수 ■ 한국어, 한국문화 교육과정 개설 ■ 불법체류 자녀 교육권 보장 ■ 대학생 멘토링
행정 안전부	지방행정	이주민	• 이주민 지역정착지원
	사업내용	■ 지자체 담당 공무원 전문성 함양 ■ 결혼, 여성이 주자 지도자 양성 교육 ■ 지자체 외국인업무 담당 공무원 연찬회 개최 ■ 지자체 홈페이지 다국어 지원 ■ 외국인 주민 현황 조사 ■ 주민자치센터를 이용한 한국어 교육 ■ 기혼 여성 이민자 친정 부모 초청격려 운영강화 ■ 외국인 주민 집중 거주지역 종합 지원 체계 구축 및 생활 안정 지원	

<table>
<tr><th>부처</th><th>정책영역</th><th>정책대상</th><th>정책초점</th></tr>
<tr><td rowspan="2">문화
체육
관광부</td><td>문화 · 체육 ·
예술 · 관광</td><td>이주민 · 일반 국민</td><td>• 다문화에 대한 인식 제고
• 이주민 문화 · 언어적 적응지원</td></tr>
<tr><td>사업내용</td><td colspan="2">■ 문화교육 지원 프로그램개발, 실시
■ 농촌지역 가정방문 한국어교육일시
■ 문화센터 운영
■ 이주노동자 대상 문화프로그램 지원
■ 한국어 교재 개발 및 요리, 육아 관련 생활 정보제공, 외국인 근로자를 위한 가이드북 제작
■ 아시아 열린 문화축제 사업
■ 외국인 노동자를 위한 문화 체육활동 시설 지원
■ 한국 사회 적응을 위한 문화 체험 프로그램 운영</td></tr>
<tr><td rowspan="2">고용
노동부</td><td>고용</td><td>외국인 노동자</td><td>• 외국인 근로자 고용 허가
• 사회적 적응</td></tr>
<tr><td>사업내용</td><td colspan="2">■ 외국인 상담 및 취업 알선 사업
■ 외국인 근로자 고용관리 및 권익 보호
■ 외국인력 도입 및 송출국가 선정
■ 외국인 차별 금지 및 제한적 취업 허용 정책
■ 고용허가제 운영, 불법 고용 대책 지원
■ 고용안정센터 운영
■ 여성결혼이민자에 대한 취업 지원프로그램
■ 외국인 근로자지원센터 운영</td></tr>
<tr><td rowspan="2">농림
수산
식품부</td><td>농업인
교육훈련</td><td>이주여성 농업인</td><td>• 이주여성 농업인 맞춤형 영농교육</td></tr>
<tr><td>사업내용</td><td colspan="2">■ 양육지도사 및 한국어 교사 파견
■ 가족 통합 지원사업
■ 교육 도우미를 통한 방문과 소그룹 형식의 교육 및 상담실시
■ 출산농가도우미, 농업인 영유아 양육비 지원
■ 산하기관을 통한 영농교육, 생활 예절 및 문화 교육, 요리 강습, 결연사업 추진</td></tr>
</table>

(2) 다문화가족의 지원 서비스

지역 주민의 특성 고려한 맞춤형 가족 지원 서비스 제공함으로써 가족의 안정성 강화 및 가족관계 증진에 기여하고, 지역사회 다문화가족을 대상으로 한국어교육, 가족 교육 · 상담, 통번역, 자녀 교육 지원 등 종합 서비스를 제공하고 있다.

가. 상대방의 문화 · 제도에 대한 이해 제고

상대국 제도 · 문화 교육을 지속적으로 강화할 예정이며, 국제결혼 안내 프로그램 이수제는 '11년 도입하였다. 현지 사전교육은 '08년에 도입하여 현재 3개국(베트남, 필리핀, 몽골)에서 시행 중이며, 캄보디아, 태국 등 현지 사전교육 국가를 확대하고 있다.

한국인 배우자 '다문화가족 통합교육' 강화하고 가족 생애주기별 변화에 따른 가족관계 · 정체성 발달을 위한 프로그램을 운영하고 있다(이병하, 2016).

나. 쌍방향 문화교류 확대 및 사회적 지지 환경 조성

다문화가족 한국 사회문화 적응을 위한 체계적 프로그램 운영(명절 체험, 유적지 탐방, 관공서 견학)하고 있다. 아리랑TV에 문화 다양성 관련 다언어 프로그램을 편성하고 케이블 다문화 방송, 도서관, 박물관 · 미술관, 문예회관, 문화원 등 생활밀착형 문화기반시설의 쌍방향 문화 다양성 프로그램을 확대하고 있다.

다. 다문화가족 자녀의 건강한 발달 지원

건강검진 등 기본적인 건강 정보를 쉽게 이해할 수 있도록 쉬운 표현, 그림, 도표를 이용하거나 번역하여 문해력(Health Literacy) 향상 방안을 실시하고 있다. 다문화가족 자녀의 언어 발달 정도를 평가하고 교육이 필요한 아동을 대상으로 어휘 발달, 의사소통 능력 등 언어교육을 확대하고 있다. 또한, 다문화가족 자녀의 언어치료를 지원하고 있다.

다문화가족 자녀를 대상으로 이중언어교육 단계적 확대하고 찾아가는 한국어 교육(방문학습지 지원)을 지원하고 있다. 국제결혼 이민자에게 생애주기별(임신 · 신생아기, 유아기, 아동기) 자녀의 양육 관련 정보를 제공하는 찾아가는 '부모 교육 서비스'를 지원하고 있다.

라. 한국어 능력 향상

국제 결혼이민자 한국어교육을 위한 교육 프로그램을 인터넷으로 공유하고 첫걸음, 기초, 초급, 중급, 고급, 특별반 단계별로 운영하고 있다. 다문화 배경을 가진 학생을 위한 찾아가는 한국어 교육과정을 운영하고 있다. 다문화 학생의 다수 재학 학교에서 정규수업 또는 방과 후에 운영하고 있다.

마. 학교생활 초기 적응 지원

초등학교 입학 전 프로그램을 개발하여 어린이집·유치원의 특별활동, 방과 후 프로그램 등을 통해 실시하고 있다. 정규학교에 배치되기 전 예비학교를 전국적으로 운영하고 있다. 초등학생 이하 자녀에게 알림장 읽어주기, 숙제 지도를 확대하고 있다.

바. 기초학력 향상 및 진학지도 강화

다문화 학생의 한국어 교육 및 기초학력 향상을 위한 지원을 강화하고, 글로벌 선도학교(150개교)를 운영하고 있다. 다문화 학생의 진로·진학지도 지원 강화와 대안학교를 운영하고 있다.

사. 공교육 등에 대한 접근성 제고

외국 출신 자녀 예비학교 및 정규학교 조기 진입 유도와 다문화 전담 코디네이터가 출입국관리소와 수시 연락 체계를 유지하고 있다. 취학 전 예비 과정 지원, 학교 내 특별학급 운영지원, 공립 대안학교 설립지원, 진로 직업교육 지원 강화 등을 실시하고 있다. 지역사회 청소년 사회 안전망에 이주 청소년 상담 및 복지를 포함한다(설동훈 외, 2011).

아. 입국 전 결혼의 진정성 확보

국제결혼 사증 심사 강화, 혼인의 진정성, 혼인경력, 신체 · 정신적 건강, 범죄 경력 등 실질적 심사 강화하고 있다. 대만의 TECO 사례를 보면, 베트남에서 부부 인터뷰(개별 인터뷰)를 실시하고 있다. 주요 출신 국가 중 이혼율이 높은 국가(중국, 베트남)에서 우선 실시하고 있다.

주요 상대국 정부와의 국제결혼 관련 업무 협력을 위한 국제결혼 이민관을 파견한다.

자. 한국 생활 적응지원 - 다누리콜센터 운영

다문화가족 코디네이터 양성 · 개인별 맞춤 지원, 결혼이민자의 입국 시기, 한국어 능력, 자녀 유무 등 대상자별 특성에 따른 맞춤지원 및 관련 기관 연계, 한국 생활 안내, 생활 고충 상담 등을 위한 다누리콜센터 운영(1577-5432/10개 언어 지원) 및 통 · 번역 서비스를 제공하고 있다. 즉, 다문화가족 및 이주여성에게 한국 생활정보부터 부부 상담, 폭력 피해 등 긴급한 구조가 필요할 때 지원까지 원스톱 서비스로 제공한다.

> ① 지원 대상 : 다문화가족, 이주여성 등
> ② 지원 내용 : 한국 생활 정보 제공, 법률 자문, 3자 통화 통역 서비스, 공식 서류 번역 서비스, 긴급 피난처 제공 등 365일 24시간 실시간 지원

새로 입국하는 국제결혼 이민자에게 각 부처 및 지자체에서 실시하는 '다문화가족 서비스 종합안 내지' 발송(8개 언어 → 10개 언어), 다국어란 정보 매거진 'Rainbow+' 제작 · 배포(10개 언어, 분기별 7만 부)하고 있다.

차. 소외계층 지원 강화

사회보장제도에 대한 다문화가족의 수급 현황을 파악하고, 임신하였거

나, 자녀를 양육하고 있는 경우 현금성 급여 외 의료보험 등 통상적 사회보장제도를 적용 지원하고 있다.

카. 국제결혼 피해상담 - 피해자 보호

국제결혼 중개업 피해 예방을 위한 '이용자 사전교육' 실시 및 피해 상담 지원하는 서비스를 제공하고 있다. 국제결혼중개업체의 불법적인 영업 행위로 인해 피해 보았을 경우 각종 상담, 피해 구조 및 법률 지원 서비스를 제공한다(설동훈 외, 2011).

> ① 지원 대상: 국제결혼 희망 대한민국 국민, 결혼이주여성
> ② 지원 내용: 국제결혼 관련 피해 상담, 소비자분쟁해결기준에 따른 피해 구조, 법률 지원

결혼이민자의 가정폭력 등 피해 지원을 위한 「이주여성긴급지원센터 1577-1366」의 내실 있는 운영 및 상담언어 서비스 단계적으로 확대하고 있다.

타. 결혼이민자 일자리 확대

해외 마케팅 인력, 국제의료관광코디네이터, 국립공원 자연 해설사 등 모국에서의 경력, 다국어 능력 등을 활용한 일자리를 확대하고 있다.

해외 마케팅 인력은 무역협회, KOTRA에서 국제 결혼이민자를 전문 인력으로 육성하고 있다. 국제의료관광코디네이터는 중국, 몽골, 베트남 등 출신 의료 관련 인력을 코디네이터로 양성하고 있다. 병원 등에 연계(20명 지원)하고, 국가기술자격제도를 도입하고 있다.

파. 직업교육훈련 지원

특화훈련 과정을 확대·운영하고 참여자에 대해 자비 부담(25~45%)을

면제하고 있다. 사전직장 체험인 인턴 등 징검다리 일자리지원과 국제결혼 이민여성 인턴 채용 기업 또는 인턴기자에게 1인 총액 300만 원 한도 내에서 월 최대 60만 원까지(최대 6개월) 지원하고 있다.

외국인력지원센터, 고용센터 등에 통역 및 고용서비스 인턴 등 채용 시 국제 결혼이민자를 우대(가점 부여)하고 있다. 정부 지원기관, 다문화가족지원센터 등에 국제 결혼이민자 인턴 채용 등을 한다.

하. 국제 결혼이민자 역량 개발

국제 결혼이민자 대상 리더십, 단체 활동가 교육 실시는 여성가족부, 행정안전부, 운전면허 학과 교육을 통한 면허 취득 지원, 다문화가족의 안전한 사회 정착 및 법질서 준수의식 제고는 경찰청, 모국에서의 자격 인정 방안 마련은 각 부처, 한국방송통신대학교 활용, 결혼이민자 등을 위한 원격 교육프로그램 마련은 여성가족부가 관장하고 있다. 국제 결혼이민자의 적합한 직종에 대한 취업 교육 및 지원을 하고 있다(설동훈 외, 2011).

가) 인종 · 문화 등 차별에 대한 법 · 제도적 대응 방안 마련

인종 · 종교 등 다양한 문화에 대한 '차별금지법' 마련 및 차별적 법 · 제도 개선을 하여야 하고, 문화 다양성 보호와 증진에 관한 법 제정 및 관련 법 개정 등을 통해 다문화사회의 기초가 되는 문화 다양성 정책 강화 법령 및 조항을 마련하여야 한다.

나) 다양한 인종 · 문화를 인정하는 사회문화 조성

일반 시민을 대상으로 다문화가족에 대한 인식개선(동일민족, 차별 국민 의식 등)교육을 시행하고 있다. 문화예술, 방송 등 콘텐츠 제작 관계자에 대한 안내서 제작 · 활용하고 타 문화 존중 및 이해를 위한 '안내서'를 제작, 문화예술 · 방송 · 영상 · 미디어 분야의 콘텐츠를 제작하고 있다.

시청자미디어센터 등 관련 기관에 안내서 비치, 방송 제작 관계자, 문화기반시설 종사자 등 대상 안내서 배포 및 관련 교육 기회를 확대하고 있다.

다) 대상별 다문화 이해 교육 실시

공무원의 17개 중앙 및 지방공무원 교육원(58개 과정), 법무연수원 등의 다문화와 관련 교육과정 확대는 여성가족부 · 안전행정부 · 법무부가 한다. 지방자치단체 · 경찰 공무원만을 대상으로 운영 중인 이민정책 이해과정을 중앙부처 공무원까지 확대한다.

라) 학교에서의 다문화 이해 제고

일반학생의 다문화 이해 교육지원하고 중앙 다문화 교육센터 운영 지원하고 있다. 일반학생 - 다문화 학생 간 상호 이해 교육 강화는 교육부가 한다. 창의적 체험활동 영역(외국의 역사와 문화이해, 역할놀이 등)에서 다문화 상호 이해 활동을 접목할 수 있도록 지원 강화, 유네스코의 CCAP(Cross-Cultural Awareness Program) 등을 한다.

(3) 다문화 사회복지 현장의 제도와 법

국가는 출입국관리와 국적 부여 등의 관리 체계를 공식적, 체계적으로 마련하고 국가의 다문화 관련 관리 체계의 근거들은 다문화 관련법들로 제도화되어 있다.

가. 주요 다문화 관련법에 개요

다문화 사회에서 평화로운 공존과 통합을 위해서는 다른 문화를 존중하고 배려하는 인식 변화와 더불어 현실의 문제들을 합리적으로 해결하고 지원해 줄 각종 법 규범들도 필요로 하게 되었다.

국내 정주 외국인의 증가에 따른 사회문제 발생 및 이에 따른 국가적인 관리의 요구가 증대되고, 외국인이 주민 또는 체류자들의 인권과 노동권

보호에 대한 국내외 요구와 영향력의 증가, 빈번한 국제 교류에 따라 다른 나라에 있는 자국민에 대한 보호 요구가 증대되고 있다.

다문화(외국인) 관련 법률에는 국적법 및 출입국관리법, 재외동포의 출입국과 법적 지위에 관한 법률, 재한외국인처우기본법, 다문화가족 지원법, 외국인 근로자의 고용 등에 관한 법률(고용허가제), 결혼중개업의 관리에 관한 법률 등이 있다.

나. 다문화가족 지원법

1. 들어가는 말

이 법의 관장 부서는 여성가족부(다문화가족정책과)이다(법무부 ×). 국제 결혼이민자 및 그 자녀 등으로 구성되는 다문화가족은 언어 및 문화적 차이로 인하여 사회부적응과 가족구성원 간 갈등 및 자녀 교육에 어려움을 겪고 있음에 따라, 다문화가족의 구성원이 우리 사회의 구성원으로 순조롭게 통합되어 안정적인 가족생활을 영위할 수 있도록 하기 위한 법규범이다. 다문화가족에 대한 지원 정책의 제도적 틀을 마련하였다. 다문화가족에 대한 지원 정책의 제도적인 틀을 마련하려는 취지로 2008년 3월 21일 제정하였다.

2. 법의 주요 내용

1) 목적

이 법은 다문화가족 구성원이 안정적인 가족생활을 영위할 수 있도록 함으로써 이들의 삶의 질 향상과 사회통합에 이바지함을 목적으로 한다.

2) 용어의 뜻

1. "다문화가족"이란 다음 각 목의 어느 하나에 해당하는 가족을 말한다(결혼이민자, 귀화허가를 받은 자
   → 대한민국 국적의 배우자와 혼인
   가. 「재한외국인 처우 기본법」의 결혼이민자와 「국적법」에 따라 출생 시부터 대한민국 국적을 취득한 자로 이루어진 가족 → 한국인 배우자와의 사이에서 태어난 자녀를 다문화가족으로 본다.
   나. 「국적법」에 따라 귀화 허가를 받은 자와 출생 시부터 국적을 취득한 자로 이루어진 가족
2. "결혼이민자 등"이란 다문화가족의 구성원으로서 다음의 어느 하나에 해당하는 자를 말한다.
   가. 「재한외국인 처우 기본법」의 결혼이민자(외국인)
   나. 「국적법」에 따라 귀화 허가를 받은 자

☆ 대한민국 국민과 사실혼 관계에서 출생한 자녀를 양육하고 있는 다문화가족 구성원도 이 법의 지원 대상이 된다.

3) 국가와 지방자치단체의 책무

① 국가와 지자체는 다문화가족 구성원이 안정적인 가족생활을 영위할 수 있도록 필요한 제도와 여건을 조성하고 이를 위한 시책을 수립 · 시행하여야 한다.

② 특별시 · 광역시 · 도 · 특별자치도 및 시군구에는 다문화가족 지원을 담당할 기구와 공무원을 두어야 한다.

③ 국가와 지자체는 이 법에 따른 시책 중 외국인 정책 관련 사항에 대해서는 재한외국인 처우 기본법 제5조부터 제9조까지의 규정에 따른다(외국인도 적용된다).

4) 다문화가족 지원을 위한 기본계획의 수립 - 5년마다 수립

① 여성가족부 장관은 다문화가족 지원을 위하여 5년마다 다문화가족 정책에 관한 기본계획을 수립하여야 한다.

☆ 여성가족부 장관은 5년마다 다문화가족 지원을 위한 기본계획을 수립하여야 한다.

② 기본계획에는 다음 각호의 사항을 포함하여야 한다.

1. 다문화가족 지원 정책의 기본 방향 2. 다문화가족 지원을 위한 분야별 발전 시책과 평가에 관한 사항 3. 다문화가족 지원을 위한 제도 개선에 관한 사항 4. 다문화가족 지원을 위한 재원 확보 및 배분에 관한 사항 5. 그밖에 다문화가족 지원을 위하여 필요한 사항

☆ 기본계획에는 다문화가족 지원을 위한 재원 확보 및 배분에 관한 사항이 포함되어야 한다.

③ 여성가족부 장관은 기본계획을 수립할 때는 미리 관계 중앙행정기관의 장과 협의하여야 한다(지방자치단체의 장 ×).

④ 기본계획은 제3조의4에 따른 다문화가정책위원회의 심의를 거쳐 확정한다. 이 경우 여성가족부 장관은 확정된 기본계획을 지체 없이 국회 소관 상임위원회에 보고하고, 관계 중앙행정기관의 장과 특별시장 · 광역시장 · 특별자치시장 · 도지사 · 특별자치도지사에게 알려야 한다.

⑤ 여성가족부 장관은 기본계획을 수립하기 위하여 필요하다고 인정하는 경우, 관계기관의 장에게 기본계획의 수립에 필요한 자료의 제출을 요구할 수 있다.

☆ 여성가족부 장관은 관계 기관의 장에게 기본계획의 수립에 필요한 자료의 제출을 요구할 수 있다.

⊞ **연도별 시행계획의 수립 · 시행(제3조의3)**: 여성가족부 장관, 관계 중앙행정기관의 장과 시 · 도지사는 기본계획에 따라 다문화가족 정책에 관한 시행계획을 매년 수립 · 시행하여야 한다.

5) 다문화가족에 대한 지원

제5조 다문화가족에 대한 이해증진
제6조 생활정보 제공 및 교육 지원
제7조 평등한 가족관계의 유지를 위한 조치
제8조 가정폭력 피해자에 대한 보호 · 지원
제9조 의료 및 건강관리를 위한 지원
제10조 아동 · 청소년 보육 · 교육
제11조 다국어에 의한 서비스 제공
제11조의2 다문화가족 종합정보 전화센터의 설치 · 운영 등
제12조 다문화가족지원센터의 설치 · 운영 등
제13조 다문화가족 지원 업무 관련 공무원의 교육
제13조의2 다문화가족 지원사업 전문 인력양성제14조 사실혼 배우자 및 자녀의 처우
제14조의2 다문화가족 자녀에 대한 적용 특례제15조의2 정보 제공의 요청
제16조 민간 단체 등의 지원

(1) 다문화가족에 대한 이해증진

국가와 지자체는 다문화가족에 대한 사회적 차별 및 편견을 예방하고 사회 구성원이 문화적 다양성을 인정하고 존중할 수 있도록 다문화 이해교육을 하고 홍보 등 필요한 조치를 하여야 한다.

(2) 생활정보 제공 및 교육 지원

국가와 지자체는 결혼이민자 등이 대한민국에서 생활하는 데 필요한 기본적 정보를 제공하고, 사회적응교육과 직업교육 · 훈련 등을 받을 수 있도록 필요한 지원을 할 수 있다.

☆ 다문화가족 지원 법령상 생활정보 제공 및 교육 지원에 관한 규정을 두고 있다.

(3) 평등한 가족관계의 유지를 위한 조치

국가와 지자체는 다문화가족이 민주적이고 양성 평등한 가족관계를 누릴 수 있도록 가족상담, 부부 교육, 부모 교육, 가족 생활교육 등을 추진하여야 한다. 이 경우 문화의 차이 등을 고려한 전문적인 서비스가 제공될 수 있도록 노력하여야 한다.

(4) 가정폭력 피해자에 대한 보호 · 지원 - 규정 존재

① 국가와 지자체는 다문화가족 내 가정폭력을 방지하기 위하여 노력하여야 한다.
② 국가와 지자체는 가정폭력의 피해를 본 결혼이민자 등에 대한 보호 및 지원을 위하여 외국어 통역 서비스를 갖춘 가정폭력 상담소 및 보호시설의 설치를 확대하도록 노력하여야 한다.
③ 국가와 지자체는 결혼이민자 등이 가정폭력으로 혼인 관계를 종료하는 경우, 의사소통의 어려움과 법률 체계 등에 관한 정보의 부족 등으로 불리한 입장에 놓이

지 아니하도록 의견진술 및 사실확인 등에 있어서 언어통역, 법률상담 및 행정 지원 등 필요한 서비스를 제공할 수 있다. → 다국어에 의한 서비스 제공·노력하여야 한다(제11조).

(5) 산전·산후 건강관리 지원

> 국가와 지자체는 결혼이민자 등이 건강하고 안전하게 임신·출산할 수 있도록 영양·건강에 대한 교육, 산전·산후 도우미 파견, 건강 검진과 그 검진 시 통역 등 필요한 서비스를 지원할 수 있다.

☆ 다문화가족 지원 법령상 의료 및 건강관리를 위한 지원 규정을 두고 있다.

(6) 아동 보육·교육의 차별금지 및 지원

① 국가와 지자체는 아동 보육·교육을 실시하면서 다문화가족 구성원인 아동을 차별하여서는 아니 된다(차별금지 - 교육에서 소외시키지 않도록 한다).

② 국가와 지자체는 다문화가족 구성원인 아동이 학교생활에 신속히 적응할 수 있도록 교육지원 대책을 마련하여야 하고, 특별시·광역시·도·특별자치도의 교육감은 다문화가족 구성원인 아동에 대하여 방과 후 교육 프로그램을 지원할 수 있다.

③ 국가와 지자체는 다문화가족구성원인 아동의 초등학교 취학 전 보육 및 교육 지원을 위하여 노력하고, 그 아동의 언어 발달을 위하여 한국어 및 결혼이민자 등인 부 또는 모의 모국어 교육을 위한 교재 지원 및 학습지원 등 언어능력 제고를 위하여 필요한 지원을 할 수 있다.

(7) 다국어에 의한 서비스 제공

국가와 지자체는 다문화가족에 대한 지원정책을 추진함에 있어서 결혼이민자 등의 의사소통의 어려움을 해소하고, 서비스 접근성을 제고하기 위하여 다국어에 의한 서비스 제공이 이루어지도록 노력하여야 한다.

☆ 다국어에 의한 서비스 제공 규정을 두고 있다.

> **※ 다문화가족 종합정보 전화센터의 설치·운영(제11조의2)**
> 여성가족부 장관은 다국어에 의한 상담·통역 서비스 등을 결혼이민자 등에 제공하기 위하여 다문화가족 종합정보 전화센터를 설치·운영할 수 있다(기관 또는 단체에 위탁 가능). 이 경우 가정폭력방지 및 피해자보호 등에 관한 법률에 따른 외국어 서비스를 제공하는 긴급전화센터와 통합하여 운영할 수 있다.

6) 다문화가족지원센터의 설치·운영·지정

① 국가와 지방자치단체는 다문화가족지원센터(지원센터)를 설치·운영할 수 있다.

② 국가 또는 지방자치단체는 지원센터의 설치·운영을 대통령령으로 정하는 법인이나 단체에 위탁할 수 있다.

③ 국가 또는 지방자치단체 아닌 자가 지원센터를 설치 · 운영하고자 할 때에는 미리 시 · 도지사 또는 시장 · 군수 · 구청장(자치구의 구청장)의 지정을 받아야 한다.

☆ 시 · 도지사 또는 시장 · 군수 · 구청장은 다문화가족 지원 정책의 시행을 위하여 필요한 경우에는 다문화가족 지원에 필요한 전문 인력과 시설을 갖춘 법인이나 단체를 다문화가족지원센터로 지정해야 한다.

※ 지원센터의 업무 수행
1. 다문화가족을 위한 교육 · 상담 등 지원사업의 실시
2. 결혼이민자 등에 대한 한국어교육
3. 다문화가족 지원 서비스 정보제공 및 홍보
4. 다문화가족 지원 관련 기관 · 단체와의 서비스 연계
5. 일자리에 관한 정보제공 및 일자리의 알선
6. 다문화가족을 위한 통역 · 번역 지원사업
7. 다문화가족 내 가정폭력 방지 및 피해자 연계 지원
8. 그밖에 다문화가족 지원을 위하여 필요한 사업

14

5 다문화 사회복지 실천 현장의 사례

1) 다문화가족의 문제점 해결의 사례

다문화가족은 한국생활에 필요한 정부의 각종 서비스를 『다문화이주민+(플러스) 센터』 한 곳에서 받을 수 있다.

국내 거주 다문화가족과 외국인이 크게 증가함에 따라 그동안의 안정적 사회 적응을 위한 지원 사업이 확대되어 왔지만, 대상별로 분산 운영되면서 수요자들이 이용하는 데 불편이 많았다(설동훈 외, 2011).

* (다문화가족 및 외국인 수*; 천 명) ('12) 1,678 → ('13) 1,727 → ('14) 1,864 → ('15.11.) 2,107

** 다문화가족지원센터(다문화가족/여가부), 외국인력지원센터(외국인 근로자/고용부), 사회통합프로그램(외국인/법무부), 지자체별 외국인 지원센터(외국인/지자체) 등에서 한국어교육과 상담, 통 · 번역 등의 업무를 각자 수행 중

다문화가족: 다문화가족통계(여성가족부) 및 다문화가구통계(통계청)
외국인: 지방자치단체 외국인주민 현황 조사(행안부 · 통계청)

또한 국제이민자와 외국인 근로자 등이 체류 허가 및 고용 허가 관련 민원 서비스를 이용하기 위해 출입국관리사무소, 고용센터 등 유관기관을 각각 방문해야 하는 어려움이 있었다.

이러한 문제점을 해결하기 위해 정부는 내년부터 일선 집행기관 간의 협업센터인 『다문화이주민+센터』를 설치하고, 기관 간 서비스 연계를 강화하여 통합적 다문화가족 · 외국인 서비스가 제공되고 있다.

협업센터는 하나의 공간에 여러 기관이 입주하거나, 기존 기관이 추가적 기능을 수행하는 방법으로 원스톱 서비스를 제공하게 되는데, 별도의 신규 센터를 설치하는 것이 아니라 기존 집행 기관을 활용한다.

구체적으로는 정책 대상과 지역 여건 등을 고려하여 ① 다문화가족지원센터 활용형, ② 출입국관리사무소 활용형, ③ 지자체 외국인 지원센터 활용형 등 세 가지 유형으로 설치 · 운영하고 있다.

※ 다문화가족 중 일부(국적 미취득 결혼이민자 및 자녀)는 외국인의 범주에도 포함되며, 연도별 총계는 이러한 중복을 제거하고 집계

예: 충남 아산시 다문화가족지원센터 활용형

◇ 다문화가족지원센터(다문화가족지원) 건물에 출입국관리사무소(체류 관리)와 외국인력지원센터(외국인 근로자지원)가 입주하고, 고용센터(고용허가제) 인력 파견으로 복합 서비스를 제공한다.

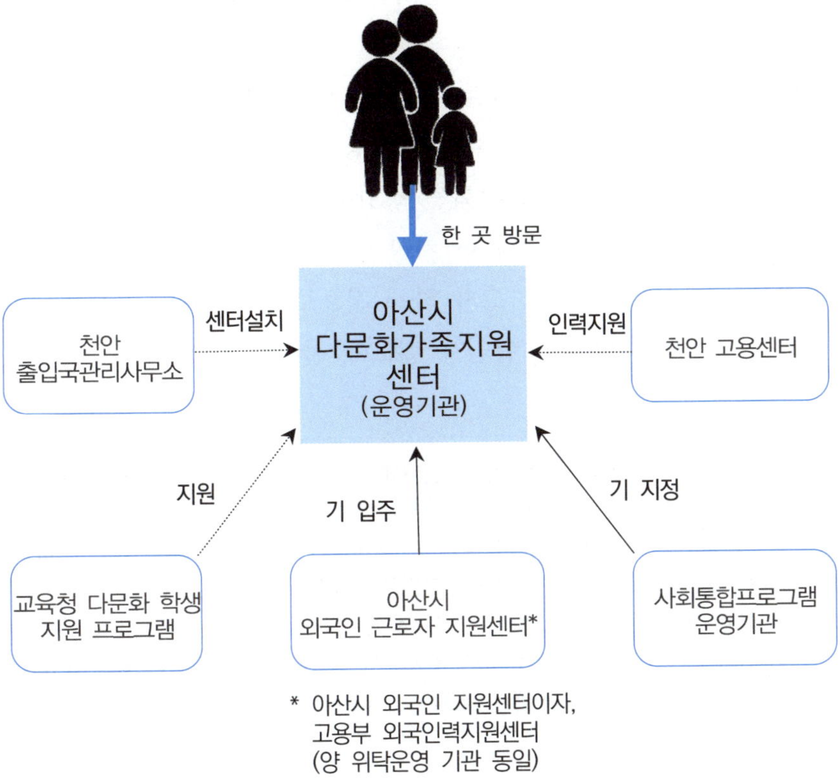

협업센터는 『다문화이주민+센터』라는 공동 명칭을 사용하게 되고, '17년 3월 충남 아산을 시작으로 12곳의 시범운영을 거쳐 단계적으로 확산하여 운영하고 있다.

협업유형	설치대상 지역(안)
① 다문화가족지원센터 활용형(4곳)	충남 아산, 경기 이천, 파주, 고양
② 출입국관리사무소 활용형(2곳)	경기 양주, 인천 중구
③ 지자체 외국인 지원센터 활용형(6곳)	경기 안산, 수원, 남양주, 시흥, 화성, 경남 양산

향후 시설·인력 등의 공동 활용으로 기관 간 비효율을 제거하고 시너지 효과를 낼 수 있을 뿐 아니라, 한국어교육·상담·통번역 등의 적응지원 서비스와 체류 관리·고용 허가 관련 민원 서비스가 한 곳에서 원스톱으로 제공되면서 210만여 명의 다문화가족과 외국인 근로자가 높아질 것으로 기대된다.

아울러 『다문화이주민+센터』를 통해 결혼이민자, 중도 입국 학생 등의 외국인등록 정보 공유가 적극 확대되는 등 다양한 유형의 외국인의 한국사회 조기 적응 지원 기반이 강화될 전망이다.

『다문화이주민+센터』는 중앙 ↔ 지방 ↔ 민간 간 칸막이를 허물어 수요자 중심으로 서비스를 개선하고자 하는 것으로, 지속적인 기능 연계와 제도 개선을 통하여 대표적인 협업 모델로 발전시켜 나가야 한다.

◇ A 씨는 충남 아산시 다문화가족지원센터에서 통번역 지원사로 활동하고 있다. 결혼 이민자들이 한국에 오면 외국인등록을 해야 하는데, 입국 초기에는 한국어가 익숙하지 않기에 A 씨가 천안 출입국관리사무소에 동행하여 서류 작성 방법도 알려주고, 통역도 해준다. 예전에는 출입국관리사무소 방문 일정이 맞지 않는 일부 결혼 이민자들이 서비스를 이용하지 못해 아쉬웠는데, 이번에 『다문화이주민+센터』가 설치되면 출입국 업무까지 한꺼번에 볼 수 있게 된다는 소식을 들었다. 두 기관의 거리가 가까워지면서 결혼 이민자들에게 더욱 많은 도움을 줄 수 있게 되어 기뻤다.

◇ 경기도 포천시에서 채소 재배 및 유통업을 하고 있는 송○○ 씨는 일손이 부족한 농번기에 외국인 근로자를 고용하고 있다. 바쁜 농사일을 제쳐두고 외국인 근로자와 함께 의정부 고용센터에 방문한 송씨. 고용 허가서를 발급받는데, 고용센터 직원이 외국인 근로자의 체류 기간 연장이 필요하며 양주에 있는 출입국관리사무소에서 신청 가능함을 알려주었다. 결국 송 씨는 행정 처리를 하루 안에 마치지 못했고 다음 날 출입국관리사무소에 다시 방문해야 했는데, 이로 인한 번거로움과 손해가 이만저만이 아니었다.
그런데 앞으로 『다문화이주민+센터』가 설치되어 양주 출입국관리사무소에서 고용센터 업무까지 한꺼번에 볼 수 있게 되면, 시간과 비용이 크게 줄어들고 무척 편리해질 것이라는 기대가 들었다.

2) 다문화가족지원센터의 사례

다문화가족 지원체계의 접근성 문제는 결혼이민자의 58.1%가 수도권 거주하고 있으나, 센터 수는 상대적으로 적다. 행정구역에 따라 대중교통이 불편한 곳이 있다. 다문화사업의 중복성과 비효율성은 건강 가족 지원센터와의 역할 중복, 각 부처별 중복 사업, 타 전달체계 접근성이 미약하다.

아울러 통합적 접근이 미흡하여 생애주기별 발달과업, 다면 복합적 욕구 등에 대한 지원 부족, 국민들 인식 부족 등이 있다. 거점센터는 전국 16개 시도에서 운영하고, 관할센터 지원, 네트워크 구축, 지역 특성화 사업 등을 전개하고 있다.

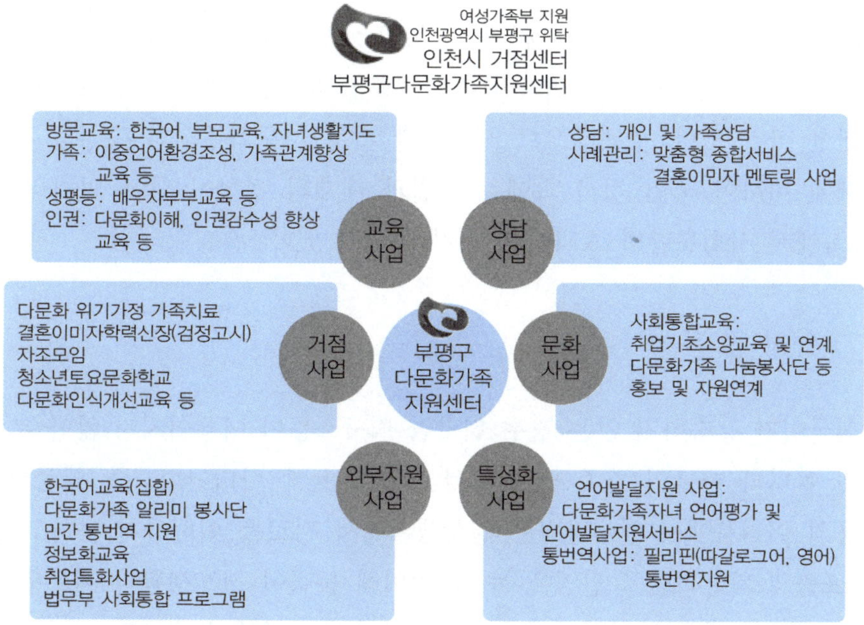

6 다문화 사회복지의 향후 과제

1) 다문화가족 사회복지의 과제

(1) 한국 사회의 편견

단일민족으로 이루어져 있던 한국 사회에서 외국인과의 결혼은 그 자체만으로도 관심의 대상이 되고 그만큼 편견으로 바라볼 수밖에 없다. 게다가 대다수의 국제결혼이주여성이 한국보다 경제 상황이 열악한 나라에서 왔다는 이유로 그 나라에 대한 편견을 가지고 그들을 대하기 때문에 그들이 한국 사회에 정착하기 어렵다.

2008년 이후 정책적 확대에도 불구하고 국민의 인식 전환은 낮은 수준이며, 국제 결혼이민자와 귀화자의 41.3%가 외국인이라는 이유로 차별을 경험한 바가 있다. 결과적으로 사회통합 혹은 다문화주의의 속성을 갖는 정책에 비하여 국민 정서 속에는 차별과 배제의 경향이 남아 있어 실제 삶 속에서 사회통합의 효과가 미치지 못하고 있다(설동훈 외, 2011).

(2) 언어 및 문화적 차이로 인한 갈등

한국어가 능숙하지 않은 경우 원활한 의사소통이 이루어지지 않아 부부뿐만 아니라 한국의 가족구성원과의 갈등이 높게 나타난다. 즉, 일상생활 적응의 어려움에서 언어장벽은 일상생활에서 서로를 이해하지 못하고 갈등 표출의 기본적인 요인임을 볼 때 언어적 능력이 결혼생활과 새로운 문화의 정착과 적응에 필수적이다. 또한, 각자의 나라에서 배우고 익힌 문화를 버리고 무조건 한국의 문화에 맞게 살아갈 것을 강요하여 가족뿐만 아니라 한국 사회에 거부감을 가지게 되고 한국문화에 대한 부적응과 그 갈등을 일으키게 된다.

(3) 사회참여 기회의 부족

국제 결혼이민여성들이 사회에 적극적으로 참여할 방법이나 행사가 턱없이 부족할 뿐 아니라 사회에 참여할 기회를 알 수 있는 방법도 알지 못해 참여하지 못하는 것이 대부분이다. 예를 들어, 우리에게 가장 필요한 의료서비스 이용과 같은 복지제도를 이용해 본 적이 없는 사람들은 이들의 전체 중 과반수 정도를 차지하고 있다. 이들은 대부분 사회복지서비스 가운데에서 한국어교육 프로그램, 한국풍습, 한국요리 등의 한국 교육을 받는 것 이외에는 특별한 참여를 하지 못하고 있다. 또한, 가족의 반대나 사회의 시선으로 인해 취업 및 사회활동을 자유롭게 하지 못하고 집안에서만 생활하면서 가정불화로 인해 가정폭력의 희생자가 되는 일도 비일비재하게 일어나고 있다(설동훈 외, 2011).

(4) 자녀 교육의 어려움

① 한국어가 미숙한 외국인 어머니와의 생활은 다문화가족 자녀의 언어 발달 지체를 초래할 가능성이 크다.

- 다문화가족 자녀들의 경우, 유아기의 한국어가 미숙한 외국인 어머니와 함께 생활하므로 언어 발달 지체를 보이거나 문화 부적응, 학습결손으로 인해 학교생활에 문제를 보인다.
- 실제 초등학교 저학년 다문화가족 학생의 경우, 일상적인 의사소통에는 큰 무리가 없으나 독해 · 어휘력 · 쓰기 · 작문 능력이 현저히 낮은 것으로 나타난다.

② 언어 발달 지체에 따른 기초학력 및 학교 적응력 저하

다문화가족 학생들의 경우 다문화가족 자녀의 집단 따돌림 등으로 인해 다른 일반 학생들보다 언어 학습 능력이 낮으며 이로 인한 정체성, 대인관계 형성 및 다른 학습 능력에 부정적 영향을 미치고 있다.

※ **다문화가족 사회복지의 과제**

정책적 과제		실천적 과제	
가족의 다양한 형태에 대한 제도적 수용	가족의 형태가 기능과 역할에 따른 요구 또한 변화하고 있으므로 국가 주도적인 지원이 이루어지는 가족 친화적인 복지정책을 지향할 필요가 있음	가족복지 서비스 기관에서 사례 관리의 강화	'만성적이고, 복합적인 문제를 가진 개인과 가족과 함께 일하면서 그들과 자원 제공자들의 기능을 향상해 환경 속에서 자신들에게 필요한 서비스와 자원을 스스로 획득하여 사회적 기능을 원활히 수행할 수 있도록 돕는 통합적 접근방법'인 사례관리가 요구됨
가족복지 대상 및 범위 확대	가족의 생활과 관련된 모든 분야로 관심을 확대하는 것이 더 효과적임	가족을 위한 상담 프로그램과 서비스 확충	가족의 정서적 유대와 지지를 강화하고 가정폭력의 예방 및 대응 강화, 그리고 가족의 정신건강 함양을 위한 가족 단위의 상담 프로그램의 제공이 요구됨
가족복지 담당 인력의 전문화	건강가정 지원법에서는 시행규칙에 의한 교과목 12과목을 지정하여 이 과목들만 이수하면 자격이 있는 것으로 보고 있으나 이는 가족복지 담당 인력의 전문성을 확보할 수 없음	가족 활동 및 문화 프로그램 개발	가족의 유형 및 가족생활주기에 따른 고유기능인 정서적 유대와 지지를 강화하고 가족의 정신건강 함양을 위한 가족 활동 프로그램의 개발 및 제공이 요구됨

2) 다문화가족의 문제해결 방안

(1) 국제 결혼이민여성을 위한 다문화 교육 지원

가. 국제 결혼가족의 이주여성 교육을 위한 표준 교수-학습자료 개발

현재 시중에 나와 있는 국제 결혼이민여성 교육을 위한 교재나 프로그램이 각양각색으로 활자나 제본의 크기뿐 아니라 삽화의 내용 또한 보편적이지 못하며, 게다가 이주 연한에 따라 어휘 이해력이나 구사력 정도가 다르기 때문에 때로는 일대일 교수가 알맞은 학습도 많다. 출생 국에 따라 적용할 자료들이 없어 막막한 경우도 허다하다. 따라서 다문화가족 자녀를 위한 학습지원프로그램을 운영할 때 다문화가족 구성원들이 역차별을 받거나 인격적인 피해를 보지 않도록 세심한 배려가 필요하다.

나. 다문화 공생 정책 - 결혼이민자 사회통합 정책

중앙정부가 개입하여 적극적인 위로부터의 다문화정책이 추진되면서 비교적 단기간에 일률적인 제도와 재원이 마련되었다.

중앙정부가 중심이 되어 다문화가족 정책이라는 이름으로 적극적인 외국인 정책을 실시하고 있으며 이를 위한 예산도 급증하고 있는 추세이다. 외국인 근로자나 기타 단기 체류 외국인을 배제하고 국제결혼으로 이루어진 다문화가족에 치우쳐 있다는 비판이 있다. 다언어 · 다문화 서비스 시스템의 충실화, 다국어 교육 프로그램의 확충, 서비스 기관 · 조직에 의한 외국인 지원체계 구축, 보건 · 의료 · 복지 전문가의 연수, 시민 대상으로 하는 다른 문화 이해 강좌의 개최, 외국인 대상 타문화 이해강좌의 개최, 지원으로 연결되는 실태조사의 실시 등이 다문화가족의 사회통합을 위한 정책이라 할 수 있다.

다. 다문화가족에 대한 취업 장려 및 경제적 지원

가) 국제 결혼이민여성에 대한 취업 지원

① 취업 전 단계 교육 실시: 취업을 희망하는 국제결혼 이민자들이 취업 전 단계 교육을 통해 기본적으로 갖추어야 할 것들이 있다. 대표적인 것이 한국어로 직업 생활을 하기 위해 한국어 실력을 갖추는 것이 기본적으로 필요하며, 직업 소양 교육의 필요성도 제기된다.

② 다문화 자원을 활용한 직종 및 교육프로그램 개발: 국제 결혼이민여성들의 다문화 자원을 활용하여 직종을 개발하는 것이 필요하다. 즉 결혼이민자이기에 그렇지 않은 사람보다 더 강점을 가질 수 있는 부분을 활용할 필요가 있는데 본국 문화뿐 아니라 본국의 언어를 이용한 직종이 필요하다.

③ 다양한 취업처의 개발: 현재 국제 결혼이민여성들의 직종도 제한적이지만, 취업처도 매우 제한되어 있다. 그러므로 도내 지역아동센터나 유치원 이외에도 초등학교나 공공기관인 경기도 영어마을과 같은 기

14

관에 필리핀 영어지도사를 비롯한 결혼이민자 취업을 연계하거나 도내 대기업(예컨대, 대형 유통업체 등)에서 특정한 일에 한하여 국제 결혼이민자를 채용하는 방안을 추진할 수 있다.

나) 다문화가족의 기초 생활 안정

① 다문화가족의 자녀가 글로벌 인재로 육성되고, 다문화 현상이 경제 활력을 불어넣을 수 있으려면 다문화가족의 경제생활 안정이 무엇보다 절실히 요구된다.

② 국제결혼의 이혼이 경제적 어려움에서 비롯된 것이 많은 만큼 이주가족의 경제 기초생활이 보장될 수 있는 정책적 배려가 필요하다.

라. 문화 적응 프로그램 개발, 커뮤니티 형성

① 문화 적응 프로그램 등 다양한 프로그램 개발: 국제 결혼이민여성의 모국 문화를 함께 배우고 한국 사회에서 다문화로 공존할 수 있게 돕는 문화 소개 프로그램 등이 추진될 필요가 있다. 다문화가족 구성원들이 생계 등의 이유로 인하여 프로그램 참여가 어렵거나, 필요를 느끼지 못해 참여를 원치 않았던 것이 이제까지의 현실이지만, 지역의 행사와 축제 등을 통해 자연스럽게 관심을 이끌어낼 방안이 모색될 수 있다. 이처럼 자발적인 참여를 촉진하려는 방안과 함께 다문화가족 구성원들의 상호 이해를 돕고 결혼생활 만족도를 증진하기 위한 예방적 상담적 프로그램을 개발하여 교육을 확대 실시할 방안도 필요하다.

② 커뮤니티 형성: 국제 결혼이민자의 사회참여 활성화를 위하여 자조모임을 활성화하여야 한다. 결혼이민자, 배우자, 시부모 등이 참여하는 자조 모임 운영을 위해 출신국별 자조 모임을 활성화하여야 한다.

마. 사회적 활동 및 법적 · 제도적 지원

① 중앙정부가 아닌 지방자치단체 및 시민사회 주도의 지원 정책이 강화될 필요가 있다. 이를 위해서는 중앙부처 간의 역할 분담 및 협조 체제를(예를 들면, 지역협의회, 통합적 네트워크 등) 구축하고 정부, 시민사회, 국제 결혼이민자 가족, 국제 결혼이민자 당사자 등의 역할 분담 및 파트너십이 요구된다.

② 국제 결혼이민자들이 자신들의 고국에서 체득한 다양한 문화적 역량을 적극적으로 활용하고 발전시킬 수 있도록 지원할 필요가 있다. 결혼이민자의 문화적 자산을 활용하여 다문화 예술 프로그램을 개발하여 지역축제 등에 참여할 수 있도록 지원하고 개발하는 것이 필요하다. 그리고 국제결혼 이민자들의 다양한 음식문화(각종 요리법, 가공 · 저장법 등)를 활용하여 부업이나 창업으로 발전시키고, 출신 국가, 출신지역과의 문화교류를 촉진하는 것이 필요하다.

③ 다문화가족이란 단어가 포함하고 있듯이 대상자들의 가족문화는 매우 다양하다. 이러한 문화를 한국문화와 조화롭게 결합하려는 노력은 다문화가족 지원사업에서는 아직 시도 단계에 불과하다. 다양한 문화의 가족문화를 드러내고 유지할 수 있는 지원이 제공되어야 한다. 물론 다문화 요리교실 등과 같은 사업을 통하여 다문화의 특성을 조금씩 드러내려는 노력이 보이기는 하지만 더욱 적극적인 노력이 필요하다.

④ 각 다문화가족의 생활 실태와 문제점, 정책 요구사항 등을 면밀하게 파악하여 맞춤형 지원 대책을 마련할 필요가 있다. 국제결혼 이민자들의 사회경제적 특성에 따른 세분된 조사연구와 차별화된 전략이 필요하다. 이를 위해 한국 거주기간, 생애주기 등을 감안하여 단계적인 접근을 추진할 필요가 있다.

바. 다문화가족 자녀 교육 지원

① 대학생 멘토링의 활성화: 대학생 멘토링 대상자로 다문화가족 자녀 우선 선정(유아교육 및 외국어 전공 대학생, 외국인 유학생을 멘토로 활용)한다. 농·어촌 멘토링을 위해 자원봉사자 적극 활용(지역 내 자원봉사자를 교육청에 등록하여 활동하도록 하고 실제 경비를 지원함으로써 사회적 일자리 창출 효과 동시 제고)한다.

② 다문화가족 자녀 교육을 위한 교사 역량 강화: 학교 현장에서는 교사의 역량 강화를 통해 다문화사회로 급변하는 시기에 획일적인 교육을 지양하고 다문화를 올바르게 교육하여야 할 것이다. 증가하는 다문화가정 자녀들과 함께 한국 가정의 자녀들에게 다름의 다양성에 대해서 교육하여 올바른 자아 정체감을 함양할 수 있도록 해야 한다.

교사 역량 강화 방안

- 다문화주의 및 소수자 배려를 위한 교원 연수 강화(교원 자격 연수, 직무연수 시 다문화 이해 교육, 학습부진아 특별교육, 집단따돌림 예방 교육 등 교양과목에 최소 2시간 이상을 포함하도록 권장
- 교사 대상 한국어 및 한국문화 연수 활성화
- 한국어 교육 능력을 갖춘 교사에 대한 인센티브 제공

③ 다문화가족 자녀들이 정상적인 학습 능력이나 안정적인 학교생활을 하기 위해서는 유치원 교육 과정에서 중등교육 과정까지 연계된 학습지원 프로그램이 개발되어 제공되어야 한다. 더구나 다문화가족 자녀들의 언어이해 능력은 모든 학습에 있어 기초가 되기 때문에 다문화가족 자녀 가운데 언어이해 능력이 낮은 학생들이 학습할 수 있는 교재가 개발되어야 한다.

사. 다문화가족 아동·청소년의 교육권 문제

미등록 외국인 근로자의 자녀들은 현행법상 불법으로 분류되어 취학연

령이 되어도 학교에 입학하기 어렵고, 의료보험 혜택도 받지 못하는 경우가 많다. 또한 행정적으로 기록이 제대로 되지 않아 그 숫자도 정확히 파악되지 않으며, 학교에 들어간다고 해도 중도에 그만두거나 상급학교에 진학하지 않는 학생이 많다. 이 아이들은 출생신고도, 학생증도 발급받지 못하고 오직 학교 전산망에 숫자로만 기록된다. 또한 이들은 학교 안에서 심각한 정체성 혼란과 소외감을 느끼고 있다. 주민등록번호를 기반으로 행정체계가 이루어지는 학교에서는 미등록 외국인 근로자의 자녀들은 교통카드의 발급은 물론 학교 도서관과 홈페이지 이용에도 어려움을 느낀다. 부모 중 한쪽이 한국인인 국제결혼 가족의 아이들도 법적으로는 한국인 아동과 동등한 권리를 누리지만 단지 피부색과 생김새가 다르다는 이유로 친구들과 어울리지 못하는 등 학교생활에서 많은 어려움을 겪고 있다(문화저널 21, 2010. 5. 5).

다문화가족 구성원들은 차별이나 편견, 언어와 문화 차이, 정체성의 혼란, 불안정한 지위 등으로 인해 많은 어려움을 겪는데, 그중에서도 다문화가족의 아동·청소년은 인권 보장에 있어서 이중으로 취약한 지점에 놓여 있다. 아동이라는 점에서 상대적으로 사회적 약자의 위치에 있으면서, 동시에 다문화가족의 구성원이라는 점에서 소수자(minority)에 속하기 때문이다. 과거에는 외국인 근로자의 거주권과 노동권 쪽에 중점을 두고 다문화가족에 대한 논의가 주로 진행되었다면, 이제는 다문화가족의 자녀들의 인권 문제에 대한 관심으로 확대되고 있다. 특히 다문화가족 아동·청소년의 교육, 의료, 복지 등 사회권을 둘러싸고 많은 논의가 있었는데, 그중에서도 미등록 외국인 근로자의 자녀들의 인권 문제가 가장 심각한 상태라고 볼 수 있다.

우리나라 한국 사회의 인종적·민족적 다양성을 문화적 다양성으로 승화시키고, 그것을 조화롭게 만들려는 노력이 절실하다. 한국 사회가 문화적으로 풍요로워질 수 있는 방법을 적극적으로 찾아야 한다. 인종적·문화적 다양성을 존중하는 사회를 이루기 위하여 중앙정부·지방자치단체·기업 · 시민사회가 해야 할 역할을 제시해 보면 다음과 같다(설동훈, 2006).

첫째, 한국 사회에 거주하는 외국인의 절반에 해당하는 생산기능직 외국인 근로자의 인권침해가 빈발하고 있는 현실을 개혁하여야 한다. 외국인 근로자가 이 땅에서 살면서 차별 대우와 인권침해로 삶이 망가지도록 방치해서는 안 된다. 제도와 문화면에서 세계적 표준(global standards)을 준수하려는 노력이 필요하다(설동훈, 2004). 그들 중 일부는 자신들이 "현대판 노예"라고 한탄하고 있다. 한국 정부는 외국인 근로자의 인권 침해를 예방할 수 있도록 외국인력 수입 제도를 정비하여야 한다. 외국인 주민들의 권리를 보호 · 신장하는 데 초점을 맞추어야 한다.

둘째, 지방자치단체가 해야 할 역할은 매우 많다. 지방자치단체는 우리나라에서 생활하고 있는 외국인들의 자발적인 문화 행사를 지원하는 프로그램을 운영하여야 한다. 지방정부가 앞장서서 문화 행사를 기획하는 것도 의미가 있지만, 아래로부터 조직된 문화행사를 적극적으로 지원하려는 자세를 갖추어야 한다. 예를 들어, 지방정부는 가칭 '다문화주의 기금'(multi-culturalist fund)을 조성하여, 사업계획서와 행사계획을 제출하는 외국인 단체에 장소와 자금 및 행정서비스 등을 지원하는 프로그램을 만들면 좋은 성과가 있을 것이다. 외국인들이 원하는 문화적 수요가 무엇인지를 파악하여, 지방정부가 그것을 충족시켜 주려 노력하는 적극적 자세 전환이 요구된다. 한국 사회가 문화적으로 풍요로운 공동체가 되기 위해서는 아래로부터 올라오는 욕구를 적절하게 처리하려는 자세가 중요하다. 또한, 지방정부에 외국인 업무를 전담하는 부서를 설립하여, 한국인과 외국인 사이의 이해 증진을 도모하여야 한다. 한 걸음 더 나아가, 독일의 프랑크푸르트와 일본의 가와사키처럼 외국인 대표가 '외국인대표자회의'를 통해 지방행정에 직접 참여하는 기회도 부여할 필요가 있다.

셋째, 기업이 수행하여야 할 역할은 외국인 근로자에 대한 차별 대우와 착취를 하지 못하도록 상호 감시 운동을 벌이는 일이다. 기업가들은 돈 벌러 한국에 온 외국인 근로자에게서 1960~1970년대 해외로 일자리를 찾아 떠났던 과거 우리의 모습을 찾을 수 있을 것이다. 그들의 전통문화와 생활

관습을 존중하는 기업문화를 조성하는 것도 필수적이다. 구체적 일례로, 외국인을 고용하는 기업가들은 그들의 금기 식품을 배제한 식단을 짜서 제공해야 한다. 예컨대, 종업원 중에 이슬람교도가 있다면 돼지고기 요리보다는 닭고기 요리를 준비하는 정도의 배려는 해야 한다. 이는 기업의 생산성 향상에도 도움이 될 것이다.

넷째, 우리나라의 시민사회는 외국인에 대해 무관심한 태도나 차별적인 태도를 과감히 탈피하려고 노력하여야 한다. 전 지구화 시대를 살아가는 한국인들은 외국인과도 상생(相生)을 도모하여야 한다. 한국 사회가 전 지구화된 세계 속에서 발전을 거듭하며 살아남기 위해서라도 인류의 보편적 가치인 '인권'과 '민주주의'를 존중하여야 한다. 그 방법은 바로 '더불어 사는 삶'을 실천하여야 한다.

요컨대, 한국인과 외국인들이 서로 이해하고 사랑할 수 있는 문화적 토양을 만들어야 하고, 같이 참여하여 어우러지는 화합의 장과, 신나게 흥을 돋울 수 있는 신명의 장을 마련하려는 노력이 절실하다. 그것은 한국인과 외국인이 동일한 시민으로서 '더불어 사는' 시민 공동체 의식을 고양하는 길이기도 하다. 이러한 노력이 충분히 경주되어야만 '다양성 속의 조화'가 이루어지는 격조 높은 문화를 간직한 한국 사회를 새롭게 건설할 수 있을 것이다(설동훈 외, 2011).

CHAPTER 15

사회복지 실천 현장 학습향상을 위한 향후 과제

1 사회복지현장의 변화

바커(Barker, 1987)는 사회복지 사전에서 사회복지 실천 현장(field of practice)을 "사회복지의 다양한 기관과 그러한 기관에서 필요한 능력까지를 포함하는 복합체인 개념"이라고 정의한 바 있다. 고수현(2017)은 사회복지 실천 현장은 광의로는 사회복지사업 분야 또는 영역을 말하지만, 협의에서는 사회복지 대상자인 클라이언트의 문제해결을 위해 사회복지지 전문직과 자원봉사자들이 활동하는 장소인 해당 기관(시설)을 뜻한다고 보았다.

이와 같은 개념에 따르면 사회복지 실천 현장은 사회복지 실천이 이루어지는 공식적인 장소라는 물리적 여건과 함께, 사회복지사의 전문적 능력이 발휘되는 곳이라는 기술적 여건이 충족되어야 함을 알 수 있다. 즉, 단순히 사회복지사업이나 서비스가 제공되고 이루어지는 장소뿐만 아니라 그 안에서 활동하는 사회복지사와 그 외 기타 전문 인력들의 활동이 더해질 때 그곳이 바로 사회복지 실천 현장이라고 일컬어질 수 있다.

사회복지 실천 현장과 분야들은 사회의 변화와 사회문제와 지역사회 클라이언트의 욕구 변화 등과 밀접한 관련성을 맺고 있다. 그 사회에 변화하는 가치나 사회문제 법률, 제도, 사회서비스의 발달에 따라서 새롭게 변화한다. 따라서 사회복지 실천 현장에 대한 개념도 그만큼 복잡하고 상황에 따라 다양한 형태로 나타난다.

외국인 근로자, 국제 결혼이민여성 등 다문화가족의 증가 등으로 다양한 형태의 새로운 사회복지 실천 현장이 늘어나고 있다. 최근 다양한 욕구를 가지고 있는 클라이언트가 늘어남에 따라 사례 관리자의 역할이 중요하게 부상하고 있다. 1980년대 이후부터는 비정부조직 또한 사회복지사들의 활동이 가능한 새로운 실천 현장으로 인식되고 있다.

사회복지사가 활동하는 실천 현장과 활동 내용이 다양함에 따라서 각각의 실천 현장에서 일하기 위해서는 각 현장의 특성과 사회복지사의 역할 내용을 정확히 이해함과 동시에 필요한 교육을 통한 지식습득과 실천 현장의 교육이 적절히 이루어져야 할 것이다.

사회복지사업법이 제정된 이래 사회복지사업 관련 법률이 계속 늘어남에 따라 사회복지 실천의 현장도 계속 그 범위가 확장되고 있다. 기존의 사회복지 실천 현장도 사회 변화에 따라 변화하면서 이에 따른 사회복지사의 역할도 변화하고 있다. 예를 들어, 지역복지관의 사례 관리기능 강화, 그리고 지역사회자원의 발굴과 연계는 모든 현장에서 예외 없이 중요한 사회복지사의 임무가 되고 있다. 사회 각 영역의 변화에 발맞추어서 사회복지 실천 현장과 사회복지사의 역할은 계속 변화, 발전되고 있다.

기업의 사회복지현장은 최근 가장 급속도로 성장한 사회복지현장 중의 하나이다. 기업의 사회공헌활동이 증가하면서 사회복지 실천 영역 중 하나로 자리 잡게 되었다. 또한 한국의 다문화 인구의 증가에 따른 다문화사회복지, 산업 복지, 농촌사회복지, 교정복지, 비정부조직(NGOs) 단체의 사회복지, 군 사회복지 등의 새로운 분야가 계속 추가되고 있다.

클라이언트에게 직접 서비스를 제공하는 것뿐만 아니라 클라이언트의 특성과 욕구에 맞는 프로그램을 기획하고 실행하는 것도 사회복지사에게 요구되는 중요한 역할이 되었다. 사회복지기관들이 국가, 지방자치단체, 기업 또는 개인으로부터의 재정지원을 받게 되면서 보다 효과적인 사회복지서비스 제공에 대한 책무성이 증가하고 있다. 다양한 사회복지현장 중에서 어떤 영역에서 활동하는가에 따라 사회복지사의 역할은 차이가 날 수 있지만 사회복지 전문직으로서의 요구되는 사회복지사의 역할들이 있으며, 사회복지현장의 특성에 따라 특정 역할이 강조되기도 한다.

2 사회복지현장을 둘러싼 환경의 변화

1) 사회서비스의 증가에 따른 수요자 중심의 사회복지서비스 현장의 확대

일자리 창출과 중산층의 다양한 사회서비스 욕구를 충족하기 위한 사회서비스가 확대 시행되고 있으며 전통적인 사회복지서비스의 형태인 공급중심의 서비스에서 수요자 서비스 중심의 서비스로 전환되고 있다. 교육바우처, 직업훈련 및 생활 보조 바우처, 보육 바우처, 요양 서비스 바우처 등이 시행되어 사회복지서비스 기관 간의 경쟁이 유발되고 있고, 사회서비스 복지 현장의 영역이 확대되는 추세이다.

2) 사회복지 조직의 마케팅 경영방식의 도입과 기업 사회복지현장 증가

사회복지 분야에서도 서비스에 대한 효과를 검증하고 효율성을 강조하는 사회적 책임성에 대한 욕구가 증가하고 있다. 특히 미국을 중심으로 기업가들의 기부가 단순한 기부의 형태를 벗어나 자선 기업가(philanthropreneur)나 벤처자선사업가(venture philanthropist) 등이 이름으로 경영 전략을 자선사업에 이식하고 기부는 일종의 투자라는 시각을 가지고 접근하고 있다. 또한 대기업 중심으로 이루어지는 사회공헌활동도 단순한 기부나 사회 봉사활동도 기업의 이미지를 홍보하거나 마케팅의 수단으로 전략적으로 접근하고 있다.

3) 국제 개발 원조(ODA: Official Development Assistance)의 확대와 사회복지현장의 국제화

우리나라가 국제 개발 협력 기구(OECD) 개발원조위원회(DAC)에 가입국이 되었고, 매년 대외 공적원조의 비율이 많이 증가하고 있으며, 외교부 산하 한국국제협력단체(KOICA), 민간의 해외원조단체협의회 등 민간 단체 및 기관 및 국제 NGO 단체의 증가로 인하여 국제 청년봉사단의 확대 등으로 인하여 해외의 사회복지현장의 비중이 커지고 있다. 그리고 우리나라 대기업이 국제적 다국적기업으로 성장함에 따라서 해외 사업장을 중심으로, 그 나라와 지역에서 활발한 해외 사회공헌활동의 현장이 증가하고 있으며, 이에 따른 기업의 사회적 책임의 이행과 그 나라와 지역의 욕구에 맞춘 새로운 사회공헌 활동의 프로그램들이 요구되고 있다.

4) 고령화 시대에 따른 노인 사회복지현장의 확대

2017년 우리나라 고령사회로 진입하였고 노인 인구의 급속한 증가로 노인복지 서비스 제공 인력의 확대, 가정에서 요양 서비스를 받는 경우 가정이 이차적인 노인복지 현장이 될 수 있다. 기대 수명의 증가, 치매, 중풍 등 보호가 필요한 질병의 증가, 핵가족화 및 여성의 사회참여로 인하여 가정 보호의 어려움으로 인하여 노인복지 실천 현장은 계속 확대될 것이며,

특히 독거노인 세대에 대한 사회복지 실천이 증가할 전망이다. 독거노인들이 서로 돌봐주는 노노케어 자원봉사 네트워크를 구축하여 사회적 고립감도 해결하고 건강함도 유지하는 모임의 활성화와 관련된 프로그램 등이 필요할 것이다.

5) 가족구조의 변화와 이에 대응하는 사회복지정책과 서비스의 변화

전통적인 4인 가구가 줄고, 무자녀 부부가구, 한무모가족, 1인 가구 등이 많이 증가하여 다양한 가족 형태가 등장하는 변화가 초래되고 있다. 기존의 혈연 중심의 가족관계가 약화하고, '사회적 가족'(social family)이 새로운 사회적 결속과 유대감의 원천이 될 수 있으므로 공동체 프로그램 등의 확대가 필요하다. 외국의 공동주거(Co-housing), 1인 가구용 임대주택 등과 같은 새로운 주거 형태가 늘어날 것이며 이러한 욕구에 부응하는 다양한 주거복지 분야의 분야가 새롭게 등장하게 될 것이다.

6) 다문화 사회복지현장의 증가

한국도 외국인거주자가 차지하는 비율이 매년 증가하고 있으며 전체인구의 5%가 넘어가는 다문화사회로 진입할 것으로 전망한다. 이에 따라 다문화 사회복지현장에서 문화적 수용성을 가진 사회복지사의 다문화적 역량이 필요하며 한국의 다문화 수용성에 대한 인식 개선 등이 필요하다. 특히 외국인 근로자에 대한 사회복지서비스 현장의 증가와 사회복지정책과 서비스에 대한 확대가 예상된다.

7) 제4차 산업혁명의 물결로 인한 사회적 자본의 감소와 일자리 감소로 인한 새로운 프로그램의 기획

인공지능, 로봇공학, 무인 운송수단, 빅데이터의 새로운 제4차 산업혁명은 사회복지현장에도 영향을 미치게 된다. 사람들 간의 관계성이 더 많이 축소되고, 많은 일자리가 감소하거나 사라질 것이다. 따라서 지역사회공동체의 정착을 위한 프로그램, 사람들 간의 접촉을 늘리고, 만남을 제공하는 프로그램들이 필요하며 새로운 일자리 창출 등 고용·복지에 대한 제도의 개선과 확충이 요구되고 있다.

3 사회복지 현장학습을 위한 향후 과제

사회복지현장 이해의 과목을 통하여 전공에 대한 기초지식을 제공하고, 사회복지현장에 대한 이해를 통하여 자기 적성과 진로를 탐색할 수 있다. 현재의 한 학기 동안에 사회복지현장의 기관이나 시설들을 모두 방문하기는 시간적인 제한을 가진다. 사회복지현장은 다양하고 많은 프로그램들이 진행되고 있으므로 한 학기에 사회복지현장을 기관이나 시설들을 방문하여 현장을 파악하고 사회복지사의 역할 등을 이해하기에는 어려움이 따른다.

따라서 사회복지현장의 이해 과목은 사회복지 현장 교육의 시발점이고 이 과목을 이수하고 사회복지 현장 교육에 대한 사회복지학부의 지속적인 사회복지 현장 교육의 교과목들이 연결되고 완성되어 가는 시스템으로 운영되는 것이 바람직하다. 한 학기 동안 사회복지 현장의 기관 방문을 체험한 것으로는 사회복지 현장의 단편적인 부분만을 보게 되고 자신의 적성과 진로에 관한 탐색을 하기 위한 충분한 경험이 부족하게 된다.

현장 교육을 위한 필수과목인 사회복지실습과목 역시 대부분 학생이 법정 이수 시간으로, 160시간으로 방학 한 달간이나 학기 중 실습으로 현장 교육을 마치게 된다. 대학에서 학부 과정의 목표는 사회복지 분야의 현장 전문직을 양성하는 것인데 160시간으로 실습으로 현장 교육을 마치고 강의실에서 이루어지는 전공 교과목에 중점을 두는 현재의 사회복지 현장 교육시스템만으로는 졸업 후 여러 사회복지 현장에서 전문가로서의 활동하기에는 현재 대학의 사회복지 현장 교육이 이를 충족하지 못하고 있다. 따라서 대학의 학부 과정에서 현장 이해하고 현장에 대한 적응력을 키우기 위한 사회복지 현장 교육을 강화할 필요성이 있다. 이를 통하여 졸업 후 다양한 사회복지 현장에서 전문직으로서의 효율적인 역할 수행이 가능하게 하여야 할 것이다.

미국에서는 미국 사회복지교육협의회(CSWE)에서 정한 현장실습의 기준을 학부의 경우는 400시간 이상 석사의 경우는 900시간 이상으로 정하고 있다. 일본의 경우도 실습 교육 시간을 360시간을 늘리는 방안을 추진하고 있으며, 아시아 권역인 싱가포르는 사회복지현장실습이 학부 과정에서 400시간을 실습한다.

한국에서의 사회복지 현장 교육에 대한 향후 과제로 다음과 같은 방안들을 제시한다.

첫째로, 학부 과정에서의 사회복지 현장 교육에 대한 전체적인 현장 교육시스템을 갖추어야 한다. 사회복지 현장교육과 관련된 과목으로는 '사회복지현장의 이해', '자원봉사론', '사회복지 현장실습', '사회복지 현장실습 세미나'를 들 수 있다. '사회복지현장의 이해' 와 '자원봉사론'은 1학년 과정에서 이수하여 현장에 대한 이해와 그를 바탕으로 사회복지 현장에서 자원봉사활동에 필요한 자원봉사로의 선 학습을 통해 자원봉사활동에 대한 충분한 이해가 필요하다고 판단된다.

2학년 과정에서는 사회복지 현장에서의 전문 자원봉사활동을 일정 시간 이수하도록 하여서 현장에 대한 더 깊이 있는 이해와 관심 그리고 다양한 경험 등을 통하여 본인의 적성, 향후 진로 등에 대한 탐색들이 이루어지도록 하고, 자신에게 필요한 현장실습 기관을 찾는 기회로 활용될 수 있도록 한다. 학생들이 자원봉사활동을 통하여 또한 본인의 역량을 키우게 된다. 최근의 사회복지기관의 채용 방식이 블라인드 채용 방식으로 많이 바뀌고 '스펙'보다는 '역량 중심'으로 바뀌고 있다. 역량은 자격증과 스펙이 아니라 사회복지 실천 현장에서 자신의 역량을 활용했거나 썼던 경험을 이야기할 수 있어야 한다. 자원봉사활동은 사회복지사로서 갖추어야 할 문제해결 능력, 창의력, 공동체 의식, 실행력, 커뮤니케이션과 공감 능력, 자기 주도력, 리더십과 같은 역량을 키울 수 있는 성장의 기회가 된다. 자원봉사활동을 통하여 학생들이 자신의 미래를 펼쳐나갈 수 있도록 일정 시간의 자원봉사활동을 사회복지 현장 교육의 한 부분으로 포함하도록 해야 할 것이다.

3학년 과정에서는 '사회복지 현장실습 교육'을 통하여 학교에서 배운 지식과 기술을 직접 현장에서 응용해 보도록 하는 기회를 가지게 되며 이를 통하여 사회복지 전문직의 정체성을 가지고 필요한 역량을 개발할 수 있을 것이다. 현장실습의 시간은 160시간으로는 충분하지 않으므로 현장실습을 현장실습 I 과 현장실습 II로 나누어 각각 160시간씩 진행하도록 한다. 현장실습 II는 좀 더 스페셜한 분야를 심화학습 체험을 할 수 있도록 하는 것이 바람직하다고 판단된다. 그리고 현장실습의 내용을 세미나 형식으로 발표와 토론을 진행하는 '사회복지 현장실습 세미나'의 과목을 개설하여 실천 현장의 실태와 문제점 그리고 개선 방안 등에 관하여 토론과 발표 등의 수업이 진행되도록 한다.

4학년 과정에서는 각 기관이나 시설 등에서 '인턴사원'으로서 일정 기간 일하면서 경험을 쌓고, 실지 예비 사회 복지사로서의 충분한 능력을 보이고, 향후 졸업 후 취업으로 연결될 수 있는 경험과 인맥 그리고 필요한 일들을 진행하도록 전반적인 사회복지 현장 교육에 대한 커리큘럼과 안내 등이 학교 차원에서 시스템을 가지고 운영되도록 하는 것이 바람직하다고 판단된다.

둘째로, 산학협동시스템을 구축하고, 사회복지 현장 교육 전담 교수를 배치하여 현장의 기관과의 긴밀한 공조 연계 양방향의 교류가 필요하다. 그리고 학생 개개인에 대한 상담과 지도가 원활하게 이루어지도록 해야 할 것이다.

강종수(2019). 사회복지행정의 이해. 학지사.
고등교육법 시행령 대통령령, 제 25960호, 2015.01.06. 시행.
고수현(2017). 사회복지상담 실천의 통합 절충적 4단계 모형 연구: 탐색-통찰-실행-유지. 한국사회복지상담학회.
국가법령정보센터(2023). 「정신건강증진 및 정신질환자 복지서비스 지원에 관한 법률 시행규칙」
권중돈(2019). 노인복지론. 학지사.
김경우(2007). 의료사회복지론, 동문사.
김도윤(2018). "정신건강전달체계와 정신건강사회복지사의 위기". 한국정신보건사회복지학회 춘계학술대회자료집.
김범수(2019). 지역사회복지론. 공동체.
김수영(2020). "국민건강증진종합계획(HP2030)주요 중점과제 소개", 한국건강증진개발원 제5차 국민건강증진정책 수립 정책토론회 자료집.
김영숙(2008). 재가노인 · 장애인 · 노인장기요양보험 사례관리론. 교육과학사.
김영종(2017). 사회복지행정 4판. 학지사.
김제선(2023). 문화 다양성과 다문화 사회복지. 어가출판사.
김진 · 김회성(2018). 직무만족도와 수퍼비전이 사회복지사의 조직기반 자긍심에 미치는 영향에 관한 연구. 한국비영리학회.
김태성(2018). 사회복지정책입문. 청목출판사.
김통원 · 김용득(1998). 사회복지실천 사례관리. 도서출판 지샘.
김학만 · 권정만(2020). 코로나 19사태 이후 사회복지 정책의 변화 논의: 체계와 구성요소를 중심으로, 한국정치사회연구소.
김혜영(2020). 사회복지실천론. 공동체.
김홍곤 · 박민철 · 김재현(1996). 첫 발병 정신분열병 환자의 예후인자에 관한 조사. 신경정신의학, 35(5), 1014-1021.
노기남 · 이승현 · 정종화(2018). 사회복지정책론. 동문사.
박영준(2020). 사회복지학전공 학생들의 실습인식과 사회복지현장실습 만족과의 관계연구 - 실습 수퍼비전의 매개효과 중심으로. 학습자중심교과학회.
법제처(2024). 「장애수당 및 장애아동 수당」
보건복지부 고시 제2020-238호.
보건복지부(2022). 「장애인등록심사 관련 법령 및 규정집」
보건복지부(2024). 「2015~2022년 장애인장애인 지역사회 재활시설 및 의료재활시설 운영 현황」
보건복지부(2024). 「장애인연금사업안내」
복지연합신문, 문혜원, 2011.08.05.

사회복지사업법 법률, 제10261호, 2010.04.15. 시행.

사회복지사업법(2024). 「사회복지사업법 시행령」

서북현 · 황윤희(2020). 노인의 복지인식이 사회서 비스 이용과 사회복지정책 만족도에 미치는 영향. 한국콘텐츠학회.

서울시사회복지사협회(2023). 「사회복지사 윤리강령 제5차 개정」

설동훈 · 강기정 · 이병하(2011). 다문화가족 사회통합 관련 정책과제 개발 및 발전 방안 연구.

설동훈 · 전진영(2016). 국회의 이민정책 결정과 정당정치: 18대 국회를 중심으로, 한국과 국제정치, 137-172.

송승연(2020). 정신장애인 주거 서비스 이용에 영향을 미치는 요인 연구. 한국정신건강사회복지학회. 한국이민학회.

순덕기(2020). 사회복지 전문직 정체성 확립을 위한 사회복지현장실습 퍼시픽북스.

심상용(2020). 사회복지 윤리와 철학. 학지사.

안향림 · 박정은(1997). 정신보건사회복지. 홍익재.

양경은 · 함승환(2020). 다문화정책은 이주아동의 사회통합에 늘 효과적인가?: 사회복지지출 규모를 고려한 비교사회정책적 재분석.

엄태영(2020). 지역사회복지론. 신정.

여성가족부(2018). 제6차 청소년정책기본계획.

여성가족부(2022). 2021년 전국가문화가족실태조사.

오유미 · 김한해 · 최지애 · 곽인혜 · 문성원 · 전현성(2020). “제4차 국민건강증진종합계획(HP2020) 정량평가 연구”, 한국건강증진개발원 제4차 국민건강증진종합계획 정량평가 연구보고서.

오윤자(2012). [토론] 다문화가족지원센터 다문화가족통합교육 현황과 정책 제안. 가정과 삶의 질 학회.

우국희 · 성정현 · 좌현숙 · 장연진 · 최승희(2015). 사회복지실천론. 신정.

원석조(2018). 사회복지발달사. 공동체.

이병하(2016). 이주의 시대, 이민현상과 이에 대한 정책적 대응을 균형감 있게 고민한 작업. 다문화 사회연구.

이상진 · 황민용(2019). 정신건강복지센터 조직환경이 사례관리수행에 미치는 영향 - 직무수행동기와 직무수행태도의 매개효과를 중심으로, 한국사례관리학회.

이성순 · 이종복 · 김재열 · 김민경 · 김현희 · 정영희 · 정옥희 · 안채리(2017). 다문화 사회복지론. 양서원.

이영호(1996). 팀-웍 접근을 통한 정신분열증환자 가족교육 프로그램에 관한 연구. 사회복지개발연구, 2(2), 101-119.

이용표 · 배진영(2020). 대안 정신보건프로그램에 관한 연구: 정신장애인 취업활동 증진을 위한 비약물 접근을 중심으로, 한국직업재활학회.

이윤수(2020). 조선시대 남성 중심 관점의 여성성에 대한 전략적 젠더 접근 - 사회복지실천의 임파워먼트 모델 적용, 동양문화연구원.
이윤정 · 박수선(2019). 가족복지론. 공동체.
이인정 · 최해경(2020). 인간행동과 사회환경. 나남.
이정희 · 김창희(2017). 국회복지전담공무원들의 직무수행 어려움 극복에 대한 사례 연구. 한국사회복지행정학회.
이준우 · 손덕순(2017). 정신보건사회복지론. 나남.
이형득(1998). 자기성장 집단상담의 단계별 발달과정. 집단상담연구, 1(1), 35-62.
임동호 · 장영은 · 장은석 · 정하선(2023). 사회복지학개론. 양서원.
정무성 · 양희택 · 노승현 · 정진옥(2015). 장애인복지론. 정민사.
정종화(2017). 특수교육학개론. 양성원.
정종화(2018). 사회복지정책론. 동문사.
정종화(2018). 특수교육학개론 양성원.
정종화 · 노기남 외(2019). 사회복지법제론. 동문사.
제철웅(2020). 보호종료 아동의 자립지원에 관한 아동복지법 문제점과 개선방안. 법학연구소.
조성상 · 송효석 · 이기주 · 이동영 · 정대희 · 홍영수(2019). 의료사회복지론. 신정.
조성연 · 유진이 · 박은미 · 정철상 · 도미향(2019). 청소년복지론, 창지사.
조성희 · 박소영(2020). 다문화가족 어머니의 문화적응 스트레스가 청소년의 문화적응 스트레스에 미치는 영향. 한국 청소년 복지학회.
조수미 · 안은미 · 정익중(2020). 학교 밖 청소년의 진로장벽 유형과 사회적 낙인감 간의 관계. 한국청소년복지학회.
조흥식 · 김상균 · 최일섭 · 최성재 · 김혜란 · 이봉주 · 구인회 · 홍백의 · 강상경 · 안상훈(2015). 사회복지개론. 나남.
진재찬 · 유서구(2020). 사례관리자 네트워크 활동의 영향요인: 수퍼비전 관계의 영향력을 중심으로. 한국사례관리학회.
최지선 · 김연수(2019). 국례관리 Best Practice의 개념과 구성요소: 사례관리자 관점을 중심으로. 한국사례관리학회.
최혜경(2017). 사회복지실천론. 학지사.
최희철 · 천덕희(2017). 정신보건사회복지론. 양서원.
통계청(2022). 2022년 다문화 인구동태 통계, 인구동향조사.
한국복지정책연구소(1984). 현대아동복지론.
한국사회복지교육협의회(2024). 「윤리강령 및 사회복지사 선서문」
한상철(2018). 북한이탈주민 재범억제를 위한 교정복지 거버넌스의 탐색적 연구. 한국교정복지학회.
행정안전부(2020). 2020 지방자치단체 외국인주민 현황 통계조사.
행정안전부(2021). 2021년 전국 다문화가족실태조사.
허명준(2020). 결혼이주 여성의 가정생활 적응 사례연구를 통한 사회복지실천의 방안에 관한 연구. 산업진흥원.
허예진 · 문경아(2019). 미술치료사의 발달장애 아동 대상 집단치료 경험에 대한 현상학적 연구. 한국예술심리치료학회.
홍봉선(2019). 교정복지론, 공동체.
홍석한(2020). 미국의 공공부조 분권화와 그 시사점, 미국 헌법 학회.
홍선미(2018). "정신건강사회복지사의 존재와 커뮤티니티의 요구", 한국정신보건사회복지학회 춘계학술대회자료집.
Aday, L. A., & Andersen, R. M. (1984a). The national profile of access to medical care: Where do we stand? American Journal of Public Health, 74 (12), 1331 - 1339.
Andersen, R. (1968) A behavioral model of families' use of health services. Research Series No. 25. Center for Health Administration Studies, University of Chicago. Chicago.
Barker, R.L. (1987) The Social Work Dictionary. NASW, Silver Spring, MD.
Friedlander, Walter A. Apte, Robert Z. Englewood Cliffs, N.J. : Prentice-Hall, [1980].
Goldman, M., & Creason, C. R. (1981). Inducing compliance by a two-door-in-the-face procedure and a self-determination request. Journal of Social Psychology, 114(2), 229-235.
Goldman, H. H., Gattozzi, A. A., & Taube, C. A. (1981). Defining and counting the chronically mentally Ill. Psychiatric Services, 32(1), 21-27.
Helen Perlman. Her seminal 1957 book, Social Casework: A Problem-Solving Process, described the problem-solving model and the 4Ps. Since then, other scholars and practitioners have expanded the proble.
Lieberman, M. A. (1986). Social supports: The consequences of psychologizing: A commentary. Journal of Consulting and Clinical Psychology, 54(4), 461 - 465.
Liberman, R. P., Mueser, K. T., Wallace, C. J., Jacobs, H. E., Eckman, T., & Massel, H. K. (1986). Training Skills in the Psychiatrically Disabled: Learning Coping and Competence. Schizophrenia Bulletin, 12(4), 631 - 647.
Liberman, R. P., Mueser, K. T., Wallace, C. J., Jacobs, H. E., Eckman, T., & Massel, H. K. (1986). Training Skills in the Psychiatrically Disabled: Learning Coping and Competence. Schizophrenia Bulletin, 12(4), 631 - 647.
Mullan, Hugh, Rosenbaum(1962) Group psychotherapy : Theory and practice, Max Free Press of Glencoe.
Mary E. Richmond(1917). Social diagnosis, Russell Sage Foundation.
NASW(1998). National Association of Social Workers.
Peter A. Kindle, Diana M. DiNitto, David H. Johnson.(2016) Preventing Poverty: Education and Employment Policy.

Richmond, Mary Ellen. (1917). Social diagnosis.

Richard Morris Titmuss (Author), & 2 more The Gift Relationship: From Human Blood to Social Policy. November 1, 1997.

Richard M. Titmuss. (1997). The Gift Relationship: From Human Blood to Social Policy.

Robert Paul Liberman, Kim T. Mueser, Charles J. Wallace, Harvey E. Jacobs, Thad Eckman, H. Keith Massel. (1986). Training Skills in the Psychiatrically Disabled: Learning Coping and Competence, Schizophrenia Bulletin, Volume 12, Issue 4, 1986, p.631-647.

Strauss, A., & Anselm L. (1975). Chronic illness and quality of life.

【참고 사이트】

국가통계포털 kosis.kr

국립재활원. www.nrc.go.kr

법제처 찾기쉬운 생활법령정보 www.easylaw.go.kr

법제처 국가법령정보센터 www.law.go.kr

보건복지부 www.mohw.go.kr

위키백과 ko.wikipedia.org

한국사회복지사교육협의회 www.kcswe.kr

저자소개

정종화(鄭鍾和)

현) 삼육대학교 사회복지학과 교수, 대학원 교육상담복지학과장
현) 한국사례관리사협회 회장
현) 장애인가족상담가협회 회장
현) 미래복지경영학회 수석부회장

한국통합사례관리학회 명예회장, 한국복지경영학회 명예회장
한국사회보장정책학회 회장 역임, 삼육대학교 평생교육원장 역임
한국사회복지교육협의회 교육위원장 및 수석부회장 역임
삼육대학교 보건복지대학 학장 역임

일본사회사업대학 사회복지학부 졸업(사회복지학사. BSW)
일본사회사업대학 대학원 석사졸업(사회복지학 석사. MSW)
일본사회사업대학 대학원 박사졸업(사회복지학 박사. Ph.D)

[주요 최근 논문]
서울시 장애인 의료재활시설 운영 실태조사 및 개선방안 연구(연구용역보고서, 2020)
韓国におけるコミュニティーケアの推進とケアマネジメント導入方法(2020)
「私の交友錄」を通じて見た雙泉「李永春」の海外の保健社会政策への理解(2020)
장애인 수형자의 사회복귀지원을 위한 탐색적 연구(2020)
Research Trends on Social Support for Parents of Children with Severe Developmental Disabilities over the Last 40 Years(2020.12), Journal of Rehabilitation Research, No. 24-4.
행동심리증상(BPSD) 정도가 높은 주간보호센터이용 치매노인 부양가족의 돌봄 경험 사례연구(2021.3) 한국케어매니지먼트연구, 제38권, 25-60.
발달장애인의 개인예산제 참여경험에 관한 사례연구 -경계성 발달장애인을 중심으로-(2021.3) 한국장애인복지학 제51권, 139-172.
노인요양시설 요양보호사의 감성지능이 서비스 질에 미치는 영향: 임파워먼트 매개효과를 중심으로(2021.6) 한국케어매니지먼트 연구39권, 201-221.
요양보호사의 치매노인케어에 대한 연구 동향 분석 : 2008년부터 2020년까지의 국내논문을 중심으로(2021.8) 한국케어매니지먼트연구, 제39권, 223-262.
노인요양시설 요양보호사의 감성지능이 서비스 질에 미치는 영향 -조직몰입의 매개효과를 중심으로-(2022.2) 장기요양연구 제10권 1호.
신체장애인의 개인예산제 참여경험에 관한 사례연구(2022.9) 재활복지 26권 1호
노인요양시설 이용자의 존엄한 죽음에 대한 요양보호사의 경험연구(2023.6) 한국케어매니지먼트연구 제47권
사회보장정책 분야별 지원체계 개선방안 연구, 보건복지부 연구용역보고서(2023.9)
Assessing equity of vertical transport system installation in subway stations for mobility handicapped using data envelopment analysis(2023.10), Journal of Public Transportation, Volume 25, No.100074.(SSCI논문)
Accessible taxi routing strategy based on travel behavior of people with disabilities incorporating vehicle routing problem and Gaussian mixture model(2024.1) Journal of Public Transportation, Volume 34, No.100687.(SSCI논문)

[주요저서]
사회복지정책론 개정판(동문사, 2021) / 지역사회복지론(양성원, 2023)
특수교육학개론 개정판(양성원, 2024) / 사회복지법제론 개정판(동문사, 2020)
중증장애인 직업재활발달사(아담북스, 2018)

노기남(盧基南)

현) 삼육대학교 사회복지학과 겸임 교수
사) 한국도덕운동협회 부총재
한국통합사례관리학회 이사
한국복지경영학회 이사

법학사, 행정학석사(사회복지), 사회복지학석사, 법학박사(사회법)
현대그룹(현대종합목재산업주식회사) 근무
한국부동산학회 학술이사 역임
국가정책연구단 강원정책위원 역임
남서울부동산경제연구소 연구위원 역임
상지대학교 교수 역임

장순욱(張淳昱)

현) 서울시 동작구 구의회 의원(운영위원장)
현) 삼육대학교 겸임 교수
현) 한국사회복지협의회 이사

서울시립 남부장애인종합복지관 관장 역임
한국사회복지시설연대 상임대표 역임
한국장애인복지관협회 회장 역임
보건복지부 국립재활원 근무(전)

삼육대학교대학원 사회복지학 박사(Ph.D)
중앙대학교대학원 사회복지학 석사(MSW)

장영미(張英美)

현) 삼육대 장애인·노인 자립지원종합연구소 연구원
한국통합사례관리학회 이사

서울사이버대학교대학원 사회복지학 석사(MSW)
삼육대학교 대학원 사회복지학 박사(Ph.D) 과정

[주요 논문]
요양보호사의 돌봄노동경험에 관한 질적 연구(2021)
노인요양시설 이용자의 존엄한 죽음에 대한 요양보호사의 경험 연구(2023)
노인요양시설 요양보호사의 장기요양서비스 경험 연구(2023)

[학술대회 논문 발표]
韓国の障害者自立生活運動の歴史的変遷と今後の課題, 日本社会事業史学会 第52回大会研究発表(自由論題報告), 東洋大学赤羽台キャンパス(2024.5.11)
노인요양시설 이용자의 존엄한 죽음에 대한 요양보호사의 경험 연구: 건강한 사회를 위한 기독교의 역할, 미래사회와 기독교 연구소 춘계학술대회 발표(2024.05.31)

홍영미(洪英美)
현) 의료보건·복지 전문기자
한국복지경영학회 상임(홍보)이사
한국통합사례관리학회 학술이사
한국장애인재활협회 사회분과위원
삼육대 장애인·노인 자립지원종합연구소 연구원
다산스마트경영연구원 수석연구원
(주)실버아이 TV/NEWS 전문기자 역임

東京福祉大學大學院 사회복지학 석사(MSW)
동덕여자대학교 경영학 박사(Ph.D)

[주요논문]
고객불량행동이 노인장기요양서비스 돌봄노동자의 직무태도에 미치는 영향 연구(2024)
장기요양서비스 돌봄노동자가 지각하는 감정노동과 폭력경험이 이직의도에 미치는 영향(2021)
韓國のデイサービスセンター施設長の經營維持に關する硏究(2012)

개정판 **사회복지현장의 이해**

초 판 1쇄 발행 / 2021년 2월 25일
개정판 1쇄 발행 / 2024년 8월 30일

공저자 / 정종화 · 노기남 · 장순욱
장영미 · 홍영미
발행인 / 이 중 수
발행처 / **동 문 사**

서울특별시 서대문구 홍제원 1길 12
(홍제동 137-8)
Tel : 02)736-3718(대), 736-3710, 3720
Fax : 02)736-3719
등록번호 : 1974.04.27 제9-17호
가격 : 22,000원

ISBN : 979-11-6328-618-9 (93330)
E-mail : dong736@naver.com
www.dongmunsa.com